東港迎王

——東港東隆宮丁丑正科平安祭典

《序》

東港在臺灣歷史上曾為南部的要港，其後歷經社會變化，至今也仍是屏東縣重要的漁港。不過近數十年來，在臺灣信仰民俗界，其名氣漸大則是與迎王祭典有關。東港迎王既有保存舊傳統者，如請水祀王、嚴恪跪進；也有更易舊慣者，如木造王船，故整個平安祭典被藝文學者稱為「王船祭」。

在臺灣各地迎王活動中，本地的繞境規模之大，王船造型之美，著稱當世，乃是緣於七角頭之完善組織，故有較大的社會動員力。近年來政府文化機關有鑒於此，期望能在活動之後保存較完整之

紀錄。三科前，屏東縣政府民政課既曾委託中研院李豐楙教授作紀錄規劃，唯其中尚有遺漏者，此次乃再由總幹事文誠赴北鄭重請託，歷經苦心撰述終能完成。

此次得以重加紀錄研究，以成斯編，大力贊助單位，凡有內政部、省政府文化處、屏東縣文教基金會等，特此感謝其致力信仰文化、民俗文化之美意。在祭典活動期間，屏東縣立文化中心文藝季即以「王船祭」為核心，展開系列活動，造成迎王祭典外，重視民俗文化之高潮，特此致謝。只有各界之熱烈參與，本地之迎王活動始能永續。由於「迎王祭典」冊即將出版，爰誌數語，既謝藝文各界之贊助，亦表史冊文獻之珍貴，是為序。

東隆宮平安祭典委員會主任委員

林雲騰

歲次戊寅年夏月吉旦

《目錄》

代天巡狩
丁丑科
大千歲
下頭角
大千歲
大千歲

《導論》

嚴肅與遊戲：從蜡祭到迎王祭的結構

李豐楙

子貢觀於蜡，孔子曰：「賜也樂乎？」對曰：「一國之人皆若狂，賜未知其樂也！」子曰：「百日之蜡，一日之澤，非爾所知也。張而不弛，文武不能也；弛而不張，文武不為也。一張一弛，文武之道也。」（《禮記・雜記》）

兩千年前在一場狂歡的蜡祭慶典中，孔子與子貢之間有關慶典的師生對話，提出了諸多睿智而深刻的觀察。這段記載雖則簡短，不到八十字，卻由於年終蜡祭的若狂情境，激發了孔子的智慧，這是一種社會學式的觀察，對於日常生活與非日常生活的社會本質，他運用了射箭的智慧，「能近取譬」地形象說明「張」與「弛」，正是工作與休閒、日常生活與非日常生活的本質。也就是這一中國本土化的「常與非常」理論，言簡意賅地指陳士大夫如何才能認識節慶歡會的真諦？雖則這種觀察仍不脫局外人（etic）的理性與旁觀，也未違離其牧民者的指導心態，不過其中所提示的指導原則，對於後來的儒家官僚在面對中國社會時，應該仍能啓發治人者與治於人者共同面對節慶，從其中的若狂特質體會「非日常生活」與信仰習俗的關聯。這種宗教性休閒至今仍遺存於臺灣民間的迎神賽會習俗中，與兩千年前相較之下只有時空環境之異而已。東港迎王祭典所展現的若狂文化，在時間上雖則已非農業社會的百日之祭，而只是短短八日的十月慶典，不過其祭典過程並非只是一句「觀於蜡」的簡略不足，而是可以依觀察者之所能入乎其中又出乎其外，而獲致全面、深入的實地觀察。近數世紀以來人類學所強調的參與觀察，足以提醒今之儒者觀於祭、知其樂，並進一步重新詮釋「張與弛」的現代特質。其實孔子作爲儒家學派的奠基者，早就一再提醒孔門高弟：「入太廟、每事問」、「禮失而求諸野」等一類話，只要參悟其中的至理，就會發現今之村廟、今之田野仍然蘊含諸多可問可求的問題。如此從東港迎王的八日之祭，體會文武之道的「一張一弛」，就可將觀蜡記事中隱而不彰的至理，試從現代時空脈絡中的詮釋，它對今之學禮者、讀禮者應有所種啓示吧！

〔二〕「常與非常」結構中的儀式與嬉遊

在觀蜡記事中所提示的「張與弛」即是社會生活中的「工作與休閒」，乃是日常生活與非日常生活的兩種生活型態，本質上則是「嚴肅與遊戲」。不過在另一句的對照中：「百日之蜡與一日之澤」，正是子貢所未能知的現象。如果根據先秦古籍的相關記載，就可知道長達百日之「蜡」，乃是蜡氏進行其掩骼除骴的事務，而祭官則進行索饗萬物的蜡祭，其間齋戒沐浴、鄭重祭祀，從天子、百官以至田夫都要穿著禮服，進行祭謝年終的儀式，慶典儀式中正表現出一種宗教性的嚴肅。直至在最末「一日」一國之人進行其飲食狂歡，在「遊戲」中自由嬉戲，放縱娛樂，表現諸多逾越日常生活的節制，也逾越祭典儀節的嚴肅，而進入狂歡、無所節制的「若狂」狀態，逾越其平常的工作倫理、及其相與配合的道德規範，也翻轉了祭拜儀式時的嚴肅、正經。若與之相較則「吃喝玩樂」的狂歡，確是一種被解放的慶典情緒，是爲古代聖君理想中的「眾樂樂」境界，它在歷代帝王的治國之術中也被奉行不渝，因此成爲中國式節慶的理想圖象。

臺灣方志上從早期既已記載的迎送王爺習俗，諸如陳夢林修《諸羅縣志》就在其簡略文字中，載及造船添載、王醮送瘟、盛席演戲、祀宴王爺、送船遊河。這五項雖非完全按照其程序前後排列，卻已包含其中的重要活動，至今臺灣南部地區尚存的迎王、送王習俗，仍是保存完好的同一信仰習俗。東港的「迎王祭典」即是以東隆宮所主祀的溫府千歲，在全鎮七角頭的共同合作下，進行迎送「代天巡狩」的五府千歲。這種信仰習俗並非如蜡祭的年循環式節慶，卻也是三年一科的定期性祭典，故其活動的實況可經由實地的田野調查，就可用以印證儒家理想的「張弛」原理，這是中國本土式的社會哲學，也可以之與西方的節慶理論進行對話。

根據儒家所建構的古典社會學架構，對於日常生活的工作及與之配套的倫理道德，提出了一套理性主義的理想：一個勤奮工作的民族遵照帝王所制定的倫理，緊張而有效的生產勞動。所以四民均各有其業，特別是直接職司生產的農、工階層，在日常生活中，勤奮、節儉乃是一再被標榜的美德。這一勤勞民族的理想圖象，就是四民、百工各自穿著「常服」在各自的工作崗位上，各勤其業，各盡其職。在古書中常民百姓的文化符號就是「黔首」、「褐夫」，乃是一襲較不怕髒的粗衣，段玉裁注《說文解字》所說的「取未績之麻編之」者，匹夫匹婦日常穿著褐衣勤勞地上工。相對於此就是不事生產而從事治人者，帝王的「龍章」帝服以至士大夫所著的「褒衣博帶」，在章服盛飾、大裾紳帶的服飾之下，也是各有其職司，以此專門其業以統治萬民。

在日常生活中四民各有常服所形成的社會圖象，就是正常的社會結構：尊／卑、上／下、貴／賤……，這類相對的

辭彙乃是帝制中國的社會階層區隔。所以「常服」所形成的形象：「常」，即可被演繹爲「結構」、「秩序」，這也就是 Victor Turner 所提出的「日常生活」即爲「結構」的同一旨趣（Victor Turner1969）。如果從中國宇宙論的模式解說，這種秩序感即是「常道」、「常理」，在常道社會中，與工作生產的工作倫理相配套的，就是四民各需按照其身分、地位，在各自擁有的資源（社會資源、經濟資源及文化資源）型塑其社會形象，因而社會上自有一整套的倫理道德、興趣品味，使之在外在、內在表現得恰如其分。也就是各階層各有其角色扮演，如此這般在社會舞臺上就可稱職的表演以符合其身分。

由於帝制中國早在先秦時代，從周公的制禮作樂到孔子揭舉其六藝作爲教育方針，並提出仁義等道德規範作爲日用行事的準則，其後這一套理想的道德經由官方與儒生的合作，在教育、科舉所形成的社會機制下，成爲中國人的文化共識。而在社會學家的觀察下，即認爲中國社會具有「秩序取向」的社會性格（金耀基 1988），這種說法其實是針對日常生活中道德規範的理想型態所作的觀察。在這種一切要求「秩序」的社會表演中，本質上即是「嚴肅」，從工作態度的嚴肅到道德倫理的嚴肅。這種嚴肅被表現於不同的階層，也就區隔爲士/庶的禮俗，從古到今，縱使現代社會已時移境遷，這類秩序、嚴肅的區隔性也仍舊存在。

孔子其實相當睿智地指出：工作上的緊張本質、祭禮中的嚴肅本質，問題也正在緊張、嚴肅固然是有效、有秩序，卻也必須提供另一種社會生活的設計：「非日常」的生活，這是時間之流中的短暫空檔，讓人能夠享有另類生活的鬆弛、休閒，這就是休息、遊戲的社會文化設計。爲了要合理化另類生活，「節慶」即與之相關的社事都需有相與配套的神話信仰：蜡祭是爲了報謝天地、爲年送終，而東港則是地主神（溫王）迎迓其結契金蘭五府千歲，代天巡狩獎善懲惡並驅祟逐穢。基於這種信仰心鎮民乃暫停其捕撈、生產事業，而集體投入奉事神明的節慶活動，因此三年一科地固定在定期性的祭典中扮演另一種「社會」角色。此時平常時間的社會舞臺（空間）迅速轉換爲另類時空，大家脫下平常的工作服而改著各式各樣的祭服，稱職地表演另一個我，因而具有「化裝了的我」的面具功能，分別參與祭典期間的禮儀或遊行。

由於祭祀禮儀是禮意之表現於禮文、禮器者，所以儘管禮文、禮器會因時因地而制宜，卻始終保持其「非常性」，就是有意表現其區隔於常、違離於日常生活，而其形象就是具體表現服飾及該當其出現的時間及場所。因此從形象思維理解「常與非常」的理論，即可知服飾的穿著乃是由使用者（穿著者）依使用時間、空間而依禮俗決定，特別是在節慶期間，禮服、吉服的非常性格完全具象地表現於服飾上：諸如顏色、形制及其特殊標幟，基本上即是一種意符（能指）的符號作用，在同一社會中都可完全理解符號所指涉的意義，就是意旨（所指）。所以從非常（服）、禮服的文化符號，既可解讀蜡祭禮儀中的服飾，也可解讀東港迎王祭典所有的服飾及其意義，這是爲何儒家講禮必瑣細地規定服制，也是東港人在世傳職務中珍惜地傳承其制服或服飾製造的原因。

在西方學界研究「儀式」與「節慶」的相關理論中，進行其本質性的分析，像早期涂爾幹（E. Durkheim）從儀式象徵析論其社會功能；近期特納（Victor Turner）發展 Van Gennep 的理論爲「中介狀態」（liminality）、「交融」（communitas），用以解說儀式時間的活動本質（Turner1982:205）。對於節慶的理論則如荷蘭 Johan Huizinga（1872-1945）、蘇聯巴赫汀（Mikhail Bakhtin）等也從文化哲學、文藝理論解說節慶中的遊戲特質。而從哲學的詮釋學觀點，葛達瑪（H. Gadamer）也從存有學詮釋「遊戲」的意義（陳榮華 1998）。基本上都能從不同的學科建立相關的理論，用以陳述、闡發人類共通的儀式與節慶。在此則嘗試將之縱括於「非常」的中國本土化概念中：表明既是祭典時儀式表現的宗教性嚴肅，也是節慶式嬉戲的狂歡，兩者完整合成蜡祭或迎王祭的活動本質。

在中國的文化傳統中，雖則早在兩千年前儒家既已表明「緊張與鬆弛」的原理，並指出節慶具有「若狂」的文化特質，不過其後哲人並未能就此申論，不斷賦予中國節慶、廟會的社會學意義。而「常與非常」的服飾性形象思維，其後也流失其本義而只成爲一種擬狀之詞。其實「非常」之相對於「常」，不僅是社會哲學用以區隔於日常的生活型態，更是深刻地指明節慶生活的本質。如果從中國人自古即將祭祀視爲「國之大事」，則「非常」時間、空間中的祭服與節慶之服，也就兼涵了禮儀、儀式時的「嚴肅」、「神聖」；也表現了節慶歡會時的「遊戲」、儀式性「吃喝玩樂」的狂歡。巴赫汀所區隔出來的第二世界（the second world）、第二生活（the second life），確實可用以表述常民世界在節慶中的文化特質，而這是王府外的廣場（廟埕）競技、街道的陣頭遊行；不過在王府內、醮壇內則是存在儒家禮儀、道家科儀的嚴肅，所以「非常」也就同時含有嚴肅與遊戲兩種特質。而特納所提出的「結構/反結構」，如從「非常」的觀點言，就不只是「秩序/反秩序」，而是在非常時間內，既有王府內祭祀形式所想要維持的秩序，也有府外壇外節慶活動的反結構、反秩序的文化符號。

從「常與非常」的理論，既可解說日常生活與節慶生活的張弛本質，也可說明「嚴肅與遊戲」的兩種表演性質；而「非常」的觀點則便於闡說非常狀態、中介狀態下，同時存在被區隔的兩種嚴肅與遊戲。只是在祭服的非常服下的身體

與內心，儀式的嚴肅中也有表演另一個自己的「遊戲」意義；而陣頭遊行的遊戲表演形式中也仍有一種儀式性的嚴肅，嚴肅與遊戲的互滲乃是「非常」的真正本質。從古之蜡祭到今之平安祭，其一貫精神應是嚴肅與嬉遊心境中的非生產性、無關心性，縱使歷經社會變遷之後的臺灣、東港，遊戲的休閒娛樂性及其價值逐漸昇高，而屬於庶民節慶的宗教本質也至今猶存。在現代社會的世俗化傾向中，這些保存完好的神聖生活、非常生活，乃是禮失而求諸野、古變而求諸今，如此今之儒者始可下田野，親至東港小鎮的非常時期內觀於祭並知其樂！

【二】嚴肅：祀宴獻禮與王醮醮儀的服飾與動作

先秦蜡祭之所以能行禮如儀，即因職司禮儀者能深通禮意，並使禮文、禮器均能各得其宜。其後歷代儒生即以學禮行禮爲其專職，在基層社會中繼續扮演指導、導演者的司禮角色。而在漢晉之際崛起的道教，則在溝通人神的神事上成爲天人之間的媒介者。因此兩者各自依據其夙所傳承的知識、技能，各自扮演其「社會」角色。就如東港在迎王祭典時，儒道二門就在不同的空間各行其儀，既競爭又合作地分別扮演祭典中不可或缺的「指導者」角色。一般說來，被稱爲「內司」的是府內的司儀、司禮者，據熟悉內情者說：早期在王府內行走的多爲秀才等一類讀書人，在鄉鎮社會裏這些能通文墨或小有功名者，即爲鄉鎮人所尊重而稱爲某先（先生）。正因素來所傳承的社會地位如此，所有千歲前來巡狩的禮儀，從請王到王府安座、凡與王爺相關的請駕、每日的祀王，特別是末日的宴王，全爲內司所掌管。

在迎王祭典期間，「王府」乃是巡狩王爺執行其職司的衙門所在，故依例將溫王爺的分身請出，即在溫府千歲所鎮座的正殿設置王府。蒞任的五府千歲即在王府內視事辦案，並早、晚接受大總理等地方代表供獻其宴饗，自是成爲整個祭區的神聖中心點。這一儀式空間乃是千歲爺降駕停駐之所，其威嚴、神聖自是不容閒人或不潔之人沖犯，故因而成爲全體善信倍感神聖又神秘的王府聖地。由於千歲爺之蒞境所職司的是獎善懲惡。所以能在府內「行走」、或到府內貢物供獻，就成爲表現身分地位的一種「表演」，早期秀才等一類讀書人開始職掌王府內的行事，共同組成「振文堂」，一代一代地傳承祭祀的相關禮儀。故其服飾表徵即內爲白色長袍、外加黑綢製馬掛，頭戴魯笠（笠冠），這是承襲清式禮服。振文堂即以振文爲名，旨在振興文事，故特別講究舉止文雅，在府內行止依禮不可閒語犯禁；凡要出駕或啓宴，司儀之人均要手持令旗半跪稟告，跪稟時用詞需雅正而得體。類此禮生團的訓練、傳承乃是地方仕紳的公共事務，凡是對傳統藝文有興趣、品貌端正者即可經王爺准許加入。

在未組祭典委員會之前，祭典乃是由輪值的大總理籌辦，召集一批有能力者勝任其事，不過府內所有的祀典事宜則仍由內司掌理，內司也會視情況輔助整個活動的順利進行。故在職掌上爲指導者、主持者的司禮角色，凡是需與王爺接觸的相關事務都由他們負責，特別是在祀宴王爺的繁複禮儀中，行禮有序，進退有節，從劇場表演學的角度言，即是「導演」兼演出者。經生團中老經驗的都傳有「禮簿全書」一類的手抄本，較諸一般通俗家禮類書更符合在地需要。其中記載諸多東隆宮迎王需知：諸如先行派遣前來的中軍爺姓名、輪值前來的正、副王手冊，以及進天河宮表文、安府後所貼出的榜文；甚至連王令製作的吉利尺寸之類。這類禮儀手冊的繁簡不一、詳略各異，不過全是手抄，乃是爲了保持內司專門知識的秘密，也是對於神事一貫的矜重心態。內司所職司的重要事務，即是主持諸般祀宴王爺的祭祀：有每日早晚的「祀王」、各角頭入獻的「敬王」，特別是末日隆重的「宴王」，都是按照「祀王程序表」照表行儀。在祀宴的供獻禮儀中，所有的頭人都是由七角頭選出的，其中負責供獻的大總理一名主祭，其餘內外總理等陪祭，這些地方鄉老多爲角頭上的大族姓或有權勢的年長者，其服飾表徵就是全部整齊地穿著禮服：內爲長袍，而大總理在長袍外著金黃馬掛，其餘均著黑色馬掛；頭戴頂有紅穗的笠冠，這種形制只有在本地的禮服店才能制作。無論府內府外，只要著此禮服出場，即知曉其爲總理級的地方頭人。

類此非常性禮服一遵古制，所傳承的乃是本地的祭祀傳統，服飾乃是一種意符（能指）、而身分地位則是意指（所指），其象徵意義已是東港一地的文化符號、社會符號。在這些服飾之下的身體語言則必須執禮甚恭、嚴恪敬王：即將禮盤高舉過頭地跪進，嚴肅地不苟言笑；特別是在末日宴王時，大總理每輪之末要從東階被旗牌官引領到西階獻食獻飲：東階是主位、西階是客位，即以在地主人的身分代表地方人供獻於貴賓之案前；而被隆重禮敬的尊貴客神也頗能體恤民意，會在宴王之末對於主祭者賜食、賜飮，以示神人共食而得分福。在整個祀宴的程序中，凡是進入府內者一律穿著禮服，又依主祭與陪祭的不同而各有其位置，這種行禮所講究的「秩序」乃是以「祭」社會民所必然的差序安排。從服飾象徵及身體所佔的位置，整個東港社會組織即在此井然有序地演出，凡此即爲宗教性嚴肅中的秩序：人與神、人與人各自分別各安其位，尊卑、主從也「象徵」地表演而出。

根據臺灣方志的早期記事，有「召巫設壇」（陳夢林《諸羅縣志》）、「必延道士設醮」（《臺灣縣志》），即指臺灣南部靈寶派道士所專長的醮科。這種情況與其他地方一樣：一般情況宮廟正殿必設王府而王醮醮壇則是另在府外搭設，東港即是在廟埕上設壇。這兩種位置的安排顯示在迎送王爺一事中，儒家與道教中人在祭祀大事中的位置、地位具

有微妙的區別。爲何會有這種差異就需從兩方面解說：從醮典的性質言，像迎王之前所舉行的「慶成醮」，建醮的目的是爲了宮廟、牌樓的落成祈安，科事的專業性高，按民俗習慣都是由道壇道士在正殿設壇，顯示其爲醮區的神聖中心點（李豐楙 1998）。而迎王活動廟方所強調的是「平安祭典」而非王醮或瘟醮，大家所重視的是如何迎接千歲爺，讀書人認爲依禮儀祭祀始爲禮數，故比較重視王府及府內祀宴諸禮。

如果從禮儀的性質言，內司所專長的吉禮，近於典禮（ceremony）的簡單隆重，其職司禮儀的事務爲業餘而並非職業性；而道士所進行的繁複儀式（ritual），則是專業而職業化的宗教技能，但其人數較少、社會地位雖高亦未能高於地方上的仕紳階級。故王醮的經義及其儀式，雖則比較能解釋代天行疫的「行瘟與送瘟」特質，但在一鄉一地之人共同驅祟的傳統下，反倒近於古代所行的「鄉人儺」，臺灣方志中有關王醮、瘟醮的記述，即是以古儺之遺比擬之，從而可知其中所透露的消息。道士設醮「或二日夜、三夜不等」（《臺灣縣志》），在臺南、甚至屏東地區早期也有五日夜的，東港以往只請道士在末日前來「開水路」，直到近數科才在連續慶成建醮後，漸次擴大爲二朝宿啓儀，規模遠逾於昔。由於祭典期間例需繞境，總理等頭人隨同外出巡遶，故王醮只能安排於王船法會期間，因而道長在壇內行科時，主要的持香隨拜者只有大總理等少數人代表。

從儒、道二門在祭典中，分別承擔了祀王與王醮的不同任務，即可知儒家在臺灣的祭祀傳統中，所掌理的乃是儀禮性質的祭禮，它是社廟中的禮儀主持者，故在平安祭中居於主導者的角色。而道士則能承擔專技性的王醮，所穿著的絳衣、道袍及戴冠（道長並有插仰），就如經文召出身神時所唱的乃是「嚴裝顯服」，備極莊嚴，其演法的動作、威儀也較專業。不過當地廟方及地方頭人，所重視的仍是自己能穿著禮服在府內供獻，如此才能比較接近王爺以示其至誠。這種跪進供獻的身體姿勢及事奉唯謹的敬畏心態，使得府內氣氛較諸壇內嚴肅；不過道壇乃三清至聖及洞淵大帝鶴駕來臨的聖壇，醮主人等也嚴肅地隨從跪拜，兩者相較他們終究還是比較理解獻禮的禮儀及其意義，也比較重視自己在府內的行禮表現。這種祭典在宗教性嚴肅中行禮如儀地「演出另一個自己」，其演出逼真的表演性，也展現其非日常生活中的社會角色及地位。這類嚴肅多少仍傳承了儒家一貫的「祭神如神在」的祭拜精神，也表現了吉服、禮服之下身心一如的誠謹、嚴肅之情，這也是遠古鄉儺中誠惶誠恐的驅祟氣氛的文化遺跡吧！

[三] 遊與戲：陣頭遊行與改運還願的服飾與動作

在蜡祭末日一國之人皆若狂的情景，也同樣出現在東港全鎭的巡繞場景中，在廣場上人數眾多的民眾正在進行一種集體的迎神、樂神，相較於府內壇內的莊嚴禮服及行儀，則其服飾色彩強烈而多變，其動作誇張而激烈，並因人多、敲鑼打鼓及其他眾聲喧嘩，因而造成了越鬧越熱的動人氣氛。這是民間慶典、廟會的典型「遊戲」情境，所有參與者都暫時停止其日常的生產活動，歌舞、雜技以樂神娛己。這種類似大地劇場的表演情境，讓廣大的庶民階層都有「演出另類自我」的衝動與機會，只要在溫王爺前許願：自願選擇任何一種方式投入，就有登場表演的角色扮演及其演出位置。這類集體的演出雖也會按照一定的時間、場所進行，但並非嚴謹如府內之易於失儀而戒慎惶恐，只要遵照大家共同遵行的拍子、步伐就可自娛娛人，這就是遊行的神轎、藝陣及善信人等的集體演出。

臺灣任何「社會」的迎神賽會活動，傳承了「賽社」的競賽傳統，即稱爲「拼陣」就要越多拼賽的隊數，在自由卻又有行規的「遊戲」規則中競比，如此拼的才有拼勁，看的才有看頭，完全具現出國人拼「面子」的社會心理。爲了齊一隊伍的凝聚力，就從服飾、行頭及化裝的形象塑造開始，整個遊行的藝陣主力即爲代表七角頭的神轎轎班，再擴及鎭內大小宮壇的神轎、陣頭，最後並及於分香廟、交陪廟，一圈一圈地按照與東隆宮之間不同的親近關係而逐圈擴大，構成一幅關係綿密如蛛網的網絡。凡要登場的就要服飾打扮，七大角頭都各有各自的服裝顏色及造型各異的笠冠，丁丑科遊行時依序是下頭角黃、安海街淺紅、頂頭角黑、埔仔角淺綠、下中街紫花、頂中街白、崙仔頂藍，在迎王、王駕繞境、王船繞境及送王等場面，顏色鮮豔的七隊轎班色彩繽紛地依序迤邐而行，服制分明的一致感，讓穿在身上的也有「同袍」感，足以激發其凝聚力以參與拼陣，一次次競爭昇高一波波慶典的狂熱，在拼、賽之中服飾形象地象徵同一角頭所激發的共同榮譽心。

在遊行行列的顏色象徵及動作中，色系較純的也就象徵其身心表現比較嚴肅：列隊隨行於千歲爺諸神前後的，諸如神樂團的綠色樂師服、班頭所著的藍色衙役服，及諸神轎轎班的制服。不過遊行乃是亮相演出的集體表現，轎班並不會如同古代軍隊的鹵簿或官式閱兵所裝出的嚴肅；只是大夥熱鬧地扛著抬著、吆喝著口號，這種並不需要特別假裝正經、認真，乃是人多膽壯所感染的鬧熱，使之自由地演出另一個我，讓兩旁看熱鬧的看，自己也在人群中看旁觀的人，閒散中卻又緊緊隨從於神前神後，這種表演是嚴肅中有遊戲、遊戲中有嚴肅。

藝陣出場乃是一般宮、壇表演自己的機會，也是年輕人爭取或被爭取表演的時機，從早期衍變至今，諸多陣頭的傳承與訓練採取類似結社的方式，由上一代招募下一代集訓傳藝，其最早的傳授者或是神示或是老師傳指導，顯示其服飾、臉譜及陣勢、動作中，都具有驅邪逐祟的法術功能。故從安館設神位，成員集體訓練時嚴守吃素齋戒、不近污穢並沐浴更衣、薰香貼符，無一不是爲了增強其神聖、神秘性。真正有師承、傳授的陣頭，原本是鄉鎮中喜愛武藝者的選擇，相對於內司、樂團的文身，武身的就另有所好，這也是早期地方宮廟常有較齊全的文館、武館之故（林美容 1992），以之讓社內青少年在不同性格、專長的情況下，各有所選擇地加入。在社會組織的底層，這些平常不甚起眼的小角色，因加入這類小團體而有較強烈的歸屬感，也從中找到表現自我的機會，因而在其中自然形成一種次文化。

在鄉鎮社會文武陣乃是依附於社廟而存在，東港的定期祭典即能維繫這一古老的傳統。這種融嚴肅與遊戲於一的藝陣表演，在整個遊行的狂歡情境中，經由事神樂神的神話情境，凡自願參與藝陣的即是被重新包裝轉換成另類之我，從平常反覆的嚴格訓練到出陣前的齋戒沐浴，乃是從外到內的身、心改變：特別是出軍出陣前的開臉化裝、開斧辭廟，在焚香、化符後身心已然儀式性地轉變。從人到扮神慢慢地讓身心進入並從而完全融入一種恍惚狀態，此時「化裝了的我」完全取代了「原本真實的我」，由於反覆的演練使之成爲遊行場景中的重要角色，這是經由服飾、化裝所重塑了的「非常我」。

在地方社會組織的三角形結構中，世族、士族等精英階層，在社會資源、經濟資源乃至文化資源上都比較優厚，因此在生活、藝術品味上也就自我「區隔」於其他的階層。由此造就的身分地位有就從日常世界延伸到非日常世界，在府內壇內擁有其進神饌、受神食的機會，也在遊行隊伍中有意以坐車（以前坐轎）顯示其優越的身分。不過在街道上、廣場上負責評價的，卻掌控於圍觀群眾的目光及掌聲中，誰表演精采、誰拼陣比較出色，就可享受到比較熱烈的喝采。表演者擬似官服、將服及諸道具、武器，然後遊行時像模像樣地模擬文官武將的動作、姿勢。這種模擬既想傳達官儀嚴威的巫術性咒力，也在擬似、逼真中獲致一種角色顛覆的奇特快樂，只有在這種非常期間，被默許可以如此模擬、跨張官員的舉止，以之獲取同一階層者的喝采與哄笑。

在東港街上，城隍爺前的家司模擬文官蹉方步、千歲爺前的家將團布陣緝捕作出衙役縛拿的官威；或廣場上宋江陣舉械對仗圍繞陣勢，鼓聲咚咚此起彼落，讓人恍如置身拼鬥的戰場。諸如此類的陣頭遊行，既遊又戲，既有驅祟的嚴肅也有愉悅的嬉戲。慶典、廟會的民俗行爲之所以違常者，乃因鞭炮與焰火的爆裂之聲、閃爍之光及讓人窒息的煙硝之味，混雜著快速而炫耀的動作，節奏高亢而眾聲喧鬧，當此之際圍觀者也會被帶入暈旋及迷狂氣氛中，忘情地表達其誇張的叫好與哄笑，凡此都足使表演者進入熱狂、暈眩的集體迷狂狀態中。

東港港鎮的平常日子裏，年壯及年輕的多要上船上工，茫茫的大海使他們長期孤絕於世俗。因此討海人的生活與心情，就借由三年一次的節俗休閒，反覆地返回遊行、拼陣的賽社氣氛中，定期地扮演同一角色。「返回另一個我！」，如此進出於另一個角色的扮演，就成爲在地人所特有的雙重身分與性格，它已是一種期待與習慣、定期等待另一種生命舞臺的創造與營構。七角頭的各姓族裔即以此「認血跡」，也認其宗教情感上的歸屬，這種定期的演出重覆的交陪、認識一個社交圈，並與其他圈進行競比技藝也交陪同伴，如此穩定地在當地構成另一社交網絡。對於這些並不特別起眼的角色，經由參與陣頭而在拼陣中共同展現一種完全屬於這一群人的次文化。它奇妙地組合諸多異質成分於一：舉凡新近流行上市的東洋風音樂、藏密的經誦與民俗的鑼鼓，再配上流行服飾、新仿古裝，如此這般的奇幻組合，激使演者與觀者共同進入非彼非此的非常狀態，彼此之間名姓不必知、身分不需明，但在彼此的觀摩拼賽之中，卻可從炮聲、掌聲中找到另一個我，拼賽所拼出的面子讓平凡的角色突然成爲眾人注目的焦點，這就是爲何這一群人會熱衷共同創造其次文化，以此傳承其另類的文化資源。

在整個祭典情境中，若與這些組織性社團所表現的集體性狂歡相較，則另一些零散個體或兩、三人結伴而來的善男信女，就顯得更沈默、低調而平凡無奇，卻也是廟會場景中不可或缺的角色。香客都出現在府前、行宮前及王船寮前，擠進擠出燒香膜拜，這些不可數計的流動的跑龍套，既是參與者卻也看熱鬧及製造熱鬧，其流進流出的不固定性，足以活絡氣氛構成移動的背景，進香客多是穿新多飾地來趕一場廟會，許願、還願而各有所求而來有所得而去，也各自分散在不同的場景中，構成了劇場內配合演出的一群。

這種演出有在中軍府前，班頭輪班爲善信反反覆覆地進行的祭改：身穿藍袍頭頂笠冠的班頭手持令旗及多種法器，每天反覆台詞盡責地演出司祭改者角色；而前來祭改者則只要報上身家資料及目的就或跪或伏，在祭改的動作中各個完成心願。而在遊行隊伍中則是另一種景象，溫王轎千歲轎前、轎後，總有一群群隨香的香隊，特別是扛枷的扮犯在溫王轎前遊街「示眾」、「掃路」的爲王爺掃地、「馬伕」爲王馬服侍。在神轎、陣頭前則出現一列列齊跪路上，鑽轎下或由家司、家將祭改。所有這些還願或改運者不知其名姓及來自何方，而只是沈默隨行，在陣頭與香客的喧騰眾聲中就更顯得沈默無聲，此中只有「神與我」知道其爲何願來還、爲何罪來解，而不懼於在神前人前演出自我，也只有在公開的遊街示眾演出中，才能因擬似集體性的治療而獲致解除心靈所願所犯的解罪除過功能。

類似臺灣廟會中的進香常被擬爲西方的朝聖，在中介狀態中使個人的生命度過關口（李亦園 1983;黃美英 1994）。

而東港的王爺繞境也如其他地方，登場的是諸般幫人與求人還願、解罪的角色，經由投入演出另一個自己，期使自己的身心再度因之獲致更新。由於這群人自由脫離原本的生活方式、生產空間，進入另一個又熟悉又陌生的信仰情境，既與眾人同遊卻又個人自遊，在這種擬似表演、遊戲情境中顯示自己，並以此完成其生命轉變與再造自我的意義。所以這類民俗行為在暫時放棄自己中再產生自己，從遊行長途的疲憊後，再鄭重地到中軍爺前解開枷鎖及焚化手本的一剎那，那種經由體力付出、面子付出後的釋然表現於身心中，它較諸純戲劇的美學表演或儀式的宗教演法，乃在實踐演出一種更深沈的生命救贖劇，經由進入演出而具有完整的意義結構，這是節慶中遊戲與嚴肅的宗教信仰意義。也只有神轎、陣頭的鬧熱遊行的氣氛，才能使所有想演出的都自然地、自由地登場下場：或進入恍惚、暈眩的迷狂，或專注、投入深沈的沈默，同時並存，越鬧越靜，這是臺灣慶典中的民間習俗，一種非常情境中的劇場圖象。

〔四〕吃喝玩樂的嚴肅與遊戲

蜡祭末日之所以能進入若狂的情緒，應是與節慶的飲食文化有關。因為從日常分離進入非常，即是從身心的改變開始，經由「齋戒沐浴」的服食性飲食習慣的隔離，與服佩性服飾穿著的更易，使身體的內外如一，在齋潔之後始足以敬神。這種身心的宗教性嚴肅，會持續一段時間，然後才在末日徹底開放，讓身心進入大吃大喝的縱放狀態，此所以節慶、廟會會有助於狂歡，「吃喝玩樂」至此才完全合而為一，足以加強慶典將終的儀式性狂歡的歡樂氣氛。所以中國節慶總是與飲食文化密不可分，在這種節慶飲食的傳統之下，臺灣、東港正重現了這一祭典的「大飲」圖象。

目前東港的迎王祭典在祭典或醮典期間的飲食習俗仍保存在府內、壇內的祭祀供物及祭祀者的齋戒上，這一情況如在農村、特別是在舉行慶成醮時，一定是奉守不渝的。從通過儀式的觀點考察，就可發現中國人對於時間的剋擇乃是基於宇宙論模式，認為要從平常的同質時間（前中介）進入非常的異質時間（中介狀態），均需採用黃曆上的「黃道吉日」，或者請示瘟王爺而由神明指示，這是儀式性時間的神聖、神秘性質。東港的請水迎王之日也即是五府千歲要在何日何時降駕？天門開，神尊來，基於這種時日的神聖性故即由瘟王指示，總是要讓時間符合「天時」。

在決定吉利的時間之後，鄭重地集體「封禁」或由頭人代表「齋戒」，這種齋潔以事神的傳統，就是飲食之道中所遺存的古老禁忌。「家常菜」的本質就如同「家常服」一樣，乃是與天爭與地爭的人為「打拼」形象，既打又拼，因而從渾沌中進入凡俗的混亂，世俗生活中的生產乃是對於大自然資源的掠奪與盜取。所以生產性行為即是破壞自然生態的拼手史，日常生活所流之汗與血激使人難免於打殺以求生存，也都難免於不敬天地、冒瀆四時之罪，一般人在特定的節日或慶典中擇期齋戒，爲了使家常的飲食習慣快速而有效地轉變，舉行「封山禁水」的儀式、習俗，就是依俗而強制性不工作：不上山打獵、不入水漁撈或是不下田勞動、女人不洗衣曝曬；甚至不可佩帶皮件諸物進入醮壇內，這種禁忌或許即是緣於牛、羊等爲古圖騰神物的文化遺俗吧！

蜡祭之百日如同現時之醮，必定齋戒以表潔淨，從家常的葷腥不忌轉變爲禁忌「血食」，凡此即是飲食習慣的嚴肅、精潔。東港人的生活取資於海，海中所生產的就如同山林、田地一樣，凡資以生存的務必使之能在齋期內獲致短暫的歇息。所以齋戒事神即是潔淨，而天地之道則是暫回渾沌，這乃是自古相傳的天道哲理，它提醒人們：自然即爲人的生存所取資，就要節制取用，不僅入山林以時、入川澤也不可竭澤而漁，更要選擇一年之中的一段時間暫停一切屠殺、搜刮，使土地自然也能修養生息，既休息人力也休息地力，這是一種天地的宗教教育在蜡祭的土地送終儀式中，所蘊含的深意是休息即死亡，大地萬物暫時死亡之後等待春來生機的再生。臺灣民間建醮設祭所規定的合境之齋，即是這種古代禮意之遺，而齋戒時間的渾沌、中介也形象地表現於祭祀的供物及禮儀中。

按照民間的祭祀禮俗，凡玉帝所封的王爺本是得享四方的「血食」，即民眾需依時以犧牲祭拜之，但在巡狩之始首日「祀王」，所有的祭祀供物全是齋素，此即是宗教性的潔淨。等到各角頭在進行「敬王」的法會時，便開始在奉獻諸物中陸續出現了牲禮。而依祭典的慣例是在末日「宴王」，才是齋葷並用、水陸雜陳，故被習稱爲「滿漢全席」。也就是齋食持續多日直到末日才開齋，全席的供獻之物從掌饋師傅的講究規矩傳承，堅守其備辦、烹調等相關的秘訣。根據「山珍海味」、「五湖四海」的準則，供物的品樣各自具有豐富的象徵性：如以各種淡水魚象五湖所產，以鹹水的海龜、龍蝦象四海所生；又有胙肉的古禮之名、紅龜的民俗之物等。在排滿東階前的桌案後，就由內司先依序傳「進」再遞送交給大總理跪「獻」，在三十六道分三次各十二品的隆重、嚴肅的進獻中，讓千歲爺與主神溫王爺等結契金蘭共同宴饗以示送行。這些諸神享用之物再經由大千歲賜食大總理，如按俗則全體與祭者的共食、分胙即是共享以分福，古禮所說的「分胙」，臺俗即明稱爲「分福（肉）」。

在府內嚴格進獻葷齋大宴，而在三清壇內則自始至終嚴格遵守道教古來相傳的「非血食」傳統，午供儀時不管是七獻或九陳都是清素之物，因所獻者乃是三清至聖及諸天聖尊，並不食人間煙火、血腥之物。王府宴王則是依準古禮中的少牢之禮，而有全豬、全羊之獻並需獻毛血、瘞毛血。類此生而全的牲牷之獻，即農牧民族以至善至美之物供獻於至高

至尊之前，以示至敬之誠。從這兩類不同性質的祭獻可以區別：內司所傳承的是儒家的獻犧之禮，而道士則保守其非血食性的清靜大道，不過其中相一致之處則是嚴肅地供獻，儒家可加以文雅化以示其知書達禮；而道教中人則是表現在供獻儀中，凡每一供獻均唱誦讚美歌，代大總理或醮主稱美其供物之好，以此宴神樂神。這種從祭祀空間的獨佔延伸到降賜福氣的獨享，也鮮明地顯示其社會階層的區隔，乃經由祭祀禮儀中位階差序的掌控、設計，並有意以之維護其社會秩序。

如果相較於地方精英的供獻禮儀，則庶民階層在供獻物上的表現，就如府外壇外的「玩樂」一樣，乃是與府內、壇內的嚴肅表演不同，呈現嚴肅與嬉戲並陳式的自由快樂，在祭典之初表現得較爲嚴肅，王駕降臨之日起，就在各家戶的香案前每日都有祭拜，特別是王駕分區繞境時，各分區也就豐盛地祭拜，祈求王駕所至即能驅祟除穢，獲致平安。不過在每一分區嚴肅祭拜之後，即會轉而在該晚進入真正的會食共飲，從而創造了節慶的飲食之宴之樂。邀請親友共享宴食所傳達的福氣，也仍是一本分福的遺意。這種「吃拜拜」、「吃鬧熱」的基本精神，就是有意要根本改變家常菜的節儉、簡單，而特意大量花費、用心張羅，然後擺闊地分享於他人，大家一致認爲節慶歡宴一定要人多食福、吃的人愈多家運愈旺，因而越富有的就要備辦越豐盛、宴請越多人以增加人氣、福氣，也就有一些「誇富宴」的分享以顯示身分地位的同一意義。在過往物質比較匱乏的農業年代，在經過一段時日的齋戒之後，縱飲大吃的滿足是經由儀式而合理化其放縱、逾越常規的行爲，所依據的即是祭祀之後集體性的共食分福，而且一定是逾分越量的放縱飲食，方能達於酒足飯飽之後的迷醉，如此始爲節慶飲食的狂歡極致。

從家庭、家族性的共食分福發展到合宮合境的共食，即是送王之後的「平安宴」，表示定期性的逐疫送祟乃是危機的解除、「平安」的獲致，故進行最末一場的集體性歡樂。由於是在東隆宮廟埕上的大宴，開放合境之人自願參與，全體以此慶賀「合境平安」。這種共食乃是聚落共食習俗之遺，上下一體放縱於享用飲食，使眾人在酒肉的豪飲競比中，氣氛高昂而熱烈，一鎮之人皆「若狂」、皆自在地進入狂歡之境。就社會學的休閒意義言，從平常時間的工作緊張、道德嚴肅，再經歷祭祀的宗教性嚴肅，等到神聖事務已經圓滿完成之後，才借由共飲共食以放縱同樂，就是爲了表示命運之所共同。

節慶、廟會中表現在諸般「玩樂」的縱樂放逸上也是同一意趣，在方志上即一再強調的「醵金演劇」，也即是戲劇學者所認定的「祭祀演劇」：從中國大陸所發現的宋元戲臺，西元十二、三世紀的江南演劇（田仲一成 1989），以至於現今尚存於中國西南省分的儺戲社事，都可知戲劇的演出時間、空間與節慶、社廟密不可分，這就是古來相傳的社事、社戲。東港也如同其他各地一樣，其新建戲臺正面對正殿、王府，每天都要依例先搬演扮仙戲，模擬八仙或三仙會聚以慶賀上仙至聖；然後才搬演日戲、夜戲讓人神同觀共樂。比較特別的是東港要一天十二時辰搬演不停，在迎王期間連演連臺好戲。在早期從四縣分分別優先獻演以娛神娛人，再逐漸讓其他團體及個人接續獻戲，類此獻戲的講究先後順序，也與府內的祀宴一樣，乃是祭祀中的社會秩序。野臺戲乃是古今維續地方戲的主要命脈，類此祭祀演劇的習俗，使獻戲者能一仍舊慣，而演出的劇團始能有機會連演不輟，縱使當前觀眾已趨新求變，但是演劇的戲臺構圖卻仍依稀可見昔時的地方戲情境：迎神演戲，慶賀助歡；當時鄉人在慶典休息時，即以共聚一場觀看地方流行戲爲樂，如此這般構成慶典歡會的觀戲圖。

在祭典期間，類似「嚴肅與遊戲」的相對互滲，既表現在王府祀宴與合家合境的歡宴，也表現在扮仙慶賀與連臺好戲，這是由儀式空間與行禮祭祀者所共同決定的。從服飾象徵所表現的身體需求，就在「祀宴分福」與「吃喝玩樂」上也同樣區隔出不同身分的品味。在這種各得其分各享其樂中，如果「若狂」的狂歡之境即是節慶廟會的極致，只有大眾無所關心的縱飲狂歡，才是導致一國之人一境之人泯除其身分界限的方式。從原本有意設計的空間藉此標定其身分的差序區隔，經由好戲的同觀共賞，最後融爲廣場上平安宴的共餐同慶醉飲極歡，即是儀式性的讓全鎮之人對於政治人爲的消解，並針對原本人爲的身分限隔，進行「合理」的混亂、顛覆，如此才能共同處於狂歡的氣氛。東港人的迎送王爺乃是現存的古社遺俗，通過社飲、社戲在「以社會民」的社會行爲中表現出來，凡此乃是經由神話、儀式而始得獲致合理的支持，在這種若狂氣氛中，才真正處於同臺相互平等觀看、同臺演出自己的儀式情境。昔之儒者所未能知之樂，應即是這類階層秩序泯滅不分的混亂、渾沌狀態，不過這種眾樂樂從古到今卻又是節慶歡會的至樂之境，文武周孔所理想的「與民同樂」應即是這種鄉野行樂圖吧！

〔五〕結語：嚴肅S遊戲

從符號學的觀點，考察東港的平安祭或是上溯魯國的蜡祭，類此違離於日常生活的祭祀、休閒，到底要如何表現其文化符號，是西方式的「俗／聖」抑是中國式的「常／非常」呢？在解讀這些繁複或簡要的文本後，其中的活動本質是否也可符號化爲「嚴肅／遊戲」？如果從古今觀祭的現象中比較真實地深思其本質，或許中國式陰陽互襯互滲的「S」

符號才足以較深切地解明常中有非常、非常中有常，亦即嚴肅中有遊戲、遊戲中有嚴肅。臺灣「社會」所良好傳承的祭典習俗，儒家祭祀、道教醮儀與庶民的節慶歡會，如何在行動中表現其互襯、互滲呢！儒、道中人基於其社會精英的身分、信仰神聖的本質，順應其勢地想（助其）延續日常之所有以進入非常之所現：諸如地位、倫理及藝術品味，以此區隔於凡俗、世俗。不過節慶廟會中卻蘊含一種非常性的強大力量使之發生微妙地轉變，那就是整個社會舞臺的焦點與評價乃被民眾所改變所決定，這正是造就「非常」的獨特氣質之成因與結果。

在「嚴肅S遊戲」的互滲律之下，不同階層在不同空間（舞臺）的演出，就有畸輕畸重的表現方式：在府內、壇內那些嚴裝禮服下的身體、內心，乃是嚴肅>遊戲，這些地方頭人至此也仍不放棄其平常的自己，不過在那種行禮如儀的演出另一個自己中，其實也是在形式的嚴肅中進行其另類的表演遊戲，從爭取當大總理等頭銜起，就按照遊戲規則嚴肅地拼賽，直到儀式現場又在排序空間中競比，那種嚴肅本身就有種認真在玩在演出的遊戲意味。而在府外壇外的廣場或街坊，陣頭與信眾則是在集體的儀式性遊戲中保存其本質上的嚴肅，它表現為遊戲>嚴肅，那是借由喧鬧、迷狂的戲劇形式，共同解決集體的驅祟與個體的解罪，乃是生命危機的解除與歡慶。然則什麼才是嚴肅、什麼才是遊戲，民俗信仰儀式就是如是弔詭、似非而是，才會造成如是迷惑眾人的特殊魅力。

在府內壇內所特意表現的嚴肅形式中，所要維續的是社會的文化的「結構」：神聖、潔淨與秩序，這是常服轉化為非常服之後所要堅持的常道。不過在非常期間的慶典歡會，真正的主導力量並不是掌控於官方而是民間，並非決定於社會精英而是庶民大眾：他們決定關注的是如何嬉戲如何從緊張中鬆弛自己，他們是反結構的一群，喧嘩、鬧熱地破壞日常所共遵同守的秩序，重新建立一套遊戲規則，以之扭轉了平常的社會評價。於是原本的主文化反而成為次文化：神樂團在府內所奏的細樂古雅迂徐，反而激盪人心的是那種開放性空間的雜沓聲響，在這種性質不同的音樂中，相與配合的行動將會程度不同地顛倒、顛覆了社會圖象：行動大膽地出格的小角色如今成為要角，凡表演精采的也就獲取較多的掌聲。這時那些嚴肅的頭人反而是不自覺地被「區隔」於群眾的掌聲外，少有為那些正經坐轎坐車的頭人鼓掌喝采的，他們只不吝惜地給予拼出面子的藝陣中人。換言之，在這種表演情境中，嬉戲者才是主角，是鼓掌、喝采在遊行中直接表現其驅除、緝捕的功勞，所以自然地逆轉了另類社會的角色扮演。

根據對於「遊戲」本質的詮釋，諸如葛達瑪（H. Gadamer）從存有學詮釋遊戲的概念：遊戲者愈投入於遊戲、愈是失去其自我，也愈能達到遊戲的三昧；這是從與人往來中演出自己、超越自己、演出一個意義整體，所以戲劇的演出即

是結構的意義整體（陳榮華 1998）。類似迎王祭典的不同角色扮演：不管是嚴肅中有遊戲的與祭者、抑是遊戲中有嚴肅的遊行者，都在「遊」的形式中演出另一個自己，以此逆反的表演顛覆、混亂了原本社會的角色塑造，這種容許暫時性破壞結構的反秩序，乃是為了鬆弛生活之憂、生命之憂，以儀式行為渡過存在的危機關口。所以這種遊戲、這種演出另類的自己，雖則非屬日常性的生產，卻又更豐富地再生產出另一種生命的意義；也在無關心中潛藏、滋生其真正的關心。基本上這種遊戲自是有其另一結構的意義整體，是經由民俗性的狂歡達成反結構、反秩序，再希求重新穩固其結構、秩序，這種從「非常」中穩定「常」的運行方式，乃是「反常合道」的創造力的活水源頭。

從古之蜡祭到今之醮祭，在遊戲中所高度昂揚的內在精神之「遊」，使之充滿從「戲」中創造出來的活力。在渾沌的時間空檔中，愈是破壞愈能建立其新形式，從傳承中轉化的才是足以吸引人一再注目的新事物。所以戲臺上的舊戲每天演出二十四小時而少有觀眾，明華園炫麗的新戲前卻擠滿了觀眾；新出藝陣雜揉了傳統與創新，也讓觀眾與之一樣暈眩，這些遊戲者與觀賞者在嬉戲交融中共同創造了新感官經驗。在這種多重而開放的大地劇場中，要酷炫耀的一群型塑了節慶美學，在神聖又神秘的氛圍中，使表演者、觀看者從日常生活的嚴肅世界轉入遊戲世界，它較諸精緻的戲劇、藝術，更能將人帶入一種距離「狂」最接近的愉悅狀態。所以整個好像非生產的、無關心的行動，在若狂的邊緣神人交融、人人交融，民間節慶迎神賽會使非日常生活在短暫區隔後又重新融入日常生活中，如此終能創造出宇宙中永恆的律動：永遠不變的常S非常、工作S休閒、嚴肅S遊戲，這是今之儒者從「野」中所會得的「禮」意，也是從非常性社會生活、生存處境中所體會而得的至樂之境。

◎導論引用書目

田仲一成
1989 中國鄉村祭祀研究；東京：東洋文化研究所。

李亦園
1978 神話的意境，李亦園著：信仰與文化，頁 163-168。臺北：巨流文化出版。
1983 從比較宗教學觀點談朝聖進香（黃美英訪問整理），民俗曲藝 25:1-22。

李豐楙

1981　《洞淵神咒經》的神魔觀及其剋治說，東方宗教研究新 2 期:133-154。臺北：藝術學院傳統藝術中心。

1994a 臺灣中部「客仔師」與客家社會——一種社會變遷中信仰習俗的起伏與消失，客家文化研討會論文集，頁 217-242。臺北：文建會出版。

1994b 行瘟與送瘟：道教與民眾瘟疫觀的交流和分歧，漢學研究中心編：民間信仰與中國文化國際研討會論文集，頁 373-422。

1997a 道教劫論與當代度劫之說——一個跨越廿世紀到廿一世紀的宗教觀察，李豐楙、朱榮貴主編：性別、神格與臺灣宗教論述，頁 303-332。

1997b 常與非常：一個服飾文化的思維方式，第四屆華人心理與行為科際學術研討會。

金耀基

1988　「面」、「恥」與中國人行為之分析，收入中國人的心理。臺北：桂冠圖書公司。

林美容

1992　彰化媽祖信仰圈內的曲館與武館之社會史意義，人文及社會科學集刊 5(1):57-86。

陳榮華

1998　葛達瑪詮釋學與中國哲學的詮釋；臺北：明文書局。

黃美英

1994　臺灣媽祖的香火與儀式；臺北：自立晚報出版。

鈴木滿男

1990　環東海諸地區的海上異域觀念——比較民俗學的考察，福建民俗研究，頁 161-187。浙江：浙江人民出版社。

涂爾幹(Durkheim, E.)

1992[1915]　宗教生活的基本型式；臺北：桂冠圖書公司。

Turner, Victor.

1969　The Ritual Process : Structure and Anti Structure. Chicago : Aldine.

Van Gennp, Arnold.

1960　The Rite of Passage. Ghicago : University of Chicago Press.

《卷首》緒論

在臺灣南部較具代表性的大型民俗活動，就是與王爺信仰有關的迎王祭典。有許多地方根據當地歷史傳統，形成了三年一科的迎、送王爺的習俗，早在清代公私撰述的方志、筆記中就常有相關的記載，為漢人移民社會所反映的信仰習俗。由於其中所隱含的漢文化意識，在日本政府治臺期間，特別是在太平洋戰敗前，就曾因地方經濟的困難及日本統治者的干涉，而曾被迫一度中斷。臺灣光復之後，由於政治經濟局勢的變化，民間社會才又逐漸展現其活力，而發展成為重要的祭祀習俗。屏東地區正是屬於王爺信仰的區域，在諸多寺廟中王爺廟最多，其中東港東隆宮的創建歷史及規模都頗具代表性。尤其每逢丑、辰、未、戌年就熱烈舉行的迎王祭典，不僅是屏東縣轄區內規模最大的民俗活動，也是南臺灣迎送王爺習俗中饒具特色的重要祭典。

有關「迎王」的民俗活動，根據歷史文化傳承而來的例行性習俗，一般多習慣使用「王醮」或「瘟醮」等名稱，強調迎請千歲驅瘟的醮典、暨「代天巡狩」繞境驅瘟的性質。而東港東隆宮祭典委員會卻在每科編製的專輯上，特別標舉出「平安祭典」的祭典性質，在地人比較簡潔的稱呼則是「迎王」。其原因就在於東港人對於整個活動的性質，自有其基於歷史文化傳承所形成的理解。這個濱海小

東港王船造型優美壯觀，是臺灣迎王活動中的焦點。

鎮由於自然環境的關係，形成以海洋文化為主而兼容農村生產的生活型態。從清朝時期的一個南臺百貨吞吐港：「內地商船往來貿易，為舟艘輻輳之區」，轉變為今日的遠洋漁港，鎮民結構仍是以漁民、漁產加工業者為主，故自然形成典型的漁業文化。因此在常民的信仰生活中，溫王爺的信仰就成為鎮民的精神寄託；而三年一科的「迎王」前來輪值巡狩的活動也就成為全鎮的大事。為了凸顯出東港的海洋文化，並展現漁港的特色，「王船」就成為整個活動的主體。特別是近九科以來，由造船工會的工匠、技師所發起並獲致祭典委員會、諸多信眾熱烈支持所建造的木造王船，無論是形製、造型的巨大、美觀，都是目前臺灣類似的活動中深受各方矚目的焦點，因此近數科都被稱為「王船祭」。

東港的迎王祭典即是全體鎮民共同參與的大活動，其傳承歷史既久，規模亦大，在東港的開發史上，它在不同的階段都各自有其不同的社會文化功能，不僅早已成為東港歷史中不可或缺的一部分；而且在當前東港人的生活中仍是全鎮的信仰重心，對於七角頭甚至相鄰的農村、漁港都具有凝聚、整合社會的功能。由於東隆宮、溫王爺與「迎王」的平安祭典已然結為一體，只要是生於斯、長於斯的東港子民都會永遠存留有祭典的記憶。在迎王期間他們不分派系而各自融入整個祭典活動中，出錢出力，群策群力，因而表現出東港人的活力與韌性，這是一種素樸而又強韌的生命力，讓在地人高度發揚其鄉土意識：不輸人、不輸陣。在平常的東港自是難免會有地方派系，東隆宮的內部運作也難以完全避免其影響，不過基於溫王信仰及迎王的盛典，大家從吾愛吾俗到吾愛吾鄉，因而如何讓它持續激發為一股蓬勃而有生氣的活力，正是每一個東港人所要凝聚、發揮的智慧。

從臺灣光復後，在世界政經形勢的大變局中，整個臺灣的社會文化已發生了急遽的變遷，自然民間的信仰文化也隨之而發生變化，其中到底何者可變何者不可變？就值得關心地方文化者深思。東港、東隆宮與迎王祭典，在面臨五十年來的社會鉅變中，大家除了要傳續這一個世代相傳的信仰習俗，也需要因應政經變化而在社區總體營造的時代趨勢之下，逐漸擴大發揮其正面的影響力。尤其在近十數年來的重建社區文化的風尚中，溫王信仰及迎王祭典，已由東港一地的地方習俗，逐漸擴大成為倍受各方矚目的民俗文化的焦點。不僅有交陪關係的寺廟前來，更有眾多的信徒不遠千里而來，連帶地有關東港地區的專題研究也陸續展開，如此就有丁丑科祭典配合屏東縣的全國文藝季，展現地區性的

文化資源，凡此都有助於進一步瞭解迎王祭典與東港社會的密切關係。

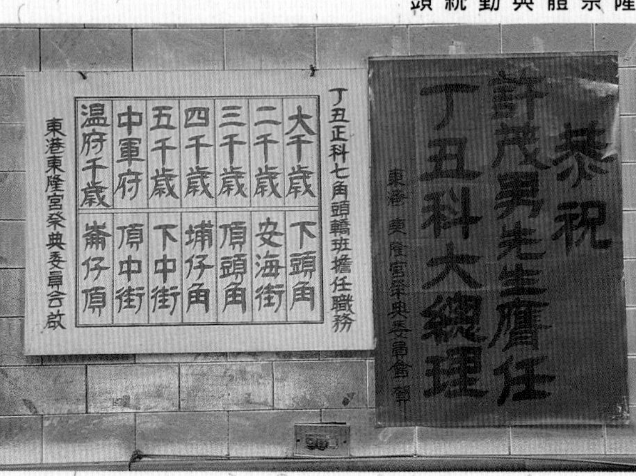

丁丑正科七角頭轎班擔任職務
大千歲 下頭角
二千歲 安海街
三千歲 頂頭角
四千歲 埔仔角
五千歲 下中街
中軍府 頂中街
溫府千歲 崙仔頂
東港東隆宮祭典委員會敬
恭祝
許茂男先生膺任
丁丑科大總理
東港東隆宮祭典委員會 敬

東港東隆宮平安祭典是全體鎮民參與的大活動，而傳統以七角頭為核心。

對於整個祭典中環繞著王爺護境、代天巡狩等，確實仍存在一些值得深思的問題：包括聚落開發與祭典區域的衍變、溫王及諸王爺的職司與神格、王船製作的歷史與特色、地方陣頭的形成與宮壇的關係；特別是整個祭典儀式的複合情形等，都是需要結合貫時性的歷史觀察和並時性的實地調查，然後才能深入分析其豐富的文化意涵。本專輯根據多年來的持續觀察，特別是辛未科（民國八十年）與本次丁丑科（民國八十六年）的實地紀錄，並綜合前此相關的研究成果，希望能比較周備地完成三大目標：一是記錄丁丑科的祭典實況；二是解說王爺及迎王祭典的歷史傳統；三是針對祭典期間所有的活動：祭典的宗教性嚴肅與民俗遊藝的休閒遊戲，從「非常」性的社會學、哲學試著詮釋其文化意義。東港迎王可以肯定的是一種深具潛力的文化資源，在當前民間「愛拼才會贏」的氣氛中，如何才能是創新的民俗活動？應是東港鎮全體鎮民需要用心思考之處，希望這一次《東港迎王》的編纂完成，能夠成為東港未來更美好的一種歷史見證。

財團法人台灣省屏東縣東港東隆宮丁丑正科
平安祭典專輯
財團法人屏東縣東港東隆宮祭典委員會編印贈

丁丑科平安祭典所印製的「專輯」，作為祭典行事的依據。

丁丑科平安祭典所印製的全開大型海報

東港東隆宮丁丑正科平安祭典程序表：

1農曆九月廿八日（星期三）恭請代天巡狩王駕（請水）法會
2農曆九月廿九日（星期四）鎮內南區繞境遊行
3農曆十月初一日（星期五）鎮內北區繞境遊行
4農曆十月初二日（星期六）鎮內中區繞境遊行
5農曆十月初三日（星期日）鎮內農區繞境遊行
6農曆十月初四日（星期一）王船法會
7農曆十月初五日（星期二）遷王船法會
8農曆十月初六日（星期三）恭送王駕法會

財團法人東港東隆宮
董事長 林雲騰
大總理 許茂男
敬邀

丁丑科平安祭典所印製的邀請函

丁丑科迎王祭典配合屏東縣全國文藝季，展現地區性文化資源的特色。

東港王船祭中的文物展示館

《上卷》歷史文化卷

臺灣的王爺信仰盛行，各地常有迎請王爺的習俗，惟各地區相關的神話、儀式又有異同。東港地區的瘟王信仰及迎請千歲代天巡狩的祭典，既有淵源於福建原鄉的信仰習俗，也有因應在地自然、人文環境所形成的。因此先有〈歷史文化卷〉：首先為「開發建廟篇」，凡分為三個部份：解說臺灣南部的開發，東港以港灣之利，成為貨物進出的口岸。其次說明臺灣南部移民初中期，疫癘時行，王爺廟特多。東港多癘，而瘟王東來鎮守，大家期望因此能使「東」港與「隆」；而東隆宮也隨著東港迭經遷徙，乃能有今日的巍峨廟貌。二為「王爺信仰篇」：首先解說瘟王及蒞境千歲的三十六進士系統，非屬怨靈、厲鬼，而為功烈神祇。其次說明帝王敕封與玉皇敕賜，乃得代天巡狩之職；並解說代天巡狩在帝王禮制及道教文化中的意義。最後說明道經中行瘟、行毒，乃屬天譴，而民間崇信則以五瘟為主，相信天行瘟毒以懲頑愚；在中國各地遣瘟時，送船入水，去毋轉回，閩臺逐疫，造船送王也兼有這種習俗。三為「王爺神蹟篇」：採取吳朝進先生所記錄整理的神蹟，從民間文學的立場分別加以解說瘟王爺及千歲爺的成神巡遊事蹟；千歲爺奉旨來巡期間，如何嚴威地懲罰不敬者與邪精諸物。末則敘述千歲離境遊河，本地仍不敢觸犯禁忌，以示王爺屢現神蹟的意義。

東港東隆宮廟貌

【壹】開發建廟篇

東港自古即屬濱海的港口所發展而成的街鎮兼有漁業與商業的特色，明末清初因為地勢低窪，尚未有大量漢人聚居，多屬平埔族活動區，直到乾嘉階段始因閩粵移民眾多移入，而逐漸發展成繁榮的街鎮。然因東港歷史拓展的過程中，由於地理位置偏南，在清代開發史上並未能居於首要商港的街鎮地位，然而卻能輔助安平港、鹿港等重要商港，成為南部米糖等貨品的重要轉運站。故其整體的地理位置與特徵，對於東港鎮日後的開拓與發展有其相當決定性的影響。

在乾、嘉之後，隨著東港街鎮的陸續開發，逐漸吸引大量泉籍移民的移入，其中較大氏族的聚居與發展，就造成了東港境域的地域化，而形成初期的角頭與聚落群。在整個街鎮的開發過程中，東港公廟東隆宮所奉祀的主神溫府千歲的信仰逐漸昌盛，同時為了迎接溫府千歲的結拜兄弟，每三年一科奉旨代天巡狩的千歲爺駕臨，長期發展以至於今，東港也隨之逐漸形成固定的七大角頭，共同參與盛大的「平安祭典」，繞境範圍即以七角頭為主，再擴及偏遠的農業區等聚落，而參與繞境的隊伍除了散布於本地各角頭和聚落的廟宇、鸞堂的神轎、陣頭外，也有許多外地前來共襄盛舉的眾多交陪廟的隊伍，由此可知在歷經長期發展後，才自然形成當前的祭典區域。

東隆宮的王爺信仰與「迎王」平安祭典的活動，與東港開發史有密不可分的潛在關係，人口聚集與角頭的地域分化及形成皆有其影響力，而參與迎王繞境的東港境內各廟堂之神轎與各式陣頭，乃出自散佈在各角頭的東港人士之努力。為何以溫府千歲為主祀神的東隆宮，能夠號召東港子弟甚至偏遠外地的信眾，共襄迎王平安祭典的盛會？為何這些聚落的廟宇和鸞堂的信眾願意積極參與迎王祭典的活動？實與東港的開拓史、和東港人士的生活環境與信仰發展間有密不可分的關連性，這便是本篇所要介紹的重點。

【一】地域開拓，滄海桑田

東港鎮位於今屏東縣高屏溪（下淡水溪）、東港溪與林邊溪等溪流沖積而成的部份，東北鄰接崁頂鄉，東連南州鄉，東南接壤林邊鄉，西南則隔臺灣海峽距琉球嶼十五公里，西北跨東港溪即屬新園

鄉（翁淑芬 1997:5-6）。東港鎮便是被這四個鄉與臨臺灣海峽之海岸線所共同環繞，在地理、人文環境的自然發展下，終能形成一個臺灣南部熱鬧的小型街鎮的結構型態。

東港與下淡水溪（高屏溪）的關係，可見於清代光緒二十年（1895）修的《鳳山采訪冊》之計載：「淡水溪……源受南雅仙山泉，南行遞納十溪：…九溝……八圳……一塘……兩溪……迄東港入海……兩岸相距三里許……」。而東港溪則是「東溪……源於嘉早山泉……本支遞納四溪……四陂……兩溝……兩圳……一潭……以迄東港，乃歸於海。」東港除了「源受東、西溪」外，還「間匯後寮、五房洲等流入海。」（盧德嘉 1895:94）由此可知東港是由數條溪流共同交匯入海沖積而成的靠海沖積平原地形，境內是一片地窪和平坦的原野地形，距離高遠的內山地形甚遠，所以相當適宜民眾的入墾與海港型之漁業與商業的發展。

臺島在清領之初清廷僅設一府三縣，而鳳山縣因草萊初闢民少番多，為防止民變，首於東港設下淡水巡檢（蔣毓英 1685116），以稽查出入的關隘船隻，可知東港該地以港口的地形之利與平原的發展潛力，所帶來的人口成長與商船的貿易往返，巡檢的設置確實有其政經條件的必要性。

雍正九年（1731）東港開始有島內貿易（伊能嘉矩 1909:158），而臺屬小商船往來不絕，並有安平港郊在此採購米、糖等交予南、北郊，或向兩郊購買進口貨轉售於東港或其他口岸（林恭平 1958:24-25），更可看出東港以港口發展之潛力與台南安平港或其他港口之郊商互動的情形。《重修鳳山縣志》也曾記載：「大林蒲漁家錯落，而東港、西溪採捕不下千戶。海坪、魚塭，商港掌而貼納本輕；灶戶、鹽埕，貨利多而徵餉從薄……粟、米餘資閩粵，菁、糖直達蘇、杭。」（王瑛曾 1764:10-11）由此可知東港漁業、各種米鹽等商戶與大陸主要商港通商的情形。又有關東港的港口便利之描述也可見於同一書中：「東港在縣西南六十五里，西臨大海，港道甚闊，可通巨艦。有商船到此裝載米、豆貨物。」（上引書：11-12）；而《海東札記》亦言：「郡境海通之處，各有港澳。定例只許廈門、鹿耳門商船往來。此外臺灣縣有大港，鳳山縣有茄藤港、打鼓港、東港……凡十有七港，均為郡境小船出入，販運其中，各設官守之。」（朱景英 1773:8）可知雍正、乾隆時期東港以靠海及港口之利，其日後漁業、商業的日益繁榮景象是可預期的。

東港港口的便利與商業街道發展成相當規模的東港街，據推斷可能是在清嘉慶已初具規模，至少到了道光十九年間（1839）已然有「東港街」一詞出現；嘉慶年間「濫港」（新街的前身）約有一百五十餘戶的市街，而東港則約有八百戶的住民。然而東港自清乾隆五十一年林爽文事變後，平均每隔二十年左右便又再經歷一場兵事浩劫，導致東港財富累積不易，人口增加緩慢，街市發展受到限制。直到清咸豐三年（1853）林恭之亂事平後，東港又逐漸吸引商船來泊貿易，港市才慢慢恢復以往的盛況（翁淑芬 1997:38-40）

東港的舊商街在同治初年的一場致命水患中，造成東港溪岸的崩潰，熱鬧的「濫港」從此變為農業聚落，商務悉被東港所吸收（李芳廉 1982:16）；水患也波及原東港溪西岸的舊「東港」，造成街市半數以上（約四百多戶）受害，於是民人舉家東遷至東港溪東岸定住下來，舊市街則衰退成一片埔地。此後，東岸的今東港街市脫穎而出，成為附近地區主要的貿易地點；船泊位置也移至今和美街口的港溪岸，帶動今延平路附近街肆的繁榮，發展出一條與河道平行的街市，此即今日東港最早出現的商業街肆中心（翁淑芬 1997:40-41）。

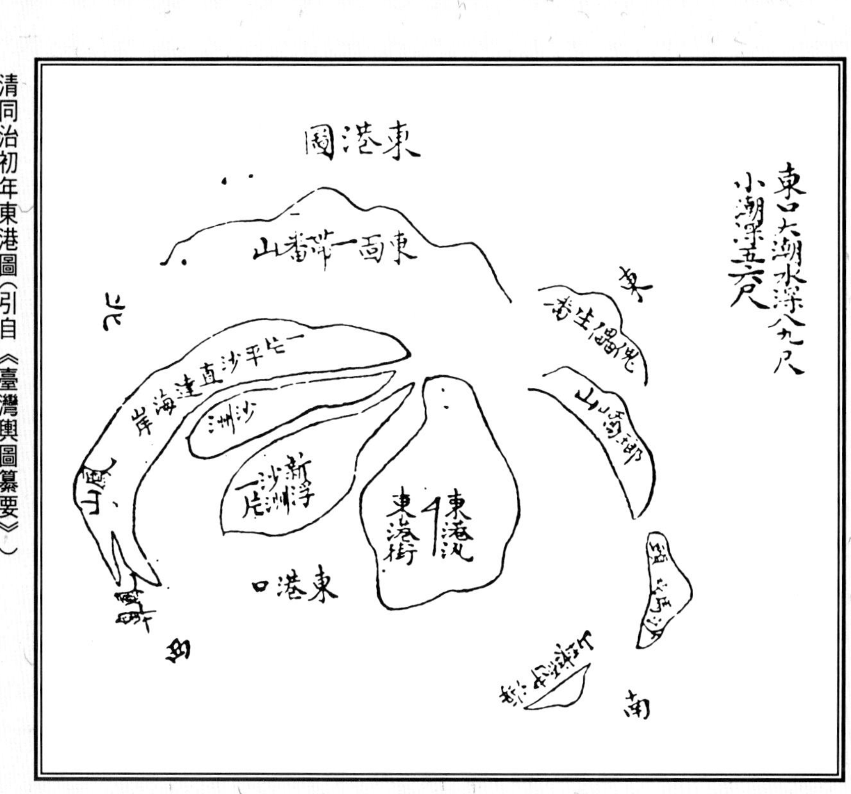

清同治初年東港圖（引自《臺灣輿圖纂要》）

東港船泊的港道實與今日東港鎮的信仰中心東隆宮（主神溫府千歲）之廟址相鄰，而繁榮的延平

路之商街則座落著東港另一座信仰中心朝隆宮（主神天上聖母），再往前不遠則與東港另一座信仰中心福安宮（主神福德正神）相銜接，所以今日東港的三座歷史悠久的公廟，皆座落於熱鬧的東港街肆區內。可見東港街市的繁榮發展與民眾生活環境息息相關的信仰傳統之間，亦有非常密切的地理位置之關連性。

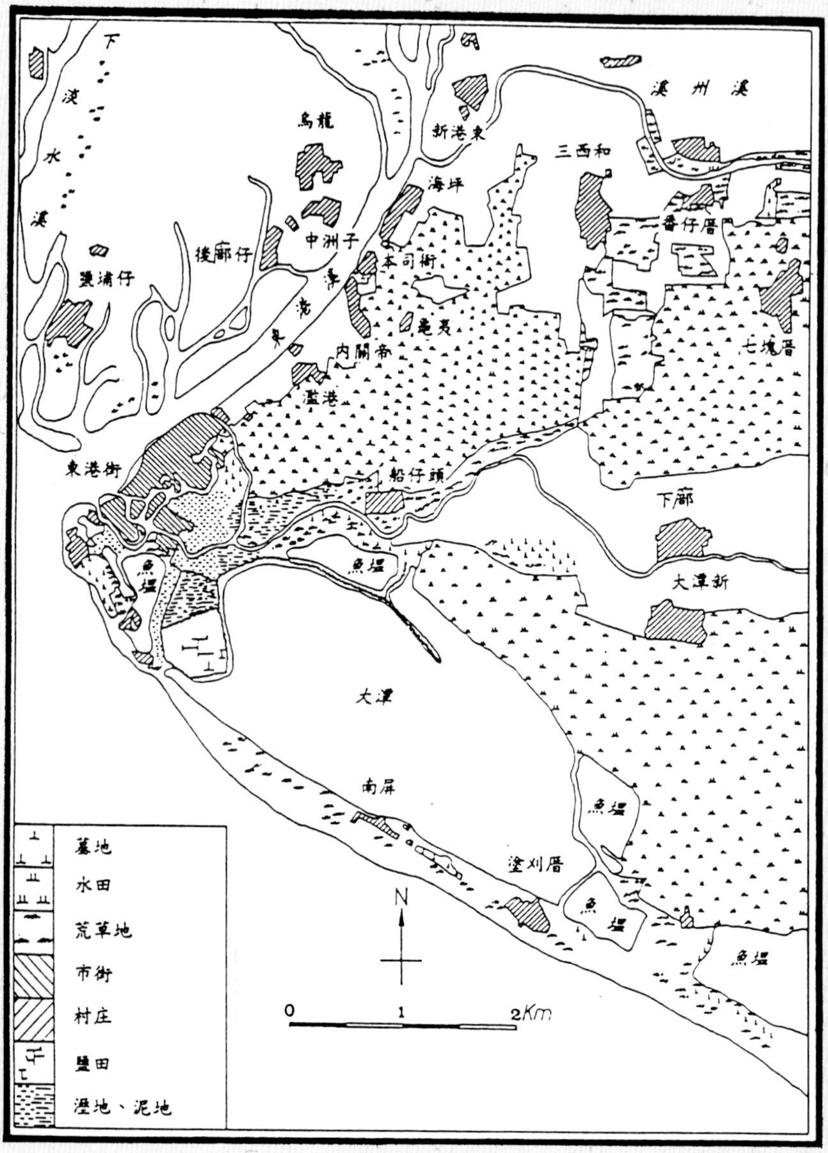

廿世紀初期東港地區聚落分佈圖（引自 翁淑芬 1997:15）

【二】疫癘時行，溫王鎮守

臺灣南部地區內的廟數、主祀神及其分布情況，由於官方所修的官志大多著重官祀，對於民間寺廟大多要等到規模粗具才會予以採錄，雖然如此仍可發現其中的王爺是佔有最大的比例。康熙五十九年陳文達修的《鳳山縣志》，只載及官祀；王瑛曾在乾隆二十九年重修時也只錄下一座池府王爺廟；而等到盧德嘉在光緒二十年撰《鳳山采訪冊》時，所采訪的規制祠廟就有三十一座王爺廟、三十座媽祖廟，此外還有觀音廟、真武大帝廟、保生大帝廟、三山國王廟及福德正祠等，廟數多在二十左右。前兩類最能表現移民、開發的精神信仰，因媽祖除是鄉土神外，更具有航海守護及護佑移民的神格；而王爺則相當程度地反映漢人對新墾地的水土適應的需求。其中所載寺廟興建的年代多屬改建而並不一定是創建，卻仍可看出與南臺灣的開發時間大抵符合：乾隆朝四座、嘉慶朝五座、咸豐朝兩座，而光緒朝則多達十六座。在當時鳳山轄區內所奉祀的王爺，以池王最多（專祀、合祀三）、次為李王爺（專祀三、合祀二），而奉祀溫王爺的專祀者三座：就是田寮莊、大林蒲莊及東港，另有兩間是合祀者。從王爺職司代天巡狩的任務言，可以瞭解鳳山地區的開發較遲，而瘴癘、疾疫的危機感仍大，所以民眾也比較需要王爺，尤其瘟神性格明顯的池王爺，最能明顯表現時代、地域的實際需要，基本上這一種情況與臺灣其他地區的寺廟信仰與地方發展密切關連有相當一致之處。

在臺灣中南部地區，越往南部則開發較遲，新墾地的氣候、風土等大有異於閩粵原鄉之處，所以康熙初中葉移民最不易適應的，就是瘴癘和水土不服。最早蔣毓英康熙二十三至二十七年任臺灣知府主持修成的《臺灣府志》，說「鳳山以南至下淡水諸處，早夜東風盛發，及晡鬱熱，入夜寒涼，冷熱失宜。又水土多瘴，人民易染疾病。」一直到康熙末葉仍然未能有明顯的改善，在康熙五十六年陳夢林等人所修的《諸羅縣志》〈雜記志〉仍說：「臺南北淡水均屬瘴鄉，南淡水之瘴作寒熱，號跳發狂。」陳文達也記載：當地「土多瘴氣，來往之人恆以疾病為憂。」由於來往的移民逐漸增多，清廷設有鳳山縣治，惟在康熙四、五十年時鳳山縣令多屢次藉故滯留郡城，不歸縣治，直到康熙六十年，因朱一貴事變，經上級嚴加敕令才勉強帶領吏役歸治。縣令怖懼瘴癘猶可想法逃避，而實際墾拓的移民就

難免為疾病所侵，棄骨瘴鄉，成為當時人所怖懼的事。《陳志》就載有「邑厲壇」（卷二）及「無祀祠」（卷十），其中無祀祠之一即在淡水港東，原因是鄭氏時，以瑯璚（今屏東縣車城鄉）一帶為安置罪人之鄉，故死於斯者往往為祟，居民觸之，頻以疾病為憂。所以康熙五十八年知縣李丕煜令淡水司巡檢王國興建祠祀之，「庶幾疫癘不生，而民長享康寧之休矣。」可見康熙末葉的下淡水溪仍為瘴癘盛行地區，漢人比較不易適應其水土。

東港地區的開發，宋增璋在《臺灣撫墾志》中說：東港及相鄰的林邊、南州、新埤等，曾為明鄭屯墾之區。康熙年間，閩之漳泉、粵之潮州移民相繼來此，或以贌耕，或以侵佔而取得土地開墾，並漸次推進至鄰近區域。從清廷的治臺政策可以理解東港在此期間的開發情況，康熙二十三年所頒布的三條渡臺禁令：如需取得原籍照單以備查驗、不准攜眷及禁止粵民渡臺，因而延滯了東港的開拓。但由於港口的利便、屏東平原的廣大腹地等優越條件，移民仍多干冒禁令及瘴癘威脅等阻礙，而正式或偷渡、私渡入墾。當時下淡水溪的下游入海處，也就是東港附近極為重要的上岸處，惟該地地勢低窪，多沼澤，為最易遭水患、疾疫之處。從清領以後，清廷鑒於東港的港口形勢至為重要，所以康熙二十三年就在此設置下淡水巡檢司署，《蔣志》卷六規制「衙署」早就記有此事；但到康熙三十三年高拱乾修《臺灣府志》卷二規制「衙署」時卻增多一條說明：「水土毒惡，歷任皆卒于官，甚至闔署無一生還者，移駐所宜亟議。」可見其病卒的清況極為嚴重。不過後來仍遷延二十八年，等到「康熙五十一年，巡檢趙元凱移建下淡水赤山之巔，秩滿轉遷。淡水司之陞始此。」（陳志卷二）從此以後情況才逐漸好轉，在卷四〈秩官志〉所載的前十任巡檢中，除沈翔昇、馮吉外，都「卒於官」；而直到王瑛曾重修志卷八〈職官志〉，雍正時凡有四任，其中仍有兩任「以病告休」及「卒於官」。可證康熙中、末東港確是多瘴癘之區，仍有待大量移民的前來移墾。

關於東港一帶漢人的移墾情況，實與建立市街、創建東隆宮有密切的關係。康熙五十八年，陳志卷二〈規制志〉坊里即載：「兆民日眾，人民日廣，復設港東、港西二里」。東港原本就有漳、泉籍漢人在港灣濱海一帶聚居，經營漁業，然後逐漸擴大，建立市街，位置約在東港溪西岸鹽埔仔庄的東方（今新園鄉烏龍村）。後來因該地地勢低窪，洪

水氾濫，市街流失泰半，乃遷移至下淡水溪之東，所以取名「東津」。後來港灣附近商賈雲集，其位置發展在定居區域之東，故稱為「東港」。而從史家的考證也有認為在東港成港之前，已曾有一「茄苳港」（約今大鵬灣及嘉蓮里），附近帆船進出停泊處稱為「船仔頭」（今船頭里），成為一個大港區。後來流砂淤塞，港道漸廢，這片新生地歷經開

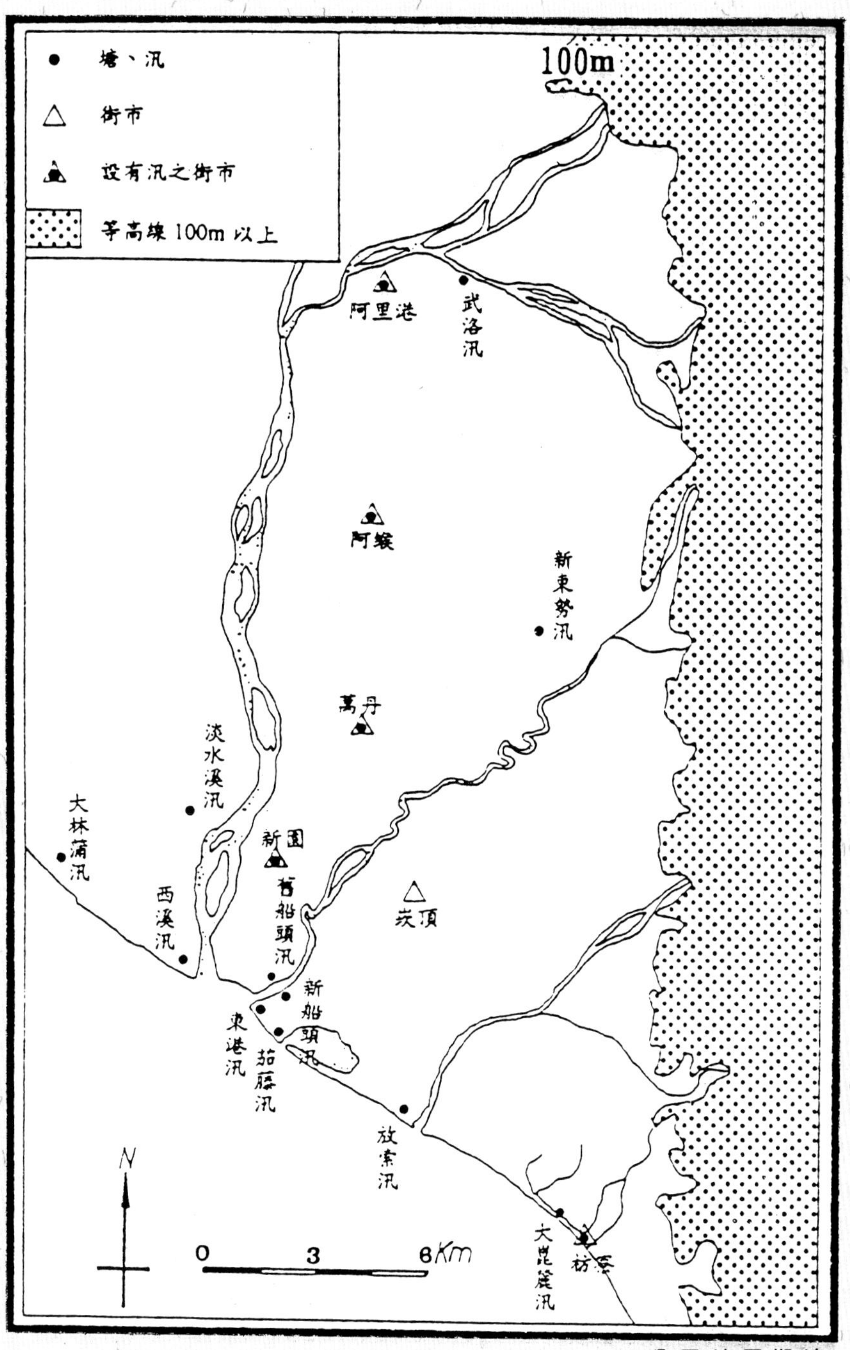

清乾隆時期屏東平原市街與塘汛分布圖（引自翁淑芬1997:28）

墾，成為後來的港仔口（鎮安）、新庄（大潭新莊）、下廍、船仔頭等村落，及烏樹、西港魚塭等。因已先有「東港」，茄萣港遂成為「西港」，前後兩港均曾為附近村鎮交通往來閩粵的輻輳之區。

從臺灣廟宇的興建慣例，大多始於移民初期。緣於當初渡海的危厄、新墾地的疫癘及水土不服，又仍對於原鄉的信仰多所懷念，因而有攜帶祖籍地神明或香火來臺的情況。這就是地緣關係的神明來源，也可將原鄉神明的信仰情懷理解為適應新開發地的精神寄託。其初期型態常是私家或小聚落的崇奉，廟宇形式也是較簡陋的草寮、草居；等到聚居的人數逐漸增多時，才有足夠的社會力經濟力加以改建，也才會有被修方志者採錄的情況。在東港的三座公廟中，東隆宮即為王爺廟，興建的時間也較早，與移民初期的社會需要相符合。而盧德嘉採訪記錄的「朝隆宮」奉祀媽祖，原建於東港街盡頭、港區邊緣，當時即為帆船停泊的埠頭，符合航海、拓墾期的需要，惟冊中所說的「同治十三年許章泉號董修」，應非創建時間而是重修的年代。它與東隆宮的位置有一定的距離，李芳廉先生推測其間「顯示早期拓墾者對於新近拓墾者之防禦心態。」（東港墾拓誌略）此外還有一座公廟即是奉祀福德正神的「福安宮」，為光緒十八年邱拱辰董修的。三座公廟間的街市即是東港較早開發的原始街市，為居民早期商業、漁業等經濟活動的主要區域。

至於東隆宮的興建時間與地點，從廟宇與地方發展的關係言，應早在康熙末葉移民入墾日眾日廣之時，即因渡海冒險，墾地仍多瘴癘，為護佑移民的心理，奉祀從原鄉請來的溫王爺香火，所以本地人較傾向康熙年間（三十三或四十五年）建於鹽埔一帶的說法。因為王爺定居於此，東港興隆有望，所以宮名「東隆」，至今鹽埔村猶有王爺佃地，其數相當可觀。不過李芳廉則採取歷史觀點，取「建於乾隆年間」之說，因當時才有記載移民漸多，開闢日廣。等到乾隆時期已是適宜人居、貿易發達的港區，王瑛曾就稱許東港，「西臨大海，港道甚闊，可通巨艦，有商船到此裝載米豆貨物。」而原先因水土毒惡，移建赤山巔的巡檢司公館，已賃住於港東里崁頂街，原因即是「開闢既久，風氣日和，東港、赤山村落紛闐，瘴癘不作，無煩輾轉遷徙矣。」（《鳳山縣志》卷二公署）雖則瘴癘之患逐漸消除，但是水災之患卻仍一再影響王爺廟而迫使輾轉遷移，它自是也與東港市街的形成史密切關連。

在溪東的鹽埔一帶所建立的移墾區，由於連年海水的侵蝕，土地流失；加以下淡水溪從南雅仙山發源，遞納十溪、九溝、八圳，蜿蜒而下，被稱為鳳山縣的「經溪」（即以淡水溪橫界全域之中，劃分積方），其溪流「兩岸相距三里許，夏秋水漲，或寬至四、五倍不等。沿溪田園盧舍，常被淹壞。」（盧德嘉，頁50）所以一遇水災，溪水下注，海浪拍岸，致使部份墾地、家園迭遭陷沒。王爺廟即因水患之故，隨著居民的移居而多次遷移：先遷到鎮海里，後來鎮海里及其廟基又遭海水沖蝕，才再次搬遷到目前的東隆里。此乃緣於東港的地勢低窪，河流貫穿於區內，即承受下淡水溪、東港溪及後寮溪諸溪之水，也常受到海潮的侵蝕砂岸，所以一遇大水災，田園、市街也較易被沖毀。而作為東港人的精神信仰中心，東隆宮的溫王爺就與民眾的生活緊密結合，也因此在遷徙過程中就會流傳一些膾炙人口的寺廟傳說。

國人建廟時都會有一些風水吉地的傳說，凡是神祇所鎮一定是該地的吉利穴地，它關繫所有居民的共同命運。類此吉地所有的福氣也應由大眾所共同分享，而該地即是寶地，在興建之後也就自然凝聚民氣，配合著出現民居、市集，因此建廟的位置也常成為該地經濟、人文活動的核心。東港地區流傳有兩則王爺廟的地理傳說及建廟傳說，在傳說中也保存了一些建廟的史實：較早的一則為「海螺穴」（俗稱倒退鱟穴）傳說：在光緒二十年東港遇到海嘯、山洪，廟的四周已陷於洪水，只有王爺廟尚聳立其中，仕紳林合乃發動當地的善信冒險前往搶救，就勇敢地駕著竹筏，載下頭角的大輦前往，準備請出王爺鎮殿神像。當時大殿已無法開啟，乃打破殿後牆壁適時地請救出神像，等離開後，廟基即被海浪沖崩。這是林家有功於王爺的較早記事。第二則即為目前東隆里的現址，為「浮水蓮花穴」（也有說是蓮花池斗燈穴）：因為東港地勢低窪，每逢漲潮時海水倒灌或山洪爆發時，民屋被淹，而東隆宮卻從未浸水，固有浮水之說。其實就廟宇設計言，講究地理是內行師傅的專長，目前新建的東隆宮，天公廟前就特別留有一水池，而在廟前石階上則是常現出水痕；此外在廟埕也留有一條水溝，作為王爺玉帶，都是為了顯示王爺的威儀，故能鎮於吉地之上，為所有鎮民、信眾保佑平安。

關於王爺廟的改建最能表現本地人崇敬溫王爺的虔誠，因此也曾流傳一些改建的動人事跡。由於國人建廟多採木結構，加以海島多風雨，比較潮濕，又因香火旺盛，極易薰黑，所以常在一段時間之後就要重修。早期東隆宮的興建情況記載不詳，目前所知的凡有清咸豐、光緒、光復初，較近的一次是民國六十六年重建，迄七十三年竣工，前後八年。咸豐時期的興建曾流傳有一則神木漂來的神奇傳說：「據說王爺化身為老者前往福州挑選福杉，吩咐印上『東港印記』後拋入海中自會漂來。木材商發現翌日木材漲價，想要反悔，後來經老者的顯夢，才如約拋入海中，結果漂至崙仔頂（今鎮海里海邊）。木材商後來親來東港私訪，才知是王爺顯靈。後經崙仔頂釀酒的蕭光山以牛車運載，另一同業洪足烏負擔經費，遵照神示於太監府（今崙仔頂）建成巍峨的東隆宮。凡此所說的化身購買木材、飄來海邊，都屬於神木漂來母題，也符合東港船仔頭原為木材上岸處，稱為「杉仔港」的港口特色。這段傳說中蕭、洪兩人的熱心建廟事蹟，標幟著咸豐重修的歷史事實。第二種史料則是盧德嘉《采訪冊》所錄的，說是「光緒十三年陳順源號募建，十七年洪朝輝重修」共建成「屋九間」，是當時屏東王爺廟中規模較大的一座。第三次則是民國三十六年，因清末到日據時期，異族統治壓抑本地人的信仰，加以戰亂失修，廟貌已呈衰頽之勢。臺灣光復之後，地方仕紳即著手進行修建，乃由蔡糞擔任管理人，林庚申、蔡朝取擔任總經理，陳聯豐、張萬寶任會計，在地方頭人的贊助下共同完成。這次改建後規模壯麗，逾於前規，成為屏東縣較具規模的王爺廟，配合原本就有特色的迎王祭典，成為遠近馳名的廟宇，所以於民國六十三年經屏東縣政府列為古蹟。

東港東隆宮於民國六十三年經屏東縣政府列為古蹟

古蹟級的東隆宮也如同其他古蹟一樣，木結構有一定的年限，且殿宇較狹小，逐漸不敷所需，所以有人倡議改建，歷經一再討論後，乃決定於民國六十六年拆除重建，由重建委員會推動，大力募款，在各界善信大德的捐獻下，改建為現代化鋼筋水泥的結構，仿華南重簷式的殿宇。但在改建過程中仍留可使用的舊建材，如木料與石材等，融合入新的結構建築中，特別的是廟頂仍保留木構建築。凡經七年，至民國七十三年始竣工，並於該年仲秋隆重舉行「入廟安座」的入火儀式。依照臺灣廟宇落成的慣例，待內部裝飾完成後就要舉行慶成醮，這是民國七十七年恰逢戊辰科平安祭典一併盛大展開的地方大事；三年後辛未科祭典才又舉行醮尾圓醮，醮事科儀即由有地緣關係的林邊鄉崎峰村林德勝道長主持，在傳統的道教七朝「火醮、水醮及五朝清醮」科儀中，一心誠敬地祈求合境平安，東港與隆，為全鎮鎮民表達期待「東隆」的心理。

在宮廟建築完成之後，由於適逢臺灣的經濟發展良好，東港地方人士也在漁業生產及相關產業上獲致可觀的成就，整個社會具有較佳的經濟實力。而東港原本的地區性迎王，在民國六十二年（癸丑）科以前，基本上是以紙糊竹骨為主的王船，在癸丑科正式改變為木造王船，華麗宏偉饒富特色，經由諸種媒體的大力報導，又逢社會各界推動臺灣的民俗文化，東港王船因而成為本地祭典的標幟，而由祭典委員會制所推動的平安祭典，使外地有交陪的宮廟、本地的堂、壇有意願前來參加，隊數增多，廟埕的面積就略顯不足。由於委員會組織的動員力，決定更完備規劃廟前的空間：使之顯現王爺廟的正大格局，並符合祭典所有的陣頭、王船羅列的實際需求，就朝向規劃廟埕及牌樓的方向進行。

早先在完成正殿的醮事後，就決定遷移舊天壇、香客大樓，並將廟埕臨邊的民居調整門向，使廟前的活動空間為之擴大，然後再在正前方與建牌樓，作為山門，門內側左邊建一永久性王船寮，右邊則建戲臺，經歷長久的壁畫、動工，在民國八十六年（丁丑科）迎王前舉行慶成醮。至此整體建設已大體完成，使慶成的水、火醮與迎王的送船，都能在廟埕上集合後，就堂堂皇皇地從山門進出，當宏偉的王船從山門中推出的一瞬間：金碧輝煌的牌樓、余大千歲的王船，配合後方堂皇的東隆宮，在擁簇的旗海、人潮中，構成了丁丑科平安祭的新圖象。

東港東隆宮寬闊的廟埕於丁丑科迎王前夕整建完畢

【三】氏族聚居，角頭乃分

在漢人尚未大量遷進臺灣以前，下淡水溪以東原為平埔族西拉雅之支族——馬卡道族所分布的區域。推測約在清順治四年（1647）年時，屏東平原上就曾分布著八個平埔番社，於清領臺灣後，稱為「鳳山八社」。乾隆二十九年（1764）《重修鳳山縣志》即明確指出「平埔熟番共八社」，即東港溪以北五社：麻里麻崙、大木連社、阿緱社、搭樓社、大澤機社；東港溪以南三社：力力社、茄藤社、放索社。據李國銘的考證指出其中與東港地緣較有活動關係的便是後面三個社，力力社應在崁頂鄉的力社，茄藤社址應在今南州鄉七塊村的番仔厝，放索社則在林邊鄉的水利村（翁淑芬 1997:17-18）。

相傳明鄭時期，東港、茄藤港亦為移民登陸口岸，以及漢人船舶寄碇之所，附近為漢移民所闢，應純為「民墾」。後來丁兵涉下淡水溪南移日多，約在 1670 年代，已有人至烏龍、三叉河、下廍、內關帝開墾，有的錯落於平埔族聚落之間，贌耕荒地，開始農業定居，漸次形成聚落；有的則僑居於海濱地帶，經營漁業而形成漁村，並逐次向內陸發展（宋增璋 1980:146）。

清康熙三十五年後（1696）有大量客家人移民來臺，因府治附近已無餘土可墾，聞悉下淡水東岸有大量荒埔未開，於是南下沿下淡水、東港兩溪流域入墾屏東平原，並在東港溪兩岸形成今臺灣南部最大的粵籍聚落，其規模發展至康熙末年朱一貴事變時，已有十三大庄、六十四小庄的龐大「六堆」組織。而於此期間漳、泉府籍的河洛人也以更大的優勢，分別由三條路線移入：北沿下淡水溪而上（屏東、九如、鹽埔、里港），中沿東港溪、隘寮溪而上（竹田、崁頂、潮州、萬巒），南沿海岸線南下（南州、林邊、枋寮、佳冬、新埤），向鳳山八社所有的土地拓墾（石萬壽 1986:74-75），所以屏東平原就發展成漳、泉、粵三籍與平埔族等長期共同混居的局面。

在東港地區漢人對此地的開發，清領之初的康熙年間，有來自廣東的鄭雲雯及彭朝旺；雍正年間則有泉州安溪人許徵、汀州永定人范高唐、福州府不詳縣籍的薛迪奏及漳州府漳埔縣人藍仲等（曾明得:25-26;廖立宇 1987:66;伍政祈 1994:23）。所以初期入墾東港的包括廣東人、泉州、漳州人，三籍人士皆有移墾的記錄。

整個開發的形勢發展到清乾隆年間已有大量移民入墾，其中以泉州府籍者為主，尤其是同安、惠安、南安和晉江等縣分的移民為多數。當時（1736-1755）在今東港的市街地區、市街的東北及海濱等地皆有初步的開拓，墾民又以蔡、鄭、張三姓為主。在乾隆二十五年（1760），清廷正式允可攜眷之前，移居者較零散；此後則多有舉族而來的，像泉州同安人黃氏一族墾拓樹林頭一帶之地，聚族而居，形成一聚落，以族籍之名，號稱「同安厝」，即今東和、中興、興臺三里（即頂頭角局部、下中街一帶），黃姓的後裔是為東港的望族。此外還有泉州南安洪崇遷移至東港，以今市區中心地帶的朝安里為其根據地（即下中街）；泉州人陳隆、紀受華與泉州安溪人許九諸墾首，遷來本區東北一帶墾拓埔仔莊（今新勝里、同埔仔角），同安縣人蔡曲則開墾今市區東北部之荒埔，其後同籍者蘇、洪、張、陳諸姓等相繼移入，先後墾成「埔仔口」（即今埔仔角）和「新厝仔」兩聚落（今新勝、頂新里）。蔡氏後裔繁衍昌旺，不僅為東港的望族，亦為該區的首姓。同安縣人蔡經也相繼而至，卜居安海街。泉州人鄭欣、鄭劫、蔡和等相率移入，經營今東隆里一帶（即安海街部份）；廣東人邱某人則墾今鎮海里之海濱一帶（李芳廉 1982:13-14;李豐楙

1993b:67;翁淑芬 1997:29-30;曾明得 n.d.:26-27;廖立宇 1987:66;伍政祈 1994:23）。由此可知乾隆時期移民主要是開拓今天的下中街、頂頭角局部、埔仔角、新厝仔、安海街、崙仔頂等一帶。

嘉慶年間有泉州許姓入墾今八德里一帶（即安海街），至今仍為該里首姓。道光年間晉江阮薛、薛添祿攜眷經商於今頂中里（即頂中街），並有伍姓也移居來此（李芳廉 1982;李豐楙 1993b:67;曾明得 28;廖立宇 1987:66;伍政祈 1994:23）。可知嘉慶年間仍以拓墾今安海街為主，迄道光年間才擴及今頂中街一帶。

至於莊母新街一帶，「清嘉慶元年（1796）有泉州府晉江縣人蔡添條者率其家族僑居於此，……但尚未見有店鋪之開設。後因此處溪寬水深，適於船舶之寄泊，……迄同治四年（1865）時，已擁有 150 餘戶之繁榮市肆。後因迭遭洪患，溪岸崩潰，船舶出入不易，商務悉被東港吸取，從此變為農業聚落，……故寓以新起市街之意，名之曰新街。」（李芳廉 1982:16;曾明得 25-26;廖立宇 1987:66）所以新街早在清嘉慶年間便已開發，至同治年間商業已極為繁榮，後因水患才沒落成為農業聚落。

整個東港「迎王」的祭典活動，從歷史因素加以觀察，基本上是以東港市街為主導的祭典，其主因不僅是東隆宮的遷移與主要移民群有關，也緣於它是大區域內比較表現社會力、經濟實力的聚落。其主要的活動區域即為目前東港區的七角頭，雖然目前都已有新的鄰里區劃，但一旦從事迎王則仍以角頭廟或角頭上的公廟為中心，自是會展現各角頭的實力，由當地的頭人凝聚、整合其整體的人力、物力，充分展現出臺灣民間「輸人不輸陣」的族群心理，這是淵源於東港開發史上族姓的榮譽感。（李豐楙 1993b:67）

東港七角頭的發展是經歷長期的演變，而在迎王祭典中也就自然形成以角頭內主要寺廟為主的凝聚、整合方式，以目前七大角頭的聚落範圍與聚落內的主要信仰中心和行政里別對照，可列如下表：

東港東隆宮丁丑正科平安祭典七角頭及其區域

編號	角　頭	主要廟宇	奉祀主神	行政里別
一	下頭角	東福殿	城隍尊神	豐漁里、盛漁里、興漁里
二	安海街	福安宮 東隆宮	福德正神 溫府千歲	東隆里、八德里、朝安里部份
三	頂頭角	東隆壇	江府千歲	東和里、頂新里部份
四	埔仔角	鎮靈宮	關聖帝君 李府千歲	新勝里

五	下中街	朝隆宮	天上聖母	中興里、興臺里、朝安里部份
六	頂中街	進水宮	金府千歲	頂中里、頂新里部份
七	崙仔頂	鎮海宮	七府千歲	鎮海里

附註：本表引自李豐楙1993b:68附表，並參照丁丑科實況調整。

東港七角頭區域分布圖（據 伍政祈 1994:32 增補而成）

在臺灣的鄉鎮社會中角頭常以角頭廟或主要宮廟為核心，與各家戶有所聯繫，每逢角頭廟或重要宮廟有拜拜或廟會時，常透過丁口制或股份制等讓各家戶捐輸，使之得以參與角頭內的活動。而類此參加地方公廟的事情，由於彼此之間有競爭性（相拼）、交陪性及參與感，各角頭通常均會爭取表現。在東港地區例需從角頭選出一或數位耆老（頭人）來代表該角頭擔任迎請王爺、敬祀王爺的工作，這些頭人都由角頭內有頭有臉、有福有壽者擔任，所以大姓比較多中選的機會。而東港諸大姓中：林、許、蔡、洪、黃等多在乾隆時代移入，邱、鄭兩姓也較早遷居，因此也在各角頭內形成家族群聚而居的情形，族中長老擁有最大的發言權，至於其他雜姓、小姓自然也比較不易有表現的機會。角頭上除有各姓宗祠外，最常見的是有角頭廟，此外就是角頭內的公廟如朝隆宮、福安宮，通常它就是角頭聚集的核心，而在族姓較多、廟宇或宮堂較眾的情況下，也要經過爭取才能在該角頭內取得代表地位。

在中國傳統社會中與宗教結社有關，基本的組織型態就是「社」，社有社壇（社屋）、社樹，也因應季節的變化而有社的祭祀、饗宴。其後越發展

越複雜，又與地方祠廟等連結，因而形成各種性質的迎神賽會。而在本質上，社祭、祠祀等也造就了中國基層組織中的「社會」。臺灣由於移民的緣故，其社會組織也較為複雜，而始終不脫離以祖籍神、廟宇、祠堂為其基礎的團結方式，東港的角頭組織亦是如此。以角頭上的主要宮廟作為整合、凝聚的核心，角頭內的個人又依據其社會身分、知識能力以及參與意願，在祭典等公共事務中分別擔任各種角色：其中就有總理或副總理、內外總理等，分別代表各自的角頭參與迎王的各項活動，成為一項榮耀的神聖職務。這些角頭頭人又能在輪值中取得擔任大總理的機會，所以光復初雖曾採用抽籤制決定大總理的人選，但其後為了公平，就在戊戌科（民國四十七年）改採輪流制，機會均等，以免不公。角頭可選出當地有地位者擔任總理，諸如頂頭角的蔡桂芳、蔡清良為蔡姓；崙仔頂洪啞九、洪景利為洪姓，均為角頭的大姓，此外根據其個人的財力、聲望及參與意願也可自由決定成為參事、顧問等參與祭典事務。（李豐楙 1993b:68-71）

若以東港光復後歷居至今，在迎王中擔任大總理者為例（請參閱下表），亦可看出東港各角頭內屬於有名望的大姓頭人在地方派系的競爭與均衡中，經由政治、經濟實力的展現以爭取此一頭銜時，往往在錯綜複雜的權力運作與神明允准的情況下，有實力者比較有發揮的餘地，因為擔任大總理一職原先在總理制時，多得負擔迎王活動中較大募款人之重責大任。所以能夠成為該角頭內較有名望的頭人，往往也就是在角頭內財力較為雄厚的望族、或是社會活動力較強、面子較大而足以募得足夠的經費者，才比較有機會擔任是項公共事務，顯示地方各角頭中的勢力既是社會經濟的表現，同時也是宗教祭祀活動的主導，這就是自古迄今「社會」所蘊含的多重意義。

東港早期移民絕大多數既是以泉、漳州籍為主的四縣分：後來即各自組成的鄉社組織凡有：同安同鄉會、晉惠同鄉會（惠安、晉江）、南安同鄉會和霞漳同鄉會（漳州），所以在年例王爺誕辰（十一月一日）時，這四縣分的居民就會依地方傳統即可優先演戲祝壽。從四縣分其後移民所分布的聚落，在鎮內聚居又逐漸分散，兩百年來又經歷了長時間的變化，才逐漸發展為當前的七角頭，在角頭內各姓氏在混雜而居的情況下，已不復當初同一族姓的聚居情況，特別是戰後劇烈的社會變遷，商業區的逐步擴充、新住宅區的日漸更新，在社會階層流動較快的形勢下，整個東港七角頭已逐漸展現其新風貌，雖則如此，大姓至今也仍在該角頭擁有較大的發言權（李豐楙 1993b:67）。

東港的七大角頭既是行政區劃的基礎，卻也是祭祀區域的歷史發展的結果，主要是指配合東隆宮迎王活動發展而成的聚落角頭之組織，目前包括崙仔頂、頂中街、下中街、安海街、頂頭角、下頭角、埔仔角等七個角頭，然而其中的埔仔角是繼日據時期小琉球因為往返不便等原因而退出祭典才得以加入，日據時期埔仔角的仕紳陳阿助和陳秋金父子代表埔仔角積極爭取參與迎王的七大角頭，部份並由頂中街一帶的獅陣成員補充，自此埔仔角正式成為東港街內七大角頭之一。

所以在日據早期以前迎王的角頭組織，東港鎮內則為崙仔頂、頂中街、下中街、安海街、頂頭角、下頭角等六個角頭，還加了鎮外的小琉球一角，共同合成為七角頭的輪值參與迎王活動，並以此完成勞務與榮譽合一的既定神聖任務。

小琉球與東港有著一海之隔，為何會參加東港的迎王祭典？乃與東隆宮的建廟神話有關，據說在清咸豐年間建廟於崙仔頂時，由溫王擇定的福建香樟木，其中有一長一短，先漂到琉球海灘，然後又隨風浪漂到東港崙仔頂，才被漁民拾獲。對於香樟木的所屬，兩地人士因而引起爭議，經過地方人士的調解，大家以尊奉神明之故，共同協議以短的雕作東隆宮的鎮殿王爺，長的作為廟前的旗桿（旗柱）；並約定三年一科平安祭典時，小琉球的鄉民也送三千歲（池王爺）前來參加繞境（李豐楙 1993b:65）。因而小琉球自清代以來便已固定參加東隆宮的迎王祭典，成為七角頭之一共同完成祭典要務，直到後來才以風浪危險、往返不便為由，退出東港迎王的活動而自行迎王。

鎮內七大角頭在迎王期間所擔負的主要宗教任務，便是由該一境內各出轎班成員，負責三年一科迎王時擔任扛神轎、神器等神聖任務，轎班需隨每科迎王抽籤所得的順序輪值，負責迎送大千歲至五千歲、中軍府及溫王爺等七尊神祇的神轎，完成迎王繞境、王船遷船繞境以及送王船等任務。在本地相傳久遠的傳統中，轎班成員的組成是以稱作「認血跡」的方式形成的，亦即以較早期居住所屬角頭區內的成員為認同，並須向神明稟報許願或為還願而加入的；當本人無法參與迎王活動以奉獻固定的人力時，則依例由父子或兄弟相承的方式接替，即使已搬到外區或外地，仍然多以其原出生地之角頭

為所隸屬的角頭區，東港較古早的聚落內迄今仍深深保留此一傳統。由此可見信仰習俗所維繫的韌性，足以成為人與社會之間密切的紐帶關係。

東港的區域性聚落形成七大角頭之後，在東隆宮的迎王活動中都負有歷來傳承的基本任務，所以千歲爺巡繞的境域也必然優先巡行這七個基本的聚落範圍；除此之外，尚緣於地方上的歷史傳統，而有其他鄰近的聚落也會共同參與迎王繞境的活動，例如出動神轎、或是組織子弟組成各式神將團或宋江陣等陣頭，因而迎王期間王駕出巡的繞境範圍就會視祭典的歷史傳統，或是基於各種交陪關係的變化，而在不同時期產生不同情況的轉變。

由於嘉蓮里相當接近迎接王駕的崙仔頂角，而嘉蓮里的居民對於迎王活動也相當積極參與，所以每逢王駕繞境巡經崙仔頂角時，嘉蓮里的主要巷道也會被安排在必經的路線，尤其是以地方性的主要信仰中心廟宇和鸞堂等最為熱烈。繼而再擴及離東港主要商街較偏遠的街道和農業區，雖然路程較遠，居民仍相當積極參與，在王駕繞境中出神轎和出陣頭以參與繞境的活動，所以彼此之間也多會商議將整個盛大的繞境範圍擴及偏遠的農村區。在這種情況下，新街、內關帝、船仔頭、大潭新莊、下廍、三西和、海坪等地，也在東隆宮整個迎王繞境活動的範圍內。以當前東港鎮的七大自然人文行政區：東港、新街、內關帝、下廍、三西和、大潭新莊及南平，其中只有南平因為位居相當偏遠荒蕪的大鵬灣西岸海邊，所以歷來的迎王繞境範圍僅有南平沒有被劃入。

上述七個行政區總共被區分為二十三個里，因為這一屏東平原西南的臨海鄉鎮，剛好有下淡水溪、東港溪與後寮溪匯會流入海，就自然形成既有發展農業的農地，也有以海為生的漁業，並因之產生相關的商業、加工業，它分別在鎮內各區各自發展，隨著時代而有消長、興衰之勢。李芳廉先生曾綜合全鎮的生產經濟型態：指出農業區以興東、興農、興和、船頭、大潭、下廍等東北一帶農村為區域；漁業則為豐漁、盛漁、興漁、鎮海、嘉蓮及南平等，屬於沿海的漁村；商業則比較集中於市鎮的中心地帶，包括朝安、興臺、中興、新勝、頂新、頂中、東和及八德里等；工業則配合漁業、漁產加工而興起，散布於各區內。近年來近遠洋及養殖漁業的發展較快，而相對的農作面積在日漸減少，彼此之間形成互為消長的形勢。（李豐楙 1993b:65）

昭和六年以來平安祭典繞境範圍變遷圖（據伍政祈 1994:16 增補）

三西和
番仔厝
溪州
內關帝
新街
東港
下廍
船仔頭
大潭
塭仔口
林邊

昭和6年（1932）繞境範圍
壬辰科（1952）繞境範圍
乙丑科（1985）繞境範圍
戊辰科（1988）繞境範圍
甲戌科（1994）繞境範圍

有一處在迎王繞境當日必定優先巡繞的即是新街，被當地人稱為「莊母」，據本地舊傳的傳說：日據時期船郊商盛行，因大力資助迎王經費有功，至少到昭和六年時（1931）既已形成一種每科首日在恭請王駕蒞臨（稱為「請水」）後，皆需優先繞經新街的歷史傳統，即足見東港人對新街有「飲水思源」的感恩之情（伍政祈 1994:48）。至於屬於農村區的下廍等地之所以劃入繞境的區域，則與東隆宮「浮水蓮花穴」的地理傳說有關，「民間傳說蓮花的鬚原有三叉：一延伸向船仔頭，一則向杉仔頭；而下廍等也是蓮花池後的草園。不過就地理環境言，這些都是在開發過程中彼此關係密切的村落。據廟中執事言：當時在重建東隆宮時，下廍等農村由於有牛車的便利，就幫忙運土填實廟埕，故後來繞境時也就擴張及於此區。』（李豐楙 1993b:66）

鎮南的南州鄉與東港緊鄰，也是與東隆宮的「浮水蓮花穴」地理風水有一段傳說：「據說南州有一水池（今為塭仔）常長蓮花，是為頭部；莖部經牛埔仔，而根部則在東隆宮，所以此地為根基所在。」（李豐楙 1993b:54）而從實際地理所顯示的，南州鄉較早即為農村地區，並未臨海，而村民又崇祀王爺，因而早期原本也參與東港東隆宮的迎王活

動，每科都前來迎請大千歲的副令到南州境內巡繞。後來該地人與代天府的班頭因誤解而發生嚴重衝突後，便憤而拒絕再參與東隆宮日後的迎王活動，乃在民國五十三年起自行舉辦三年一科的迎王活動。

東港的地理位置與環境，雖然未能居於臺灣歷史開發上首區一指的要港與商鎮，但以其既有的條件，依然足夠吸引泉漳粵籍的漢人分別進入開墾並率族人定居，尤其是泉籍人士最多，在此形成一個個頗具特色的聚落和角頭。後來隨著物換星移的運轉，各聚落內的信仰中心也隨著區域內信眾的需要，各自集資鳩結而使新舊廟宇一一落成，伴隨著東港境內的宗教活動也多能蓬勃興起，這些轎班人數都各有一、兩百人，連同各廟、堂的熱心人士，平時在各角頭內服務，迎王時又匯聚在一起參加祭典活動。諸多祭祀慶典中卻仍以東隆宮的王爺信仰最為興盛，故而東港子弟莫不以參加東隆宮每三年一科的迎王慶典為畢生盛事，幾乎勝過每年農曆新年返鄉的人潮。故在東港鎮內所形成的聚落與角頭，各自發展其地方廟宇及鸞堂等相關組織，久而久之也多與地方公廟東隆宮的迎王盛典有密切的關係，所以今日東港迎王的角頭組織乃是長期發展的結果。

民國四十一年以來迎王祭典的大千歲姓氏與角頭、大總理名稱

民國年別	西元年別	科別	王爺姓	大總理名	角頭別	備考
四十一	一九五二	壬辰	吳	洪　顯	下頭角	抽籤擔任大總理
四十四	一九五五	乙未	譚	林庚申	安海街	抽籤擔任大總理
四十七	一九五八	戊戌	盧	莊　占	埔仔角	開使用輪流、抽籤並用制
五十	一九六一	辛丑	徐	洪啞九	崙仔頂	輪、抽並用制擔任大總理
五十三	一九六四	甲辰	楚	王庚丁	下中街	輪、抽並用制擔任大總理
五十六	一九六七	丁未	封	蔡桂芳	頂頭角	輪、抽並用制擔任大總理
五十九	一九七0	庚戌	盧	郭細句	頂中街	輪、抽並用制擔任大總理
六十二	一九七三	癸丑	趙	謝丙寅	下頭角	輪、抽並用制擔任大總理
六十五	一九七六	丙辰	楚	張　正	安海街	輪、抽並用制擔任大總理

六十八	一九七九	己未	宋	楊坤山	安海街	輪、抽並用制擔任大總理
七十一	一九八二	壬戌	盧	蔡木松	頂中街	輪、抽並用制擔任大總理
七十四	一九八五	乙丑	趙	蔡清良	頂頭角	輪、抽並用制擔任大總理
七十七	一九八八	戊辰	吳	莊榮華	下中街	輪、抽並用制擔任大總理
八十	一九九一	辛未	封	洪景利	崙仔頂	輪、抽並用制擔任大總理
八十三	一九九四	甲戌	齊	莊道吉	埔仔角	輪、抽並用制擔任大總理
八十六	一九九七	丁丑	余	許茂男	下頭角	輪、抽並用制擔任大總理

附註：本表係依據李豐楙1993b:69附表增補而成。

東港鎮因濱海港口之利，以及高屏溪、東港溪、後寮溪等共同沖積發展而成的平原地形，因而形成以漁業、商業與農業等經濟結構所構成的街鎮。然因東港歷史拓展的過程中，由於地理位置偏南，在清代開發史上雖然未居首要商港的街鎮地位，然卻能輔助臺南府安平港、鳳山縣打鼓港（高雄港）而成為南部米、糖等貨品的重要轉運站。後來東港的陸路交通逐漸便利，又因工商社會型態的轉變，因而海運貿易已不再成為主要的出入要項，但是由於港口機能的正常運作，依然能促使漁業生態的商機蓬勃發展，形成本地的產業文化。

明清之初因為東港地勢低窪，尚未有大量人口聚居，多屬平埔族（力力社、茄藤社、放索社）的活動區域，直到乾隆及嘉慶年間始因閩粵移民日眾遷來，日後才逐漸發展成人口聚集的繁榮街鎮。東港的地理位置與環境條件，雖然不是臺灣歷史中在開發條件上首區一指的要港與商鎮，但其既有的條件，依然足以吸引泉漳粵籍的漢人先後入墾定居，尤其是泉籍人士先到，因而形成頗具地方特色的聚落和角頭，各聚落內的廟宇與鸞堂也因而四處林立。

雖然東港境內的主要宗教活動多能蓬勃興起，其中卻仍以東隆宮的王爺信仰最為興盛，這與東港自清代以來即屬瘴癘之鄉的地理氣候極有關連，人們在面對大自然的嚴重威脅時，很自然地轉向祈求超自然神祇的護佑，這一宗教需求乃導致建廟歷史悠久的東隆宮，在主祀神溫府千歲與代天巡狩前來視察的千歲爺，具有典型的驅瘟逐疫護國佑民的宗教功能，信仰極為昌盛。

所以自清代以來，其信仰便隨著虔誠的信眾遷徙的足跡，而散布於全臺，所以分靈廟非常眾多，加上有些地區的廟堂與東隆宮歷居的執事人員有長期有好的人際關係，便也培養出許多交陪廟的網絡

。因此每逢三年一科恭迎代天巡狩大千歲蒞臨的迎王祭典，這些分靈廟和交陪廟便會不遠千里特地前來共襄盛舉，可見溫王爺與千歲爺的信仰強烈地凝聚著東港子弟與外地信眾的信仰情感。

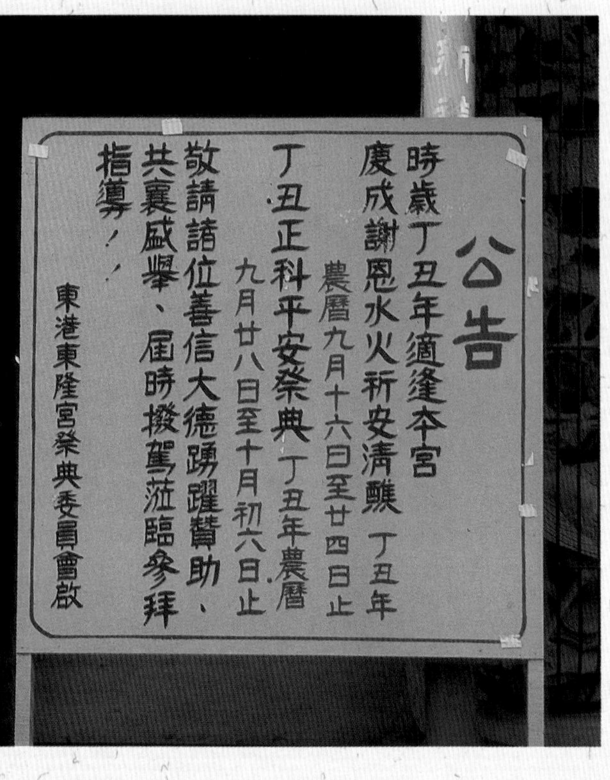

公告
時歲丁丑年適逢本宮
慶成謝恩水火祈安清醮 丁丑年
農曆九月十六日至廿四日止
丁丑正科平安祭典 丁丑年農曆
九月廿八日至十月初六日止
敬請諸位善信大德踴躍贊助、
共襄盛舉、屆時撥駕蒞臨參拜
指導！
東港東隆宮祭典委員會啟

迎王活動的動力，為東隆宮以地方信仰中心結合七角頭力量而成，圖為丁丑年醮典及平安祭典公告。

東隆宮的悠久歷史與擴建迄今的宏偉規模，具體展現出歷代虔誠信眾對其主祀神溫府千歲與代天巡狩前來視察的千歲爺，慈悲護佑信眾的精神之感念，故其信仰鼎盛經久不衰。因而東港子弟和外地的虔誠信眾，皆願意為王爺信仰而奉獻其財力、人力，因而每三年一科溫府千歲結拜而奉旨代天巡狩的大千歲前來東港視察的迎王活動，便也能帶動整個遍布各角頭各聚落的人潮，大家莫不竭盡心力為迎王平安祭典的活動而奉獻心力。由東隆宮所舉辦的迎王慶典，亦可看出東隆宮如何以一地方信仰中心的精神力量，來結合東港本地七大角頭、其他聚落和外地等有交陪關係的廟宇，這正是以宗教信仰帶動聚落、廟宇間相互往來所形成的人際關係網絡間的互動情形。

隨著東港街鎮的開發，泉籍移民的移入漸多，以及幾大姓氏的聚居與發展，造成東港境域的地域化，因而區分為七大角頭，以及其他的聚落型態。整個迎王繞境範圍包括以東隆宮為主的街區與七大角頭，並擴及偏遠的農業區一帶，繞境隊伍除了本地各廟宇、鸞堂的神轎、陣頭外，也有外地前來恭賀的眾多有交陪關係的神轎與香隊。然而由歷科迎王傳統所包括的七大角頭的變化（如小琉球的退出，替換成埔仔角），到繞境範圍的迭有變化（如農業區的繞境與否），甚至完全退出參與迎王活動（如南州鄉和小琉球）等，可知整個東隆宮舉辦迎王活動傳統是否可以如常的運作，實與不同地域的主要執事者彼此間交陪網絡之友好發展與否有著極為密切的關連。因而此項活動，在在考驗著主事者如何處理複雜的宗教事務之智慧，以及如何處理人際關係的交際手腕的活絡性。

以溫府千歲為主祀神的東隆宮，能夠號召東港子弟甚至偏遠外地的信眾，共襄迎王平安祭典的盛會，又與東港人士的生活環境與信仰開拓史有著密不可分的關連。凡積極參與迎王繞境的東港境內各廟堂之神轎與各式陣頭，乃出自散布在各角頭的東港人士之努力。這種表現出結合整個東港鎮內外虔誠信眾的信仰情感的迎王傳統，成為一種優良而長期的民俗信仰傳統，讓每一代皆能秉承更良好的歷史傳承而永遠延續下來。

⊙本篇作者／李豐楙、李秀娥

東港東隆宮主神溫府千歲鎮殿神像

〔貳〕王爺信仰篇

在民間文學中，凡與信仰、習俗有關的一類神話傳說，通常傳播於信仰區域內，並隨著神明信仰的分佈流傳於不同區域，然後又適應當地的自然、人文環境而調整變易出新的神話傳說。有關王爺傳說的流傳與分化，多與驅瘟逐穢密切關連，從遠古既已出現於中國各地，特別是臨河或濱海的地區較多，這種神話傳說的形成，自有一種屬於王爺信仰區域的傳說特質。而諸如東港地區的溫王及其他定期來巡的千歲爺傳說，也在閩、浙等東南沿海一帶的瘟神信仰傳統之下，又具有當地移民開發史的獨特意義。這些傳說原本早在福建泉州地區既已存在，不過遷移到東港後，因應新開發地域的自然、人文環境，王爺傳說與祭典儀式由「內地化」逐漸「在地化」，成為臺灣南部較具特色的信仰習俗。在經歷了近期內社會文化的劇烈變遷之後，有關王爺的神格及其職司也隨之產生變化，形成臺灣王爺信仰中饒具特色的一支。東港東隆宮三年一科的祭典，乃是環繞著王爺、王船而展開的例行性宗教活動，不過相較於其他系統的王爺信仰與王船祭典，卻產生一個讓民俗學者倍感困惑的問題，就是溫府王爺及例需迎送的諸千歲，其神格到底是驅瘟的王爺？抑是由厲鬼、瘟神轉化而成的王爺？在臺灣南部眾多的王爺傳說中，類此王爺神格的認定問題，也就是在王爺傳說的流傳、衍變中，民間社會在不同的歷史文化脈絡中所理解的，王爺的神格、職司是與迎王祭典間有相互解釋的密切關係。

【一】奉旨巡狩，王爺成神

由於在福建地區有關溫王爺的傳說資料，既未見載於府志、縣志等文獻資料，也未見錄於目前流傳的口述資料中，在溯源時就常有文獻不足徵的遺憾；而就是渡臺之後早期編修的方志、筆記中也是付之闕如。不過從東港的移民開發，東隆宮的創建、遷移，仍可發現一些相關的傳說事跡，至今依然被民間廣泛地流傳，其間也就有被筆錄的機會。

早期臺灣移民所形成的漢人社會從來臺的時間、原鄉的生活方式等推測，就傾向於泉籍移民多佔有近海的港口地帶。東港位於屏東平原西南端的臨海地帶，正是下淡水溪、東港溪與後寮溪合流入海的典型港灣區域，所以清朝初期，閩粵移民較早來此墾拓時，雖是各籍人士俱有，而仍以泉州府屬同安、晉惠（晉江、惠安）、南安及漳州等四縣居民較多。當時奉祀溫王爺的香火來此，並擇定東港溪

東——即新園鄉鹽埔村建廟，應即是四縣人所作的決定。按照臺灣瘟神廟的興建慣例，如果是屬於外地飄來的王船，因而興發建廟奉祀的，就近於瘟神性質的王爺系統，也就會有屬於同一系統的王爺傳說。不過在東港的王爺祭祀區域內並未提及此類王船漂著說，故應是屬於香火移來說，乃是早期移民從原鄉的祖廟中請來溫王爺，在新移民地開墾、定居後，初期只在家中或小草寮內奉祀，等安居後聚落逐漸形成，因而才有興建較公眾性廟宇的倡議，類此東隆宮沿革史是符合臺灣史上移民與廟宇的關係。所以有關溫王爺的傳說也應是從原鄉，隨著信仰傳播至此。

關於溫王爺的傳說在東港地區的流傳，曾經歷長時期的口述階段，但是既與信仰儀式有關，就不像一般的民間傳說任其不斷地口頭創作或自然地消失，而會有當地士人採錄耆宿之言，整理為一標準化的「版本」，做為廟誌或祭典手冊的王爺傳記。類此情況即曾由吳朝進編成《東港沿革與東隆宮溫王爺傳奇》，在民國六十八年經由聖詰「請示溫王爺示意准許」，而在編輯時也曾參用鄭南昌原著，並輯錄文獻及口頭傳述等資料而成。較具代表性的即是祭典手冊裏刊載的一種，乃是經由東港地方人士所寫定的〈東港溫王爺傳〉；另一種較簡要的版本，則是東隆宮在民國六十三年經屏東縣政府編列為古蹟時，在鐵牌上所頒示的碑文，即是屬於地方士人及當地百姓所認可的版本。因而類此溫王及其結拜金蘭事蹟的定著化，在地方信仰史上確是具有標幟性的意義，它標幟著一種信仰的穩定化，也顯示地方信仰的「在地化」發展，乃能成為該類神譜內一支較定型化的說法。類似收錄於丁丑科《平安祭典專輯》內的〈溫王爺傳〉，從傳文的體例言，雖似一篇模仿正史傳記體，並參用道教神仙傳的神傳筆法，其實整體的文體風格可視為民間傳說溫王爺事跡的擬史傳體。這是民間廟宇對於所奉祀的諸神較常採用的神傳筆法，敘述一位歷史人物或傳說人物由人而神的歷程：先以徵實的手法敘述傳主的出身、經歷事跡，然後轉入敘述其如何成神的神蹟。諸如此類由成人而成神的歷程，使傳文的本身富於神聖、神秘性，形成神仙傳記的敘事風格：

> 東港東隆宮主神王爺姓溫，名鴻，字德修。生於北朝隋煬帝大業五年（公元六〇九年）歲次己巳年十一月一日。屬山東濟南府歷城縣白馬巷人。書香門第，自幼聰穎，稍長文武兼備，交遊廣至四方，風雲聚會。適逢生於唐朝貞觀年代，皇帝李世民微服出巡，遇險困危，溫鴻捨身救駕，功居其首。皇帝賜他進士

出身，其時救駕者共三十六人，一併賜封進士，且與之義結金蘭。皇帝酬功任他出仕山西知府，到任後政通人和，清廉愛民，興學育才，地方大治，民稱父母。時值鄰近地方匪寇作亂，勢甚猖獗，民不聊生，官兵出剿無功，群臣乏策，最後皇帝派溫鴻統領軍隊討伐，三十六進士亦領精兵一同進剿。溫鴻用兵如神，舉兵直搗匪穴，匪酋受首，群匪四竄，主帥下令招撫，數萬叛軍來歸。自此國泰民安，溫鴻班師回朝，受上封賞，策封王爺。

太平盛世，三十六進士奉旨巡行天下，宣揚大唐德威。一次乘船出巡，不幸在海上遇險，三十六人都罹難，無一倖免。據當時生還水手與侍從目睹，有聞仙樂飄奏，海上即時呈現一片祥雲紫氣，咸認為溫鴻之死乃解脫而成神。貞觀皇帝聞此一訊息，痛失功臣之餘，復信其成神之說，乃追封「代天巡狩」；頒旨全國建廟奉祠，春秋致祭，敕封永享人間香火；下旨建巨船，名為「溫王船」，內奉溫王爺及其結義兄弟之神位。清醮畢，送入海中，王船上有御書「遊府吃府，遊縣吃縣」；且敕告天下，凡溫王船所到之處，百姓府官一體奉迎，均應殺豬宰牛設祭，大事拜拜，以慰溫王在天之靈。

這篇傳文的前半較諸以前專輯內所收的已修訂了部份文字，原本在已未科所載的「出生於唐朝貞觀年代」，被改成隋大業五年，確是較合理的推算。屏東縣政府所立的鐵牌上的記事即是依據傳文而寫的：

東隆宮建於清康熙年間，主祀溫府王爺（正名溫鴻），為唐代貞觀年間三十六名進士之一。奉派山西知府，屢建功績，歷升侯等爵位。是時天下太平，三十六進士奉旨巡察各地，不幸在海上遇風沈船，無一倖免。皇上聞知，痛失賢良，頒旨建廟，春秋祭祀。

東港東隆宮主神溫府千歲鎮殿神像

溫王爺及輪值蒞臨的千歲事跡，從口傳到筆錄，從不同階段的採錄中逐漸形成廟方請溫王降示允准的定本，類此過程正是民間諸神事蹟的定著化，其中就具體反映在地人的神祇意識與信仰特徵。

溫王傳採用一種神話語言，也構成了敘述神蹟的神話文體，敘述溫王爺由成人而成神的經過。這一神傳文體雖有仿襲正史傳記體之處，但由於傳文的重點所在乃在神異、神蹟，也就成為典型的王爺傳模式：所構成的情節單元（Motif，一譯母題）在與其他地區的三十六進士傳說系統比較後，就可發現其中仍然具有許多共同的母題：

(一)奇異能力與出身母題：在出身譚部分由於採用擬史傳式，所以沒有異生譚神話；但仍強調其高貴的身分與能力，所以任官後的表現完全展現「文武兼備」的特長。

(二)三十六金蘭母題：在神話學上「三十六」為一個神秘數字，中國人喜好這類聖數，如三十六天罡之類。基於中國社會的橫向倫理關係的擴及習慣，結拜兄弟就是典型的同胞意識的契約關係，為了合理化三十六王爺的迎送儀式，必需解釋其三組十二位輪值的組合因由。從溫王爺的敘述角度，強調其好交遊的性格，故三十六位兄弟的結拜、救駕，尤其同日死，更是「義」意識的具體化。

(三)救駕母題：在傳說中帝王或親王的微服出巡，是促成締結關係的情節單元，乃是主人翁的身分轉變的契機，由「白身」而向「王爺」轉變的開始。李世民則為箭垛式人物，此乃緣於其歷史形象與民間文學的傳述，故能成為帝王神話中較常登場的神話人物。

(四)殉難母題：為了解說王爺的輪流值年，而有共同殉難的情節單元，不管三十六或三百六十均需有一關鍵事件，採用水難則是與濱水的環境有關，故形成舟船迎送的儀式。

(五)代天巡狩母題：從生前奉地上帝王之旨到卒後奉玉帝之旨，都解說了「王爺」的名義，及擁有神力、靈力的特殊旨意，這是王爺信仰中迎送王爺的儀式，及輪值年分的分巡問題。以神話語言模擬代替皇帝出巡御查的經驗，轉變為對無形的他界進行巡狩的任務，這就是「代天巡狩」的信仰旨趣。

溫王及諸千歲爺的神蹟所形成的文體及其結構，構成了深具本地風光的新神話，其中所隱含的意義確是與中國的宗教、祭祀文化有密切的關係。

對於溫王爺神格的認定問題，由於神傳所設定

的唐初時代，在有關唐代的史料，如新舊《唐書》及眾多的唐人筆記中，目前並未尋獲溫鴻的傳記資料；就是移民所自的泉州四縣的方志中也仍未發現相關的記載。在文獻不足徵的情況下，則東港地區所認定的事跡，也就反映出神話、儀式的焦點，就是「三十六」位金蘭結契，實與請王、迎王的諸千歲輪值有密切的關聯。將本地王爺傳說中的神格放置在臺灣民間所流傳的傳說譜系中，就可發現它是屬於一個大傳說系統中的分支，而並非孤立地形成的。目前所知的王爺傳說凡有集體成神說與個別成神說兩系；而集體的數目又有三百六十與三十六兩系，而其中關鍵的「殉難母題」，凡可分作三種類型：

(一)誤殺說：時代（唐朝或明朝）、皇帝為起意試法者（李世民、李隆基或明代皇帝）、法術施行者（葉法善或張天師）、試法經過（命三百六十進士入藏地窖或在隧道中吹奏樂器）、法力誤殺（試法時被斬殺）、成神因由（敕封立祠以祀之）。

(二)溺斃說：時代（明初）、死因（三百六十進士航海遇風溺斃）、成神因由（朝廷憐之或百姓為航海而祀之）。

(三)殉難說：時代（明或明末）、死因（進諫或被誣繫獄而死、不降滿清而自殺身亡）、成神（皇帝或玉帝敕封）。

不管何種類型都一致地指出其特質為集體死亡後成神，劉枝萬即據此解說為發生大瘟疫時大量疫死的現象，因此所形成的神，「係包括許多姓氏，形成雜姓群聚之複數神」（劉枝萬 1983:225-232）。這些傳說中的第一種誤殺說，明顯是轉化自唐人的筆記小說，因而登場的人物諸如李世民、李隆基等帝王；葉天師、張天師等道教人物，俱成為命令施術及親自施術的箭垛式人物，將年代定位於唐代，其實是中國人對於遙遠的、與盛時代的懷念情結。第二種殉職說顯然是明遺民、移民意識的歷史記憶，構成忠臣、義士而死後成神的形象。東港的三十六進士傳說融會了部份的因公殉職與航海遇風而溺的說法，它採用三十六的成數，自是中國神秘數字的傳統，但也是為了符合三乘十二的倍數，適宜解說每科有十二位中的五位將輪值前來，被封為巡察大臣，其中一位即是大千歲。

【二】敕封神職，代天巡狩

有關王爺的神格及其職司歷來各家的諸多說法頗有分歧，目前學界對王爺傳說的解釋，較狹義的一種是鄭成功父子及其部屬的影射、轉化說。此說倡自連橫《臺灣通史》〈卷二十二宗教志〉，認為臺灣居民基於感念而又不敢公開崇拜鄭成功，因而在清廷的高壓下假借王爺以祀故主。蔡相煇即據此解釋：王爺及相關的代天巡狩、送王船都是臺人為了懷念鄭氏，並演為儀式行為（蔡相煇 1989:43-62）。近年石萬壽則採信其部份說法，認為三老爺系統的朱王爺為鄭成功，而一般王爺仍為瘟神（石萬壽 1979）。這種鄭成功影射說的涵蓋性較低，實不能周延地解說所有的王爺神話。

第二種則為瘟神說：是較早被提出且流傳較廣的，從日本民族人類學者前島信次曾提出瘟疫神及送瘟風俗之後，就成為較有力也較有影響的說法。曾景來也曾綜集不同的傳說加以歸類，從冤靈、怨靈說加以解說。其後劉枝萬博士持續對臺灣的瘟神信仰、瘟神廟作廣泛的考察；並選用南鯤鯓廟的五府王爺、臺南縣西港鄉瘟醮祭典兩個個案，分析其為瘟神廟、瘟王的神格特質，成為目前較普遍被接受的說法。其主要的論點就是瘟神的原始型態是死於瘟疫的厲鬼，其信仰為一種較素樸的靈魂崇拜，經歷了不同階段的演化後，演變為逐瘟之神、護航之神，並擴大其職能為醫神、保境安民之神、萬能之神。這是較宏觀地解說王爺傳說的一種說法，雖非完全針對東港的王爺傳說，卻也頗具有影響力。

民俗學者對於東港的王爺傳說與迎送儀式，近年來有平木康平在記錄臺灣的王爺信仰時，採取了劉枝萬之說強調其複雜的要素，認為是一種複合的神明的總稱；而東港所迎送的王爺，也是從怨靈演化為監督人間社會的善惡，並成為能解厄消災的守護神性格。至於後來則有美國康豹（Paul Katz）以較長期的時間從事田野調查的，並作溯源性的考察，得出溫王等三十六王爺神格的結論，說「祂並不是瘟神而是一個典型的厲鬼——就是死不瞑目」。類此怨靈、厲鬼說都是學者以客位(etic)的立場，從學理所作的解說，其中值得探討的問題其實涉及東港王爺傳說的流傳、記錄，及其相互解釋的迎送儀式的關係。因此要討論這些詮釋理論的正確與否，勢需重新解讀有關東港溫王爺傳說的文本。

在中國民間社會所流傳的驅瘟傳說，或在閩、臺地區流傳的王爺出巡送瘟傳說，有關王爺的數目既可多數、也可單數，並非一定採用集體同日死的敘述模式；重要的在於死因所具有的一致性，就是意外的死亡。學者對此所提出的怨靈說、厲鬼說等不同的說法，其實都涉及中國人的生死觀、祭祀觀，這是中國信仰史的關鍵問題。所有出現的王爺成神傳說，不管是誤殺、溺斃、殉職或為民犧牲，都

是冤死、冤靈，乃是一種非自然、非正常的生命終結的方式。在神話敘述中縱使有部份會讓理性主義評為荒誕不經，所敘述的事件也常具有非現實性、非經驗性。不過深入思索這些神話式敘述就可發現其中既隱藏而又暴露諸多深刻的意義，那是醞釀王爺成神傳說的神話文化。

中國民間基於陰陽對立、互補的思考模式，易於形成一組組相對的結構，用以解說宇宙、人生。對於生命終結的終極問題，在中國人的宗教觀的形成史上，對於死亡及死後世界，儒家思想的創建者孔子以理性主義的立場，「未知生，焉知死」，採取存而不論的方法對待；但在他所建立的思想、制度及由此訂定的一套生活習慣，儒家哲人雖不明言死後的靈魂問題，但其禮儀之後卻隱藏著古中國人的文化心理，具有一組組相對的結構：自然／非自然、正常／非正常。自然就是生命本身自己如此，在時間秩序的流動關係中，能與過去、未來順遂地承接，構成生命流動的秩序；在空間位置的依存關係上，能與周圍的環境適應，排列成序。將這兩組相對而又運轉的結構用以思索生命的終極問題，就可發現在民間傳說、信仰習俗的深潛之處，確是潛藏著這些結構，將它圖示化即為一生命終極圖：

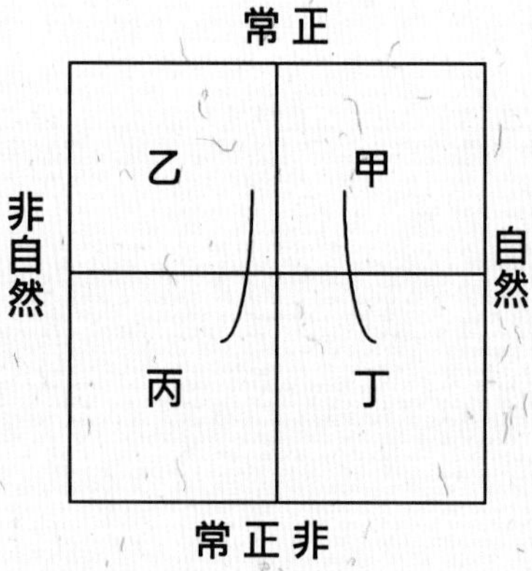

	正常		
非自然	乙	甲	自然
非自然	丙	丁	自然
	非正常		

自然與非自然指生命終結的狀態、正常與非正常則指處理死亡的方式。從兩組相對的結構劃分為四個象限，即可用以說明生命終結時靈魂的歸屬、憑依，乃是形成四個不同的狀態：

甲組：自然死亡、正常處理
乙組：非自然死亡、正常處理
丙組：非自然死亡、非正常處理
丁組：自然死亡、非正常處理

甲組是指生命能順應時間順序，自然終結，所謂壽終正寢、內寢，得享天年者；而死亡之後，又尊禮成制，按照其身分、地位，得以成葬，使靈魂有所憑依，其神主得享香火，甚或血食一方而有祠廟。乙組則是指在生命的時間秩序中，因不可抗拒的原因而提早終結，類此意外的情況：凡有因諸般天災人禍，如疫疾、災害而遭受橫逆；也有因為忠義、公理而奮勇犧牲。在死後則不管其死有輕重，皆能獲得正常處理，使靈魂也有所憑依，有神主之位。丁組則指自然死亡，卻無法得到正常處理，諸如無後嗣以奉祀其神主，也比較不能如常得享香火，其中多指無嗣的情況，這就是中國人特別著重「無後為大」的宗祧問題。至於丙組即為凶厲之屬，凡意外、橫逆的死亡，而靈魂或因枯骨曝於荒郊而無法依葬制入土為安，或因集體死亡而曝屍使冤靈不得憑依、安定。中國古來即對此特別注意，官方對於境內無主者即有祭厲的官祀；而在民間則有普度孤魂滯魄的中元習俗，尤以未婚而早夭的女性，在中國的男性中心社會中，常需借由冥婚、建姑娘廟而獲得解決。

對於溫王等三十六進士的神格問題，諸家所提出的解說：到底是怨靈、冤靈？抑是厲鬼、瘟神？就可將其置於這一圖表中加以思索，從儒家所整理的士禮裏仍可見它與與原始宗教的信仰習俗有相互依存的關係，而它流傳下來在閩南地區經由朱熹《文公家禮》的影響，出現類似張汝誠編《家禮會通》、呂子振編《家禮大成》，作為民間日常行禮的範本。它又隨著移民群被帶到臺灣，也就成為祭禮、喪禮中的主要依據。因而要論定三十六進士之靈為鬼為神，就需要深入思考其背後所據的禮、俗的義理架構，然後始能嚴密區別其為鬼為神的分際。從圖表中的四個象限來分析傳說中的三十六進士之死，正是可歸屬於乙類：即非自然死亡而正常處理。對於「死亡」儒家一向抱持的是教化觀點，類此巡海而亡的情況乃是因公而殉職，屬於為國犧牲、奉獻者，而非尋常的橫死、暴亡之類，即是「死有重於泰山」的義烈犧牲。

對於諸神的成神之道，中國更重要的另一種解說觀點則是道教形成後的教義中，在三品仙說中有天仙、地仙及尸解仙三等：許多因修練、奉獻而獲得尸解的，如藥解、兵解、火解、水解及劍解、杖解等，都可解化形體，魂靈成神。有關溫王的傳文中曾提及生還水手及侍從所見所聞的景象：乃是仙樂飄奏、祥雲紫氣，正是表現出諸王爺已完成人間的任務而解化成神，即可返回天庭述職。所以東港在地人和廟方所認定的是神化的義理，乃傳承自道教及民間信仰的尸解成仙說，並非一般禮俗定義下的「死亡」。類此莊嚴地解說死亡的嚴肅意義，除是道教基於其修練的神聖、神秘體驗，將死亡神聖化；也是民眾對於生前有功烈者的尊崇態度：以成

神聖的果位來彌補其千古缺憾，並致以衷心的敬意，而不忍承認其為死亡的事實。因而王爺之死並非尋常的死亡，為冤為怨，也並非死為厲鬼不得瞑目，而是解脫形體度化成神，這就是為何在傳文中特別強調其神異、神靈性格，以突顯其生前死後的神化。

關於王爺成神後的處理方式，也是確定神格及職司的要件，就是人間帝王在祭法中將其列於祀典、敕封賜額，以及天上玉皇上帝的御賜加封：一屬儒家及官方的認可，一屬道教神統譜的仙界架構。在宗教權上帝王既是人間的統治者，也擁有制定「祀典」行使祭祀超自然界的權力，在社會組織的分層中也就制定有分層祭祀的規定。《禮記．祭法篇》就有明確的解說，其中即涉及後天神，也就是祠廟、祠祀的形成因由，其中有一段文字確定其祭祀準則：

夫聖王之制祭祀也：法施於民，則祀之；以死敕事，則祀之；以勞定國，則祀之；能禦大菑，則祀之；能捍大患，則祀之。

這就是祭法的五大準則，總括一句就是「有功烈於民者」，其中包括了創造發明、犧牲奉獻、保疆衛土、抵禦災難及消除大患等，也就是將祭祀的意義歸於「崇德報功」的報謝精神，這是中國社會講究人際關係中回報意識的高度運用：既是生前有功烈、功德，卒後就可享受該得的回報；而既是有大功有大能力者，因而在成神之後也必定具有大靈力，因此民眾咸信加以祭拜之後，也可期望得到賜福除災的回報。帝制中國的儒家官僚體制下，由帝王以至於地方官僚、儒士鄉紳都依此以定祭祀的合法與否。通常地方與中央是連成一氣以進行規定其祭祀政策，並透過敕建廟宇、敕賜廟號及敕封聖號，來進行廟宇與神祇的正祀化、正祠化。因此歷朝的官制內都設有禮部、祠部，尤其後來特設有祠祭司的職官以執掌祭祀的事務，祠祭司常需接納地方的仕紳，尤其當地出身有官職及身分地位者，然後轉呈皇帝；也可經由地方官的奏疏，以此獲得御賜封號、題賜廟額的殊榮。

對於溫王等三十六進士的神格，到底是屬於乙類抑是丙類？也就是其神格為王爺神明？抑是死不瞑目的厲鬼？其中的分際所在仍需從儒、道兩教的不同詮釋觀點加以解說。按照《禮記》祭法所說：王為群姓所立的七祀中有泰厲，即沒有後裔的古帝王之幽靈；諸侯為國所立的五祀有公厲，大夫所立的三祀有族厲，都是指古諸侯、大夫之無後者。「厲」字的本義為較堅硬的石頭可用以磨刀，則「人死曰鬼」，沒有宗祧、後裔者其鬼魂不滅就會作祟。對於各種厲鬼的安撫措施，即是分由不同階層者加以立祀祭拜，用以安慰，所以特別列於祀典中。在後來的官方祀祭的項目中，對於無主者常設置厲壇，歲時祭祀，成為慣例，方志中在地方的官方祭典中都常列有祭厲的疏文，其文意即承續祭法所強調的祀典精神。以陳文達修纂的《鳳山縣志》為例，就載有「邑厲壇」、「無祀祠」，淡水港東部即有一處，為康熙五十八年知縣李丕煜令淡水巡檢司王國興所建的，「庶幾疫癘不生，而民長享康寧之休矣。」可見厲鬼的特質乃是因無主孤魂會作祟於人，就會被視為疫癘、不祥的根由。

從東港人的傳說中，溫王等並非做為厲鬼而受祀，如同官方的邑厲壇或民間普度的孤魂滯魄，而是得列於祀典中，蒙受帝王敕封的王爺：「王爺」即是生前既有的封號，殉難後又得到貞觀皇帝的封賜，「代天巡狩」的神聖任務就是成神後的職司。因而在乙類中就有一上昇之道，就是成神後的靈顯與累代的加封，常常會使神格不斷地提昇。從民間的祀神原則言，就連丁類中的厲鬼也多有上昇的情況，如新竹的義民爺、基隆的老大公之類。但在本質上三十六進士比較非屬於丁類的厲鬼，而屬於乙類，乃是一殉難之後就被敕封成神的，因此相關的靈顯事跡也就構成民間傳說中的顯聖母題，傳文即說：

溫王成神後，經常在閩浙沿海地區顯靈，每當船隻在海上遇到驚濤風險時，若見檣懸「溫」字旗之巨船出現，立即風平浪靜，履險如夷。自此王船所及，必造福地方。福建的泉、漳二州，對溫王爺在海上顯靈護航，為家喻戶曉之事。

因此從中國的鬼神觀考察溫王的靈顯事跡，可以理解其中的義理：即是民間解說祂們「在海上遇險」而殉職，所以成神之後也就成為海上救濟生民的護佑者，表現出濱海地域王爺信仰圈內的共同需求。

有關溫王爺的累代加封事蹟，目前史料猶嫌不足，不過在吳朝進所採錄的資料中，保存一則泉州地區的加封記事：據說李光地（1642-1718）——福建安溪（傳說為泉州府湖頭鄉）人，在朝為官時，「體念王爺在世豐功偉蹟，在神護國衛民之忠貞，啟奏聖祖康熙聖君，元旦朔日在金鑾殿御筆親賜加封溫王爺，敕封為護海王爺，永鎮東藩，保佑眾庶，巡查善惡，勸化人民向善，代天宣化，永享人間香火。」又說三十六進士中有十二人「授封准為欽點十二大巡每科主事。」他們也因有功，由聖祖「

御筆親臨，敕旨加封督察院兼辦理陰陽右御史王爵。」這是目前所知的加封事跡，是否為真正的史實並不重要，重要的是在東港人的流傳中乃具有尊視其廟中主神及代天巡狩諸王爺的信仰意義。

在中國的祀典習慣中，除了朝廷的敕封具有實際的正祀意義外，還有道教所建立的神譜學及神統譜，也構成另一個神靈世界。從漢晉以來道教形成，就逐漸廣納千百仙聖，按照其真靈位業來排列，而由梁陶弘景首度完成《真靈位業圖》，建立七階位的上下尊卑秩序，以排列先天、後天諸神。後來歷經各代道士的繼續擴充，乃結構為龐偉的神統譜，其至高位即是一炁化三清：上清元始天尊、太清靈寶天尊、玉清道德天尊，而實際統御萬神者則為玉帝。凡人死而成神，都需要經由天界官曹上奏，然後由玉皇大帝敕封其職位，乃得入仙班、位登神界。《道藏》所收的道經、仙傳都會提及諸天聖帝如何接引成道者進入神界的事跡；目前在臺灣地區道教所用的神統譜都特別列有後天神明，設置「功國神靈之位」。

溫王等諸千歲成神之後的進一步封賞，需由帝王即天子代「玉皇大帝敕封」，始能完成進入神界的身分、地位；而且「代天巡狩」的任務也是由天界的玉皇大帝所賦予的，這就是民間所習稱的「奉玉旨」出巡。臺灣的王爺廟常逕題作「代天府」，或高懸「代天巡狩」的匾額，基本上就表明其秉受玉皇大帝的命令以行事。所以在每科迎王前所進的表文中，所要恭請的是「天河宮代天巡狩五府千歲」，而王爺蒞境後所出的榜文中，所署的官銜是「金闕至尊玉皇大天尊玄穹高上帝題點」的王爺之職，文中即以「本藩」的藩王自稱，都可理解在東港人的心目中千歲爺所具的神界神明的地位。

三年一科固定巡狩的千歲爺有代天巡狩、巡查人間善惡的職能。

總之，溫王爺及其他千歲爺的神格與職司，在當前泉州原鄉的信仰史料尚未及採錄的情況下，依據東港地區的口傳、筆錄而成的廟方定本，可以肯

定地指出溫王的神格是生前有功績、死後有靈顯的正神。因此在中國傳統社會的祭祀觀中，從儒家、道教的祭祀法則言，溫王的神格、職司都是正神、正祀，並非厲鬼而是功烈神靈。從民間信仰的成人而成神的意義言，溫王及其結契金蘭在壯烈成神後又迭有功烈，乃能經由「上昇之道」，逐漸提昇並擴充其神界職能。類此王爺神格的神聖化過程，乃是反映出東港居民的心理、社會需要，這才是民間信仰精神的真諦。

【三】結契金蘭，定期巡狩

東港王船祭的活動，以請王始而以送王終，其間主要的活動都與千歲爺前來「代天巡狩」有關。不管是王府內的祀宴、境內的繞境，尤其是最後的乘坐王船「遊天河」（或遊地河）。類此巡狩的方式及其意義，在〈溫王爺傳〉中就可發現有一些傳說：貞觀皇帝「下旨建造巨船，名為溫王船，內奉溫王爺及其結義兄弟之神位。」這些溫王船送入海中，到處巡遊，「凡溫王船所到之處，百姓府官一體奉迎」。其代天巡狩的任務一方面是接受血食祭拜，以慰溫王兄弟的在天之靈；另一方面則是王船所及，風濤平靜，造福地方。溫王爺的香火即是隨移民而遷來，東港海岸上「發現神木漂來，神靈顯示溫王欲在臺灣定居，放棄飄浮生涯」。溫王定居後，這些奉旨欽點來巡的千歲爺依科前來，就成為代替天帝巡狩的祭典儀式。「巡狩」的制度乃是古代天子宣揚德威、巡視疆域的大事，其政治意義顯示統治者對於王土、王民的巡察，在政治上具有多方面的意義：諸如巡視恩威所及的國境、實地理解地方輿情、確保封域內治安的綏靖、加強對地方吏治的察考等，成為帝制中國帝王擁有天下的象徵動作。在宗教信仰的意義上，諸千歲爺的代天巡狩也有宣揚神威、綏靖宇內的神聖意義。

古史傳說中就有帝舜巡狩四方的記載，秦、漢統一天下以後，王朝也有巡狩的大事作為當權統治的象徵，為歷朝帝王所承續。這就是史家所謂的：古者天子五載一巡狩，周於四岳；諸侯王三載一朝覲，絡繹不絕。類此三年、五載的巡狩制度，卻因天子每一巡幸則儀從過眾，耗費無窮，徒增百姓稅收的負擔；而諸侯的朝覲也常有舟航傳置，疲於奔命之病。乃改由天子選派大臣於適當時機巡視，宣達上意，採納下情。這就是代天子巡狩、代天巡狩，為帝制中國的官僚體制中的一種成規、制度，稱為巡按、按察。

「代天巡狩」的官僚體制也反映在道教的思想中，道教形成其神靈世界時，也建立一套天界宮廷

的制度，在玉皇大帝統御之下，仙官神吏、將軍功曹，各有職司；而下界的山川境域也都各有職掌者。因此凡有功烈於民者常是領有玉帝敕封的職位，其中即有稱為王爺、千歲的；至於按照巡狩制度而形成的，就是玉帝派遣仙官神吏來巡下界。《道藏》所收的三洞道書就常有一種造構模式：說大道君或玉帝登座說法時，有仙官報告下界有事，天帝即派遣某位真人或神君下凡。於是有位仙聖領旨下降凡間，體察人間的是非功過，獎善懲惡。通常都會降下道經、符文，幫助世人驅除妖氛，清靜宇內，然後任務完成後再返回天上繳旨覆事。在民間盛行的通俗小說、戲劇中就常以神仙道化為故事情節，表現神仙世界中玉皇大帝的關心民瘼，常遣仙聖下凡考核，所以代天巡狩乃是神聖化的帝王巡按、玉帝仙吏的民俗信仰。

在請王送王的信仰習俗中所隱含的民眾信念，就是代天巡狩的任務：一方面要獎善懲惡，使人向道行善；一方面要為改過遷善者驅除一切疫毒、邪惡。所以上天既是公正的裁判，也是嚴格的執法者，而威嚴的王爺正是實際蒞境執行任務者。從古到今有關上天懲罰的信仰中，有一個關鍵字即是「行」，可以解作執行、流行等意義：執行指依據天律、道德律或法令而嚴格執行，是「因」；而流行則指執行的「果」，利用普遍流行的疾病來執行懲罰，而且是集體性的懲罰。

中國現存最早的字書中就可發現漢人已有這種「行」的觀念：對於「疫」字的解說，許慎《說文解字》解作「民皆病」，說明集體、普遍得病；劉熙《釋名》解作「使鬼行疫」，則明顯強調疾病的「流行」是上天役使疫鬼「執行」傳染病的懲罰。類此用法後來一直流傳，在漢朝道教所造構的道經中就明確地表達此類信念，解說瘟疫的形成為人類道德的失序，同時也是宇宙秩序的失序。用氣化論解說就是正氣、陽氣的消滅，邪氣、陰氣的增長，疫氣即是一種陰邪不正之氣的作用。用神學觀解說就是天帝鑒察人心、人倫的失序，乃派遣天魔鬼王統領各種疫鬼、瘟鬼在人間「行瘟」、「行毒」，凡信道修善之人始可得救，而不信道法、作惡多端的就會感染罹病而病苦死亡。在瘟疫流行時，人們所感知的上天是既嚴厲又慈悲，因此奉旨行瘟送瘟的王爺也是在執行這種既嚴厲又慈悲的任務。

六朝天師道系的經典：諸如《女青鬼律》（道藏力字）、《太上洞淵神咒經》（始字）等，由於是亂世的產物故有類似終末論（eschatology）的思想，嚴厲批判失序的時代亂象：「末世廢道，急競為身，不順天地，伐逆師尊，尊卑不別，上下乖離，善惡不分，賢者隱匿，國無忠臣，亡義違仁，法令不行，更相欺詐。」（女青鬼律）或說「季世之民，僥偽者眾，淳源既散，妖氣萌生。」（神咒經）末世、季世的世衰道微，使得修道者有強烈的危機感，《女青鬼律》因而假太上（道君）之口警告世人：「今遣五主，各領萬鬼，分布天下，誅除凶惡。」其中被遣派的五方鬼主就是後來民間常說的五瘟神：

東方青炁鬼主姓劉名元達，領萬鬼行惡風之病。

南方赤炁鬼主姓張名元伯，領萬鬼行熱毒之病。

西方白炁鬼主姓趙名公明，領萬鬼行注炁之病。

北方黑炁鬼主姓鍾名士季，領萬鬼行惡毒霍亂心腹絞痛之病。

中央黃炁鬼主姓史名文業，領萬鬼行惡瘡癰腫之病。

這是最早的五瘟神記載，五方、五色並配合五季較易流行的疫病都是為了懲罰凶惡之人，可見五方鬼主是奉太上之命作懲罰的；此外還有五方溫鬼、十二月溫鬼、十二日、時溫鬼等，都能飛行天下，「隨月行毒，以誅惡人。」這個「行」字就兼有執行任務、流行毒炁的雙重意義。《神咒經》也強調六天故炁、魔鬼等駕雨乘風，殘害生民：「魔王縱毒，殺害良善」；「魔王行毒，毒病生民」或「專行瘧疾，毒苦萬姓。」使用縱、行等字表明魔王乃是聽命於大道君，藉此懲罰「世人積惡，不信道法」，也鼓勵世人「若能改過，即為勳人」（女青鬼律），凡行道、信道者即為善人、種民，法師即為之轉經作齋，可辟惡疾。

《三教搜神大全》中的五瘟使者木刻版畫

對於瘟疫的出現與流行，道教與民間大體有其一致的瞭解，就是認為瘟疫乃是週期或不定期地自然形成，這種怖懼、不安情緒象徵化之後，就成為道士的泛瘟意識，在道經中常鉅細靡遺地誦念出一連串的瘟神、瘟鬼名單，這是得自教內秘傳的寶經

秘笈。相對於此，一般士庶就較為簡易，通常以五瘟神或單一的瘟神為主，作為行瘟及驅瘟的瘟神代表。

道教辟瘟、送瘟的重要天尊就是太上洞淵三昧神咒天尊，《道藏》收有《太上洞淵解瘟神咒妙經》（辰字），敘寫元始天尊在上陽宮說法，洞淵天尊上白：「下界下民，盡染瘟疫之疾。」元始當即數說下民之罪：「不敬三寶、呵天罵地、全無敬讓、心行諂曲，為非造罪，致令此疾所傷。」所以「五帝使者奉天符文牒，行於諸般之疾，凡人之所為，係在簿書，遂行其毒。」因而染疾之人要虔敬地立道場轉誦妙經。所謂諸神就有：十二年行病神王、五帝使者及行瘟大判官、瘟疫使者、癘毒使者，齊降道場，「解此毒癘，宜將此經，一時禳謝。」最後得到「收瘟攝毒，故不流行」的願望。目前民間所習知的瘟神：五瘟神、十二瘟王等，都是奉命對簿書中有罪者執行「行毒」的任務，直到庶民知過向道才會收攝瘟毒使不「流行」。

宋、元以來五瘟神的傳說成為瘟神的代表，這是因為它與國人習用的神秘數字「五」有關，且最能代表時間（四季加季夏）、空間（五方）的普遍存在性。不過民間對於所信仰的對象，除了屬性、名號等抽象概念外，更習慣出諸形象化思維，賦予五方鬼主具有具體的形象，並成為崇祀的對象。類此瘟神信仰的造型如元代通俗的搜神類書《新編連相搜神廣記》後集有〈五瘟使者傳〉，五瘟行瘟使者的圖象都各執一物：罐子、皮袋、火壺為容器，可以裝盛瘟炁、疫蟲；扇可搧起瘟風、鎚可擊人使病，應是當時民間信仰所出現的造型。又如元代四川地區所出的鸞書《梓潼帝君化書》第一世張善勳生在周時會稽，因父母死於瘟，他誦道經後得到治理瘟鬼的法力，命天騶甲卒「執鬼使五人出：有蒙虎皮者、冠雄雞者、有若人者、若鵠首者、若驢頭者；所執者水、火、羽翣、斧鑿之具。」五瘟鬼即自稱來歷及行瘟因由：「弟子等歲運所生，威氣所成，所遊有方，所病有人，陰遣重者受其災，天命絕者致其死，亦非弟子等敢私。」這些飛鸞之文正是民眾與道士所共有的集體意識，五瘟的造型及行瘟工具應是實際出現的民間傳說中的形象描述。

道教對於五瘟等瘟神的遣、送，與浙江、福建有密切的關係的就是神霄派的道法，它與浙江溫州道士林靈素有關，宋元以來流傳甚廣。《道法會元》中收錄三卷：卷二一九為〈神霄遣瘟送船儀〉及二二一為〈神霄遣瘟治病訣法〉。前一卷在啟告、啟請時的神名就有匡阜先生，持咒時要存念其真形，再念敕瘟咒；而瘟神則分五部五瘟使者等，這類大法使用斷瘟、辟瘟或斬瘟、滅毒等詞，語氣極為嚴厲；其他兩卷則為遣瘟，〈遣瘟送船儀〉為小部送瘟科儀書：啟請時有「開江造河祖師」即開水路，然後說明「結造華船」的目的，是要請洞淵三昧天尊、和瘟師主匡阜真人及押瘟神將，將諸般瘟鬼：十二年王、十二日將、天瘟地瘟等一一奉請「降赴華船」。然後在所宣的疏文中除表明天符聖眾、候王神是「奉命而撿判人間，行化而周流世界」，也強調上天的命令就是為警省下土的頑愚莫曉者，確為典型的道教懲罰說的旨趣。然後才說今有某「締造茅舟一舫，請迎瘟部眾神」，關請諸神將「棹起陽船陰船五鳳仙船，敕力收起五方為禍瘟邪等鬼」；又將眾鬼「盡行收上畫船，各各齊赴華筵。」接下轉為歌調，即常見的「送船歌」。然後「存前光後暗，送神舟出門，到化船所」，先誦念，次祭拜化食。畢即焚化畫船，奉請諸神歸返，期望七十二候、二十四氣、月將、年王除卻瘟毒，「行莫回頭，去毋轉回」，張帆鼓浪，擊節鳴鑼地遠離此地。整個遣瘟過程即是臺灣常見的和瘟送船習俗，神霄派在浙江溫州等地流傳，也傳入福建地區，為濱水、近海區域最典型的送瘟方式。

浙江省送瘟船的習俗，當地俗稱就有大暑船、大送船等，強調瘟船的製造、驅送，俞樾在《右臺仙館筆記》卷十二載同治中臨海縣，因比年癘疾，為作送船之會，乃襲用舊俗，先大建道場，然後在大暑日「送之出海，聽其所之，俗呼為『大暑船』。」在暑日送瘟應與夏季瘟疫較易流行有關，所以在連年癘疾之後，建道場，送瘟船，應請道士作法。此外在光緒年間上海點石齋的《吳友如畫寶》有大造船圖，圖上的文字說明極為詳盡：

> 甌郡，自入秋後瘟疫流行，久而不息。九月九日，當道官紳建水陸道場，迎神出巡，計七晝夜。陸則支塔七層，高台上表於穆，郡中文自道憲以下，武自鎮軍以下，共二、三十員，皆到壇拈香，為民請命。水中紙紮大號船一艘、二號船四艘，載以金箔銀箔，儲以日用器具，凡三十六應用之物，無一件不精，無一物不備。至十五日亥時，送至北門外大江中焚化。各廟柱下到者不下千餘人，火把燈球，照耀渾如白晝。焚化後，各人所持燈火概行熄滅，黑暗中由西北方逶迤入城，隨將城門封閉，點燈回廟而後各散，名之曰『大送船』。是役也，所費金貲約二、三千元，皆捐自官民富戶及各行號者。

葉大兵曾考述溫州一帶的忠靖王驅瘟習俗，也就是溫元帥被抬著出巡遊街，長達一月，盡逐瘟神

。當地人稱名「送瘟船」、「送紙船」或「送大船」。紙船是用竹蔑作，糊骨以色彩，長約丈餘，寬約七、八尺，中豎三桅，船艙裡所用的日常器具均齊，都是紙紮的，十分相似，儼然是一只夾板船。道士設壇打醮，紙船即安置在東嶽王廟前，等忠靖王出巡六天回廟後即送船。選夜間退潮時辰，把大神船的燈光點亮，溫元帥也被抬出押送瘟船，隊伍各執挑燈、火把，高聲吶喊，直到朔江邊，放到大竹牌上，由溫元帥派一乞丐扮的元帥押出永嘉七都江面，予以焚化。然後再悄悄回城，封閉城門。

福建地區的送瘟船習俗也有久遠的傳統，目前所知見於記錄的有明謝肇淛（1567-1624）《五雜俎》人部的一則說：閩省送瘟的風俗，是在病癒後，「使巫作法，以紙糊船，送之水際。此船每以夜出，居人皆閉戶避之。」閩俗中習於使用瘟船的，又以福州為最著，在《福建通志》中既有記載，十九世紀美國傳教士也特別報導，史貽輝所記述的福州羅犯鼠疫，迎神賽會，大抵也依舊例都要先行請道士修設瘟部醮，都是在五帝祠中舉行，這些五帝的造型及職司如下：

位次	神職	神貌	神諱	衣冠別	掌管業務
一	瘟部尚書顯靈公	三眼紅髮	張元伯	國公帽金黃色龍蟒袍	總攝四時瘟疫
二	瘟部尚書應靈公	嘴尖如烏鴉	鍾仕季	國公帽紅色龍蟒袍	夏瘟
三	瘟部尚書宣靈公	面如猿猴	劉元達	國公帽白色龍蟒袍	秋疫
四	瘟部尚書楊靈公	面如龍形	史文業	國公帽青色龍蟒袍	春瘟
五	瘟部尚書振靈公	面如虎形	趙公明	國公帽黑色龍蟒袍	冬癘

建醮時，每晚有神會請神「查夜」搜捕疫鬼，然後糊紙船約丈餘，官廳、貨倉、臥房、水手房等一應俱全；各行業也需報效水菜，屆時將五靈公及部從紙像迎請入舟，各神會則送供餞宴。最後再行「出海」，押送疫鬼，到海邊焚化，而押送的五顯大帝約一月後始擇吉日回駕。

福州的送瘟習俗，在丁紹儀《東瀛識略》中也特別提及「福州諸郡亦興出海，船與各物皆紙為之，象形而已。」這一種風俗在臺南也隨福州人來臺而被傳承、保存下來，所以日據初《安平縣雜記》也記載當時「六月，白龍庵送船，每年由瘟王爺擇日開堂，為萬民進香。三天後，王船出海（紙製王船）。先一日殺生，收五毒諸血於木桶內，名曰千斤擔，當擇一好氣運之人擔出城外，與王船同時燒化。民人贈送品物、米包，名曰添載。是日出海，鑼鼓喧天，甚鬧。一年一次，取其逐疫之義也。」類此福州送瘟船的習俗對臺灣的王船文化應有相當的影響。

有關臺灣的送瘟船習俗，以康熙五十六年陳夢林修《諸羅縣志》所載的一條記事為最早：

斂金造船，器用幣帛服食悉備；召巫設壇，名曰王醮。三歲一舉，以送瘟王。醮畢，盛席演戲，執事儼恪跽進酒食；既畢，乃送船入水，順流揚帆以去。或泊其岸，則其鄉多厲，必更禳之。

所記載的造船、送船入海，乃臺民傳承閩俗的實錄。後來修史的都根據這條資料補益，像康熙五十九年陳文達修《臺灣縣志》卷一風俗雜俗。臺灣最南端的送王船習俗，目前所見的只有乾隆二十九年王瑛曾重修的《鳳山縣志》的記載，除第一段為陳文達所修舊志的，另外還記下一則反映高、屏地區的王船史料，也是唯一的一條：

民間齋醮祈福，大約不離古儺，近是，最慎重者曰王醮。先造一船曰王船，設王三位（或曰一溫姓、一朱姓、一池姓），安置外方，迎至壇次。齋醮之時，儀仗執事，器物筵品，極誠盡敬。船中百凡齊備，器物窮工極巧，糜金錢四、五百兩，少亦二、三百兩。醮畢，設享席演戲，送至水濱，任其飄去（紙船則送至水濱焚之）。夫儺以逐疫，聖人不妨從眾。致云船泊其地，則其鄉必為厲，需建醮禳之；噫！神聰明正直而壹者也，豈有至則為厲而更禳之理？且人亦何樂為不見益已而務遺禍於人之事耶？此理之不可信者也。

康豹認為其中所寫的即是鳳山市鳳儀宮，因其主神即溫、朱、池府千歲。從一些現象可以發現與東港的習俗不同；如王醮名稱、齋醮時儀仗以及飄送三王神像等，不過由此可證高屏地區確有送王船的風俗。

根據目前所見的道士抄本，閩臺常用的諸如泉州（如海澄縣）一帶有《原始天尊說洞淵三昧天尊辟瘟妙經》，其中就要持誦《太上洞淵解瘟神咒妙經》，與《送船科儀》配合，作為送瘟船的必用科儀書（田仲一成 1989）；臺灣新竹所傳抄的泉州惠安抄本，也有這兩部道經，只在文字上小有出入而已（蘇海涵）。而在南部從臺南到屏東等送王船科，也有一組相近的科儀，東港請林德勝道長所作的也就是這類儀式，包括《靈寶和瘟正醮酌獻科儀》及《金籙禳災祈安打船醮科儀》，確是靈寶派的正

統作法。而從文獻及田野資料仍可發現諸多行瘟送瘟的儀式、信仰遺跡，最常見的就是在水邊送瘟船，將瘟神送走。臺灣南部及東港一地的和瘟、燒王船，都屬於這一古老習俗的文化遺存，是中國人所共同的懼瘟、畏天思想的同一傳統。

臺灣民間在理解王爺代天巡狩的祭祀意義時，始終與驅送瘟疫有密切的關係，所以常有「瘟醮」、「送瘟」的名稱。東港對於王爺來巡的神聖任務，祭典委員會在平安祭典前所進的表文中說是「俯念塵寰疾苦，疹疾妖災」，因而全鎮庶民虔誠懇求的就是王駕既至，五府千歲能以其大神力，使得溫王爺的轄區內：「穿窬匿跡，魍魎潛形，合境康泰，萬類康寧。」類此疹疫、魍魎等可怖懼的歹物，它包括的凡有人間和陰界所有不守法的，通通成為王爺所要懲罰的對象。而每科輪值來巡的就是「天河宮代天巡狩五府千歲」，請水、請王後大千歲一經降駕，也在代天府前張貼榜文，表明自己是「查察下界人間發榜示事」。乃「欽奉萬天聖主　金闕至尊玉皇大天尊玄穹高上帝（玉陛下）提點某某科代天巡狩由二甲進士出身欽加王爵」，這樣長的榮銜正是古代奉旨巡狩的官員身分；尤其自稱「本藩」及「發府前曉諭」的公文書語氣，正是模擬自巡按大臣的官吏習慣。在代天巡狩期間，家家戶戶均需謹言慎行，以免犯忌；而對於集體的譴責、懲罰，就有「天譴」的意義，玉帝對於不信道法、悛惡不改者，作個人或集體的懲罰；這種針對個人的獎善懲惡，也就表現出神祇的正義審判：賜福於善人而讓惡人自食惡果。東港的祭典也與其他的王爺廟一樣，舉行諸般王駕出巡、王船繞境及和瘟拍船，將各種瘟疫、邪祟遠送出境，藉以達到「合境平安」的願望。

從東港在海邊請水後所進行的一系列儀式，直到燒王船送王，可以發現溫王與蒞境的千歲爺固然是三十六結契的金蘭，但千歲爺作為代天巡狩的主神都具有如下的特徵：

(一)從天上被派遣而來。

(二)從海上登岸駕臨。

(三)定期來訪人間（澎湖也有不定期的）。

(四)王爺是威嚴的神明，人們對之敬畏有加。

(五)王爺的神聖任務固是獎善懲惡，但更偏於對邪惡之人、物的驅送。

類此傳說是通過儀式行為再現。定期地一再演出，讓當地人期待從海上來的千歲，在儀式後又回到海上去。

從比較民俗學的研究指出：類似的王爺是屬於神話中的陌人，是環東海諸地區的民俗信仰——一種海洋神信仰（鈴木滿男 1990:161-187）。從帝制中國的信仰習俗言，王爺是「從天上派來的」；但在環東海地區包括浙江、福建及廣東，以至於臺灣，其儀式都逐漸轉變為「從海上來的」，不管是東港的海上溫王船傳說、或是南鯤鯓、西港等的「坐船來的神」，都一致地採取相近的方式，即迎請於海邊、並用船送走的儀式。因此從比較民俗學的觀點，可以發現海洋民族不僅有海上的交通往來，可能在文化上也有相互傳播的關係。從民間文學的流傳、分布言，相近的自然環境也會有幫助同一類型傳說、儀式傳播的情況。所以東港的溫王傳說固然保持了代天巡狩的傳承，卻也因應海洋文化而巧加變易，王爺信仰終於成為定型化的驅瘟之神也多少兼有海神的性格。

⊙本文作者／李豐楙

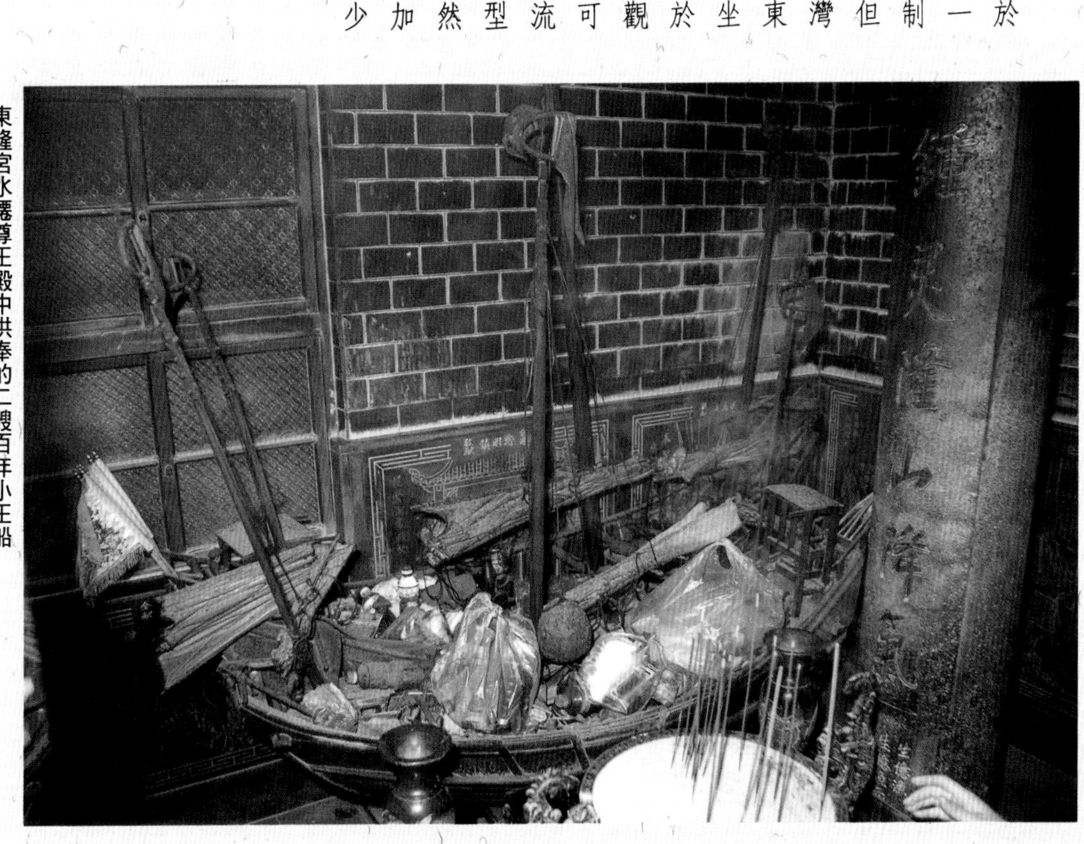

東隆宮水傒尊王殿中供奉的二艘百年小王船

〔參〕巡狩神蹟篇

東港地區的民間傳說中，流傳有份量頗多的溫王及諸千歲威靈的神蹟一類，從平常期間鎮守本地的溫王在當地信眾中所擁有的威嚴神格，乃至平安祭典期間反覆傳播的千歲爺所職司的代天巡狩傳說，都是民間社會出之以虔誠、敬畏的情緒而集體參與創作的說話。也就是如同方志所載的「敬畏特甚」（林豪語），在既畏又敬、既喜又懼的情況下，促使當地流傳一些有關王爺信仰及請送儀式的傳說，從古至今在祭典期間一直不斷地再發揮其微妙的作用。若從神話學的理論言，神話傳說與信仰儀式本就有密不可分的關係，都是利用象徵的方式表達人類的心理、社會需要。信仰儀式是動作象徵，藉儀式行為以表達其共同需要；而神話傳說則為語言象徵，經由語言文字來傳述神明的事蹟，藉以支持、肯定其信仰行為，賦予信仰儀式以合理化的意義。東港溫王信仰和每逢三年一科（丑、辰、未、戌）的迎王祭典，就是神話與儀式結為一體的典型。在溫王傳記中所敘述的解化成神後，所受的「代天巡狩」敕封職司，就是為了合理化迎王、祀王及送王的祭典儀式，而其宗教、社會功能則在於驅瘟逐祟，綏境靖宇，因而新起的地域性傳說就更具有加強儀式、信仰的新意義。這種傳說事蹟經由吳朝進先生的記錄後，成為溫王及千歲爺的神蹟。

【一】巡狩期間，嚴禁犯忌

臺灣民間的鸞堂、善堂經常以降示鸞文來教化百姓，早期東港既有眾多鸞堂的組織，「振文堂」內即有一些是鸞生，此外就是當地的士人及嫻習禮儀者，共同在請王的平安祭典期間擔任「內司」諸職，他們要在該科王爺蒞境代天巡狩時，鄭重地代之「出榜」以安民，將其巡狩的動機、目的及意義公告周知，榜文即是內司請示大千歲核可後發下，一張「發府前曉喻」，其餘四張則發境內的四個區域張掛，以警告世人要遵循正道而遠離惡道。文中先嚴厲地警告何者不當為，再勸誘何者應為；最後則明示下民如聽從訓示就可得到賜福，這是一篇最能表現當前東港人心目中王爺神格、職司的珍貴材料。榜文中所強調的諸多惡行，諸如：「由因世人，愚昧不醒、不遵國法、不遵長上、不忠不孝、不仁不義、迎新棄舊、不廉不恥、欺詐善良、口是心非、滋事生端、損人利己、結夥搶劫、魚肉鄰里、胡作胡為、自食惡果。」又正面明示百姓要：「各宜言行一致，崇奉天地神祇、樂善好施、遵守國法、維護社會安寧；孝敬父母、兄弟和協、鞏固世澤綿長；遵守道德、矜孤恤寡、拯弱扶危、無欺無詐。」類此道德條目其實正是儒家所慣用的經典教化，通過地方基層的仕紳、讀書人，以淺俗化、簡易化的條目進行民眾的道德教育。而東港當地的民眾也在這種道德傳統之下，一再傳述一些王爺顯聖來獎善懲惡的傳說，對於祭典期間凡是觸犯道德禁忌的逾矩行為加以懲罰，這就是採用民間傳說以支持其信仰行為的宗教目的。

觸犯禁忌之一的是有一蘇姓工匠，平時尚稱安分守己，工作認真，技術不錯；但嗜酒如命。他因錯信謠言以為其母早年與人有不軌的行為；又因自己年長未婚，而與鄰婦私通，每酒醉後就常借題責罵其母不貞。有一年送王時刻將到，他身為轎班，卻在家拖延；又喝醉後講酒話說：「皇帝是我大哥，我比王爺大，送王與不送王一樣。」說完後，忽然兩眼圓瞪，著裝到路邊下跪，溫王神轎經過時，伏地不起，不能動彈。經其母求情，王爺只是「不孝者必與之有所警戒，不能赦免。」又經宋江陣同仁一齊請求，才以桿打處罰後，扶回家去。

觸犯禁忌之二是一位呂姓婦人，在請王駕（請水）當日備辦牲醴時，因遍尋不著盛酒的酒瓶，一時心急，大聲叫罵：「何人拿去死？」言由未了，家人忽見一「身穿白衣腰懸劍之官樣人員，踏入呂婦屋內時，忽見該呂婦下顎卸下，昏迷不醒，口吐白沫。」大家見情況不對，「始悟王爺之中軍府（穿白服裝）派員巡察善惡，發覺呂婦不誠心，故顯靈警告。」後來有人提議僱車載至王府，將呂婦扶下車至神桌前，將情稟告王爺，並道歉，由皂役（班頭）打十二個嘴巴，以示敬神不虔誠。打完後，回家稍事休息後，下顎及身體就無藥自癒，恢復正常。

這兩者都是當事者本非大惡，但因在請王、送王期間，不能謹言慎行，觸犯神威，故馬上由神明部將給予警告，類此故事都有明確的時間（後例是民國廿四年，歲次乙亥），姓氏（蘇、呂），並有諸多證人（宋江陣轎班、呂婦鄰里），傳說即借此真實性的敘述以顯示其為真事。除了對個人的警告之外，也對集體的民眾有所警示，有一件顯靈事蹟也是至今傳述的，就是警示轎班不可怠忽職務，借之維護祭典期間的團體秩序。吳朝進先生所紀錄的（附件一），頗為生動詳盡，其結構可分析如下：

時間：民國五十年（歲次辛丑）三月徐大千歲巡狩期間。

受警隊伍：下頭角擔任溫王爺轎班，為七角頭中人數最多的，約有三百餘名。

正常狀況：「迎王期間，溫王爺乃鎮境地主神，在代天巡狩撫臣降臨查察善惡期間，王爺負責除暴安良，保護民眾安全，捉賊擒兇等。每夜都要按「更」查夜，大街小巷，巡邏工作，由轎班（抬轎之人）分在神轎前四名，轎後四名，左右二名，前後各一名，擎涼傘人員一名，合計十三名。如此神轎始得行動，均由轎班人員輪流制，分別執行，其餘人員隨轎後尾行。」

發生狀況的原因：因「日以繼夜服務，精神容易疲勞，故夜間以輪班制約定，必有一班人員當值，其他人員在廟外休息。」

狀況的發生(一)：「在一次深夜裡王爺臨時要查夜，惟因轎班人數不足，或在轎前轎後，或在左右兩側睡覺，或在養神以代差使，間有大部份人回家。」

狀況的發生(二)：「忽聽神轎之含鈴自動大響，神轎自行震動，有部份轎班被驚醒，急將轎槓負起在肩上，前排轎班人數已足，後排人數尚不足二名，神轎一旦發動，直奔走至廟前之戲臺而去，其餘趕不上的轎班隨後追趕，神轎前半截直沖上戲臺不動，後半截連數名轎班吊在戲臺外，搖搖欲墜，無法下來，嚇得面如土色。」

戲班正常狀況：「每科王戲在事前互約在迎王期間，日夜不停戲，如有事故必事先向王爺請杯（信杯），准後始可暫停休息，故酬勞特別高。」

戲班發生狀況：「此次因無請示，自動停演，王爺不准，故採取離奇行動，戲臺內的演員在睡眠中被驚醒，倉惶之間不知所措，全班演員跪下拜個不停，祈求王爺息怒赦免，有人在大聲叫：『王爺查夜，速辦仙！』」

結局：「警戒轎班不守規矩，自此以後轎班不敢怠慢。翌晨鎮內大街小巷、家家戶戶、老小皆知，咸稱王爺非常威靈。」

據本地人說：王爺在以前是極為嚴肅、嚴厲的，現在已慈祥多了。其中即曲折地反映出一種信仰習俗在社會文化變遷中的衍變，帝制時代的官吏威嚴隨著民主時代的來臨，連神威也在改變，因而居民對於王爺的形象認知也在慢慢改變中。不過從巡狩期間仍常一再以榜文配合傳說的反覆述說，以此喻示鎮民，勿使鬆懈，從中可以感覺仍舊有種又敬又畏的情緒存在。類此氣氛使得這些傳說仍繼續為人流傳，且多少仍具有規範居民的功能。

【二】獎善懲惡，綏靖境域

在中國的帝制傳統中，巡狩是皇帝轄有其領土、人民主權的象徵行為，「率土之濱，莫非王土」，因此保護國土的完整、王民的安居樂業，就成為其神聖職責，所以古文中即有帝舜巡狩的神話。不過這只是指有形、可見的疆域，而在另一無形而可感應的境域，也逐漸有另一種相與配合的神明職司巡狩的觀念，這就發展成為民間社會、民間信仰中的保「境」意識。所以迎請千歲爺蒞境的顯性意義是代天巡狩、司查善惡；而真正隱藏的宗教意義，即是以天帝所賜予的靈威力，掃清境內妖氛，讓地方上能夠「閤境平安」，對於各角頭居民的集體需求即是以不可思議的信仰之力達到驅瘟除祟、保佑平安的願望。因此千歲爺一到，所出的榜文中，其最末一節就是「天降吉祥，盜賊絕跡、瘟疫不侵、干戈永息」，顯現在本地人的信念中：上天既是公正的裁判者，也是嚴格的執法者；而威嚴的王爺正是實際蒞境執行任務者，在境內從事警戒與巡察的任務，以之獲得潔淨、平安的祭祀目的。

在平安祭典期間，王駕繞境時一定出動神轎、神將團等壯盛的陣頭，東港地區較具地方色彩的武陣中，頗具特色的五毒大神陣、五靈聖將、什家將、十三太保以及其他陣勢，都具有驅瘟靖安的功能，其中共和堂、共明堂的五毒陣、香吉堂的五靈（錢、劉、趙、卓、柯）聖將與福州白龍庵五福大帝有關，從瘟神信仰言屬於五瘟使者系統。廟堂中的執事均以其臉譜、陣勢及陣法為「神明指點」，運用五毒大神、五靈聖將所持的驅毒、除疫法器，布下陣勢，在遊行時或在廟埕前表演，他們威武地在鎮內各角頭巡繞境宇，將各種「歹物仔」驅逐出境。類此家將團以及十二家司、廿四駕司等，在服飾、陣法的表演主題上，都是圍繞著驅除邪祟瘟疫，而表現出不斷進行緝捕不祥的動作，可見當地百姓所關心的是千歲爺能驅除不潔以獲得閤境平安。

由於古來相傳的久遠習慣，既已促使鎮民遵守一些齋戒禁忌，戒慎其行，緘慎其口；也不斷傳出許多懲罰犯過者的事蹟，借以表現溫王以及諸位千歲的神威與能力：其中有兩則都是對於盜賊的處罰，這是因為祭典期間香客極多，來往之人混雜，借此警告手腳不乾淨者要小心王爺的嚴厲，其時間均發生在日據時代。吳朝進先生即以樸質的語氣敘述日本警察本要禁止迎神賽會，經民眾一再陳情後始予核准，但要大總理負責一切安全，而民眾也堅信「王爺有靈」，是年仍繼續舉行祭典（迎王），果真發生事故：

> 熱鬧時，應時而起的扒手竟竊取了一位看熱鬧的鄉婦的金項鍊，該鄉婦在惶恐之下走進警察機關去報案，但日人主管以事前有訂約而不理：「去找王爺好了！」無奈（之下），該鄉婦至東隆宮哭訴王爺。此

> 時說也奇怪，怪事隨而發生，一個年青人如瘋如狂，忽作細語，忽作叫號，直向東隆宮奔走而來。跑至王爺的案桌下，直供扒竊一婦人的金項鍊，並當場物歸原主，而這扒手有如被人毆打似的一直在桌下掙扎痛哭。後經祭祀大總理祈求王爺，始獲釋放。自此以後此項故事的一再傳播，故每次迎王（平安祭典）均未發生問題，日本警察也無奈他何。

類此王爺懲罰竊盜的事件，東港人將其置於日本警察不理而由王爺顯現神蹟的歷史文化脈絡中，就特別顯現中國神明自有其威靈的意義，所以不是出現在同為中國人的清朝官吏或民國時期的警察；而這一傳說的訓示意義也就在最後的「均未發生問題」一句，確是為了警戒不守法者的心理作用及教化功能。

另一則被傳述得更為曲折，但其目的卻是一樣的（附錄二）。從民間說話的敘述技巧言，其中也使用了一些強調、誇飾的手法，在通篇完整的敘述策略中出現諸般有趣的處理：如失物者必為「鄉婦」，要「參拜王爺，順便看熱鬧」。東港在屏東西南海邊算是大鎮，現在也仍是南臺灣較重要的漁港，所以當地人就會以鎮民的眼光來看待鄰近農村來的鄉婦——鄉下來的婦人家，一個既充滿鄉下人的虔誠與好奇，而又難得看看大熱鬧的鄉下人，其中透露些許愚、直的氣味。為了強調特別從她較常見過世面的丈夫的視角來勸說：

> 在未出門前，其夫勸她：「勿過分裝飾金器，帶金鐲及金項鍊免不了惹人注目，尤其逃不出小偷之眼光，乘人擁擠時被扒手扒去，反悔莫及。」該婦不以為意，說：「因面子關係，非帶金飾不可；王爺有靈感，絕無其事！」

在民間文學的典型人物中，以世故、經驗豐富的丈夫（男性）來對照質樸、愚直的自信而又愛現的婦人（女性），多少代表傳統社會中男性的優越視角：見多識廣、經驗老到；並以此讓閱聽人接受其視角而取得共鳴，造成一種看滑稽戲的趣味。而預料中的事故果然如所預期地發生，且很快就會發生：

> 即來到東港鎮內十字路口，人群最擁擠，香客萬頭鑽動，無立足之地。正在看熱鬧之時，不覺金鐲不翼而飛，正愴惶四處查尋，均不見蹤影，急得該婦團團轉，此時欲哭無淚。

敘述婦人往人最多處、最熱鬧處也是扒手最易下手

的地方，這是作者的情境設計；然後誇飾鄉婦的反應，也是讓讀者與起既覺得她真蠢但又免不了同情的情緒。接下來就出現獻策者及解決困境者的情況：

經人勸她：「只好告訴王爺，懇祈大顯神通，庇祐協助查尋。」該婦不得已，來至東隆宮，跪在神桌前，哀求王爺大顯神通，庇祐尋回，始能向其夫有所交代，藉免被責罵，亦得顯大神之威靈。在一邊祈禱流淚。

這段文字除了呼應丈夫的勸告，也呼應她對神明的單純信念，是顧慮周到的敘述。接下來即插敘客運公司及迎王期間的營運狀況，然後出現揭穿謎案的初步情況：

狀況(一)：滿載客人，由司機蔡順珠（東港人）駕駛，正欲發動引擎，準備開車時，不意機件似有故障，任由司機操縱不動，下車檢視機件均無異狀，雖經數次發動均不啟動，累得蔡司機滿頭大汗，只好吸煙休息養神，再檢視機件。

狀況(二)：忽見一青年身穿藍色轎班衫，肩負一短木棍，後面一人穿同樣衣服隨後扶持，直奔前來。有人說：「王爺駕到！」霎時至車前叫開車門，上車後將遊客中之一青年抓住衣領，連人帶扭下車，如飛直奔王爺廟而去。

先設計司機車子不能發動的窘態，表明將有意外發生，但此時眾人都不知其原因？然後用「忽」字帶出另一意外情境。此時再以旁觀人的莫名其妙，並由推測者說：「王爺擒賊，必是扒手。」由「好奇者」帶領著讀者去看到真相（究竟）。

真相(一)：見該轎班將青年扭至神桌前，命其跪下。此時該轎班本身已恢復原狀。

真相(二)：忽見班頭（神之差役）將神刑具（麻綀、竹板等）將該青年押倒在地，見他面如土色，如癡如狂，自言自語，說以後不敢偷人物件，請王爺赦罪警戒。言猶未了，將原偷之金手環交主事者，轉交跪在神桌前之婦人認明領回。該鄉婦千跪百拜，因有所交代而高興的回去了。

先以轎班恢復原狀，不知自己所為，表現是王爺命其為之；然後由班頭處置，轎班、班頭正是祭典期間戴魯笠、著差役服飾並執法具的執法者代表。經由小偷的認罪，鄉婦的難題解決而先結束第一件，

「交代」兩字最為傳神，對丈夫的勸告、對自己的堅信有了結局。接下就是處罰的情況：

處罰情況：忽見大班頭（神差役之領班）手執令旗跪下，向王爺稟示如何處理，經以信杯指示，應打一二〇大板，即換算十二大板後，稟稱千歲開打，連打十二大板，打時竹板距離約屁股一尺之處，只聽該青年大叫「痛死我」。打完後，該青年爬不起，面色蒼白，不省人事，不能行動，屁股疼腫。經主事者向王爺稟告，赦其罪過後，稍事休息才回家。此乃神奇之一。

在當時的傳說中，差役執行打大板，一定強調不是直接打在身上，卻又疼痛難受，以此表示神罰。而敘述者一定要加上教訓、啟示的一段，這是民間傳說所慣用的手法，尤其是神蹟傳說不可或缺的一種模式：

啟示作用：旁觀者一傳十、十傳百，傳遍整個鎮內，使信徒愈信王爺神威，不敢作壞事。此事有人問及蔡司機之感想，但蔡司機（基督教徒）只笑而不表示意見。只說：「事實是事實，因宗教不同，無所奉告。」

「不敢作壞事」是教訓的重點所在；而結尾的問答在民間傳說中的作用即是故作神秘，反得畫龍點睛之妙。

類此純樸的敘述技巧出自鄉鎮中受過教育的報導者、文字敘述者之手，形成一種單純而自有其用意所在的趣味，可謂典型的民間文學，與口述傳說被文學化或文學家的記述具有不同的情趣。在傳述懲治歹物的事件中，還有一件王駕出巡繞境的奇聞，地點是在「碼頭」：

狀況(一)：徐徐行至碼頭時，王馬不向前進，只用前面兩馬腳亂跳並嘶哮不止。

狀況(二)：眾人不解其意，有好奇的人往四處查看，不見猶可，一看大驚失色，大喊「橋下有怪物出現！」

以王馬偵知及眾人查看來敘述奇事的發生，然後敘述處置的過程：

處置(一)：眾人下橋一看，橋下溪水身不及膝，溪邊有一洞穴，洞口有尾大鱸鰻，魚眼睛目光四射，閉口，只伸出半截頭部，身不能縮，似有人抓住之狀。

處置(二)：隨後下角頭宋江陣亦到，（按下頭角宋江陣隊員全是捕魚郎）經他們持長武器者，一名先下橋對準魚頭部用力刺殺，此怪魚不伸不縮，亦不能轉身，其

後並由同隊隊員持有「三叉」、鐵鈀鉤仔、撻刀、板占等長武器者幫助喊聲，一齊用力把牠拖出洞口，一看（按目測）魚身長約一丈（近二尋），深圍約四十五寸，頭圍約有六十寸，體重約一百斤。

處置(三)：經王爺指示可煮而食之；不食，用石油潑燒，可杜絕後患。

處置的三個過程也就是敘述者帶領讀者親見奇蹟，「大鱸鰻」的不伸不縮、長度逾常，及王爺指示等，都隱隱顯示王爺不可思議的神蹟。經處理後才繼續繞境。而對於鱸鰻的真相揭露，敘述者先用插敘法，以括弧補充說明；在於文末以農民、養鴨人家的告知說明之：

真相(一)：據說此魚欲在代天巡狩駕前，請大千歲為牠轉奏玉皇上帝，准牠昇天，排列仙班。因王爺阻止不准，謂此怪物素無德行，雖無害人，但損害五谷及鴨隻不少，倘如准牠昇天，後果不堪設想，故派神將扶助除害，先將他叉住，是否適時不得而知。

真相(二)：後來據此間農民稱此怪物時常進入稻田內，偷食稻谷，損失很多。又據養鴨人家稱他們的流動鴨群在此溪中放飼，游水覓食，時常缺少隻數。咸認均被此外物所吞食，幸經威靈顯赫的溫王爺除害，感激萬分，否則後果不堪設想。

鱸鰻精想要昇天屬於民間傳說常有的精怪故事，在戲曲、小說中也是常見的神明除妖類型，民間傳說常會與敘述文學相互激盪，因而被安排於王爺除祟的傳說中，增添王爺繞境的神聖意義。

【三】送王賦歸，禁忌出航

在東港地區流傳的王爺神話，有一則是與送王之後的鎮民活動有關的，全鎮的鎮民結構，根據《屏東縣東港鎮簡介》的統計：全鎮一半以上的戶口俱為漁戶，再加以與漁業有關的產業也佔有可觀的比例，由此可以瞭解居民主要的是以漁為業。基於國人傳統勤勞的天性，「平常」日子都在工作，每人都各自穿著「常服」、工作服在各自的工作崗位上：或出海或在岸上從事相關的事業。但一到祭典期間，由於王府內外與七角頭內所參與的寺廟、宮壇越來越多，所需求的人力也極為眾多，因而所有的船都要靠岸停泊，不必也不能上船工作，各依自己的興趣、專長參與祭典事務。從休閒與宗教祭典的淵源關係言，類此不在祭典期間從事原來擔任的工作、不觸犯出海的禁忌，確是符合祭典作為神聖時間的宗教意義。而在長達五至七日的祭典之後，

中間間隔三日以上，才舉行盛大的「平安宴」。大家在廟前辦桌宴享，慶祝任務完滿，「合境平安」；並在宴罷各角頭推舉的代表參加抽籤，選出下一科事的總理諸職，順利完成神聖任務的交接。

平安祭典三天之後即擇日舉行平安宴，慶祝祭典任務完滿並選出下科諸總理。

在這段區隔「常」（日常生活）與「非常」（祭典生活）的返常時間內，一般而言，鎮民中的漁民仍是處於過渡階段，尚不必外出「討海」、「討生活」。所以本地就流傳有一則神話：說是從前在迎王期間或剛送王之後，有一艘漁船就準備外出，在起碇（或灑下網）之後，就清清楚楚地聽到一個聲音，說：王爺的王船還沒走遠，不可出航！出航者聽聞這一些話以後，生怕冒犯了千歲爺，就趕快停止出航（或打漁）的舉動；並將這一情況說與其他漁民聽。從此在祭典期間及祭典剛過，大家都仍會繼續停止工作三日以上或暫不出海，等王爺的王船走遠之後，大家才正式地外出工作。

平安祭典結束後三日之內，多數漁船都謹守暫不出海的古例

當前的東港人是從事漁業者多，這種神話傳說也特別能表現「本地風光」，鎮民在送王時，不管是採行「遊地河」的放行，或是「遊天河」的火化，都認為王船在有形或無形中總要數日後才會遠離，既然送王後要「偃旗息鼓」地悄然返回，那又為何要在船行不久之後就前去干犯呢？這是保存了較古老的敬畏王爺送瘟逐祟的信仰遺跡，確是表現了東港人所認知的千歲爺神格及其職司，也是東港一地人瀕臨港灣、仍以漁業為生，才能如此巧妙地配合其自然環境、產業生活，「創造」並長久保存了與海有關的神話傳統，乃是一則與王船文化有關的東港神話。

從休閒社會學的角度解讀這則神話，又可以理解其中饒有趣味的意義，就是神話的創造、流傳乃是用以解說其社會行為，賦予一種合理化的意義。如果是在祭典期間不可出航，乃是因為王爺所乘的王船停泊於港內，故禁忌觸犯千歲的威儀。而主要原因則是集體的期望：大家用心地投入祭典的祀神事務。這是一種社會成員之間的相互約束，只有這股力量投入才能使祭典有效地完成：否則大家都各有理由逃避，就無法順利地展開祭祀活動。而從「不作日常性工作就是休閒」的觀點，大家各自穿著符合其身分的服飾：禮服或一致的祭典服飾，以這種「非日常性」的非常服，各自分散在不同的祭典事務上，就可接觸到同船或同一行業之外的人，重新在一起共事中認識他人，調整新的人際關係；也可在繞境遊行時到處走走，讓人看到「我也參加了！」這是典型的宗教性休閒。

如果出航的時間是在送王之後，則可解讀為：在忙碌的祭典過後，全鎮庶民需要有三天以上的「休息」。其實迎王期間不管是王府內或出外繞境遊行，從早到晚，甚至通宵直到天亮，這些活動都需要有相當的體力、耐力。祭典期間可以看到就地睡覺的「睏」境，何況末日送王，直到天明王船才出航。大家送走了千歲爺，既是完了三年一科的大事，卻也在日以繼夜的祭祀行為之後，需要徹底的休息一下。所以「平安宴」就有慶功宴的意義，在「吃喝玩樂」中徹底地鬆弛，特別是一段時日的齋戒素食，能夠饜酒肉而狂歡縱飲，的確具有儒家所說的「一國之人皆若狂」的節慶歡會氣氛。在酒食的日常性飲食之後就回到了「平常日子」，在狂歡之後就回到了日常的工作，這是平安宴的社會、文化功能，就是孔子所賦予的祭典、慶典具有「一張一弛」的調節意義，也大體符合現代社會的休閒觀。類此集體的、動態的休閒，也可提供現代人太偏於個人的、靜態的休閒觀有一個反思的機會。所以在

送王之後就急於出航漁獲，所觸犯的不只是王爺，而是東港社會的集體禁忌吧！

在臺灣的王爺信仰及相關的請王習俗中，主要的都圍繞著「代天巡狩」的主題，也就是民眾期望王爺蒞境的神聖任務：在王駕遊行時，王爺統領的兵將所要巡察的範圍，就是在四境之內進行察訪，一方面對於善男信女的言行一致與否加以核驗、獎懲，而另一方面則是對於魑魅魍魎、疹疫妖災，進行徹底地掃蕩、掃除，以撫靖境內。這是兼具有道德教化與消除不祥的雙重意義，為一種週期性的宗教潔淨行為，從個人內在的道德修為到集體賴以生活的大環境，均經由繞境巡狩時有諸多的儀式行為相與配合，藉以週期性地重整其生活秩序，乃是一種時間、空間秩序的重建，也就是期望能夠「合境平安」。所以民間傳述的傳說事蹟，在崇奉敬仰的行為中，表明集體的心理需求，就是借由神明的力量來解決其生活空間的潔淨、和諧。這些傳說一代又一代地傳播下來，自然形成民間文學共通的敘述模式，其中既隱藏而又暴露其深刻的意義。在口傳時固然具有隨口講述的隨意性，但在鄉間知識分子記錄時也就技巧地表達其中的趣味：從人物的類型化、故事的簡單化，到主題的明確而富於教育性，都是民間對於複雜想像的代替品，表現出一種樸拙的趣味。由於神話與儀式的密切聯結，在東港王船祭中，就可發現其神轎、神將的動作，都具有驅逐邪祟的象徵意義，這也就是史家所謂的「古儺」的遺意，雖經歷千百年，甚至已進入現代化、世俗化的時代，傳說、儀式的象徵意義，在社會文化的變遷後也依舊存在。

⊙本篇作者／李豐楙

附錄一　溫王顯靈奇蹟

據傳說古時澎湖有一名符仔師神通廣大，能驅神鬼及精通山醫命卜相，件件皆靈。在當地時常玩弄大小神明與之鬥法，小神不敵，大神懼怕、恐惶，神不在像不安於廟。每以雙手合掌抱拳，遠遠向神像打去，神像面上油漆脫殼，則其神永遠不靈威。曾將該嶼的大小神鬧得神號鬼泣，有來歷之大神雖不怕，但也迴避其抱舉，可見其符法高深。據聞有一次，將自己腳穿之草鞋左一揮、右一掃，將神明即驅集禁在大櫃內。有人聞大櫃裡有如人呻吟之聲，民眾探知符法師作祟，乃代向他講情，始釋放，化一道清風飛出去。且常為人驅邪捉妖、除病安宅等工作，均拒絕任何報酬。該法師為顯示其法力高深，所向無敵，自恃其才，到處驅神捉鬼自樂。聞悉台灣東港東隆宮溫王爺神通廣大，曾化身到福州訂購建廟用木材，一定是尊神通靈威大神，香火鼎盛，來頭不小，欲與之較量一下。故隻身渡台，訪問至東港，問明東隆宮，有人跟他進入廟內，但見該法師一見鎮殿王爺神威，自思名不虛傳。既到非做不可，準備舉手抱舉打跨王爺神像。舉目見王爺神像五部鬚沖直，怒目圓睛。面部流汗，此時該法師騎虎難下之勢，進退維谷時，見勢不妙，為顧生命，伏地求饒，說：「王爺公饒小法回歸，看見澎湖山，死亦瞑目。」旁邊好奇民眾不知底細，默默而觀。據聞該法師渡過台灣海峽，看見澎湖嶼之時，在船上大叫一聲，口吐鮮血而亡，符法師到此下場。據相傳該法師係被王爺勸服，成為正神，在案桌前專司籤筒，協助王爺驅邪治病，山醫運途，懸壺濟世，使王爺愈靈威。

附錄二　溫王顯靈奇蹟

在日據時代，某科，有一鄉婦準備到東港參拜王爺、順便看熱鬧。在未出門以前，其夫勸她：「勿過份裝飾金器」，帶金鐲及金項鍊免不了惹人注目，尤其逃不出小偷之眼光，乘人擁擠之時被扒手偷去，反悔莫及。」為該婦不以為意，說：「因面子關係，非帶金飾不可，王爺有靈感，絕無此事。」及來到東港鎮內十字路口，人群最擁擠，香客萬頭鑽動，無立足之地。正在看熱鬧之時，不覺金鐲不翼而飛。正愴惶，四處查尋，均不見蹤影，急得該婦團團轉，此時欲哭無淚。經人勸她只好訴告王爺，懇祈大顯神通，庇祐協助查尋。該婦人不得已，來至東隆宮，跪在神桌前，哀求王爺大顯神通，庇祐尋回，使能向其夫有所交代，藉免被責罵；亦得顯大神之威靈。在一邊祈禱流淚。另一面東港有一日人「鈴木」者，自營東港至溪洲（今之南州）路線客運車，本來迎王期間交通受管制故該車停在東港公學校（今之東港國小）路邊，載滿客人，由司機蔡順珠（東港人）駕駛。正欲發動引擎，準備開車時，不意機件似有故障，任由司機操縱不動，下車檢視機件均無異狀，雖經數次發動均不起動，累得蔡司機滿頭大汗，只好吸煙休息養神，再檢視機件。忽見一青年身穿藍色轎班衫，肩負一短木棍，後面由一人穿同樣衣服隨後扶持，直奔前來。有人說：「王爺駕到！」霎時至車門叫開車門，上車將客人中之一青年抓住衣領，連人帶扭下車，如飛直奔王爺廟而去。在旁邊看熱鬧的人莫名其妙，事後聽說是王爺擒賊，必是扒手。有好奇者隨後去看究竟，見該轎班將青年扭至神桌前，命其跪下。此

時該轎班本身已恢復原狀，忽見班頭（神之差役）將神刑具（麻鍊、竹板等）將該青年押倒在地，見他面如土色，如癡如狂，自言自語。說以後不敢偷人物件，請王爺赧罪警戒。言猶未了，將原偷之金手環交主事者，轉交跪在神桌前之婦人，認明領回。該鄉婦千叩百拜，因有所交代而高興的回去了。忽見大班頭（神差役之領班）手執令旗跪下，向王爺稟示如何處理，經以信杯指示，應打一二〇大板，即換算十二大板後稟稱：「千歲開打！」連打十二大板，打時竹板距離屁股約一尺之處，只聽得該青年大叫：「痛死我！」打完後，該青年爬不起，面色蒼白，不省人事，不能行動，屁股疼腫，經主事者向王爺稟告，赦其罪過後，稍事休息才回家。此乃神奇之一。旁觀者一傳十、十傳百，傳遍整個鎮內。使信徒們愈信王爺神威不敢作壞事，此事有人問及蔡司機之感想，但蔡司機（只笑而不表示意見），只說：「事實是事實，因宗教不同而無所奉告。」

平安祭典期間代天府牌樓夜景

《中卷》祭典準備卷

東港的平安祭典在三年一科的重複進行中，其實也歷經了歷史變化始有如此龐大的規模。自選出丁丑科的大總理等職後，隨著迎王祭典的接近，有諸多相與配合的準備工作，早已在各角頭、各科組中分別展開。首先是「組織經濟篇」：先說明近期東港祭典區域內由四縣分而七角頭，族群聚居，各立角頭廟，並與角頭內壇堂相互聯結；次說明本地人分層適任，各按其身分、專長參與祭典，為地方共同完成一件大事；末則解說主導祭典的制度變化中，祭典經濟如何改變，始能支持完成如此大規模的祭典行事。其次為「陣頭傳衍篇」：先說明東港本地為參加迎王祭典所組成的陣頭，數十年來雖然在形式上有所變遷，但在積極參與每科迎王祭典之下，都能展現出信眾的凝聚力量；再者介紹參與丁丑科平安祭典的東港本地各陣頭，透過他們的籌組情形與傳統信仰意義，也反映出東港陣頭所發展出的地域性色彩；最後則將東港的眾多陣頭，就其類型加以分析，以瞭解東港本地陣頭的發展情形，以及與迎王平安祭典之間的密切關係。第三為「王船建造篇」：先由王船信仰傳統中說明王船的信仰意義；次就閩南傳統的造船匠藝，說明東港本地的造船傳統乃是沿襲中國古老的造船傳統；末則介紹東港王船的建造過程及其儀式，並透過裝置彩繪情形，勾勒出東港王船藝術的特色。第四為「安府迎王篇」，這是迎王前次序展開的準備程序：先是「安中軍府」，值年值科中軍前來視事時，即予安府奉祀，以便施行其職務，同類行事為王船寮上樑及王船開光，都是中軍監察進行的重要行事；次為進表，由大總理等代表上表文至天河宮，以迎迓千歲爺蒞境；末則為請水前的安王府，及王府上樑，以示王府完成已備妥迎王的大事。

王船開光後即開放參觀

〔壹〕組織經濟篇

東隆宮在東港地區的地位及其重要性，具體表現在其組織及相關活動上，這是由於地方公廟乃是地方人士所要爭取的公共事務：既是地方上有頭有臉的頭人爭取出面的機會，以示其有服務鄉梓的熱誠；同時也是藉由參與寺廟諸事，較直接地擁有相關的實質資源（如政治、經濟）與文化資源（如榮譽、名望）。這就是中國古「社會」原意中所含有的社會與宗教性格，這種組織從平常的組織、年例式的活動，到迎王的祭典組織及相關的祭典活動，都顯示地方公共事務既是人人得而參與之，也需要在此中相拼以求拼出其應有的地位。類此競爭性在當地人士拼陣式的行為中，廣泛地表現在各種不同的組織裏，展現出人力、財力的社會活動力，自是有其旺盛的草根性格，它也正在現代社會中被轉化為一種較積極而有力的社會動力。這是當前在社區總體營造中，有心人士所想要予以轉化的民間力量，從東港地區深具活動力的祭典組織確有值得深入觀察其中的微妙之處。

【一】組織委員，經理廟務

東隆宮在東港地區的三座公廟中，能發展到今日的遠近聞名，而在高屏地區的王爺廟中，其迎王祭典又能成為別具特色的一處，其實都與其管理組織的運作能夠因應整個臺灣信仰民俗的發展趨勢密切關聯。在臺灣各地眾多的地方性寺廟中，能夠發展到像東隆宮一樣全臺知名，從管理組織理解其祭典活動的運作方式，就可見社區中的文化資源確是有許多可資運用的潛力。

在臺灣光復以前，東隆宮在日本政府的統治之下，其迎王祭典在臺灣南部自是有其歷史傳統，日本人對此也有相當的理解。當時基於經濟、文化諸多因素並不讓這類較大型的祭典時常舉行，特別是到太平洋戰爭末期，在當地耆老的記憶中，在昭和九年（1934）迎完甲戌一科後就被迫暫停。在這種情況下，東隆宮的經營管理也只能較保守地維持。臺灣光復後，地方寺廟的自然發展，因應地方政府相關民政、宗教法規的頒行，東隆宮的改建完成，迎王祭典也在民國四十一年（1952、壬辰科）恢復，先是用抽籤制產生大總理，經歷四十四年一科（乙未科）後，就在地方角頭的反對下，從四十七年（戊戌科）決定採行輪流制，由七角頭分別選出的頭人輪流擔任，確定仍是委由大總理統籌辦理平安祭典的相關事務，而整個祭典的經費與東隆宮平常

的組織並不相涉。

東隆宮的遷移、改建，乃是地方人士的眾人之力，不過特別熱心之士也擔負較多的責任，其中林庚申就因此在東隆宮成立管理委員會時，擔任主任委員，負責平常廟務的管理職務，當時即聘請七角頭中較熱心地方事務的頭人擔任委員，表示其為地方公廟的公眾性質，惟人數並不多，約只一、二十人，整個組織也不甚健全，主要是維持年例的例行性祭祀事務。這種組織形式延續到民國六十三年，由於林庚申在任上過世，乃暫由其子林雲騰代理；民國六十五年正式接任後，即在舊有管理委員會的基礎上，進一步組織為「祭典委員會」，並決定由第一屆委員會辦理整個迎王祭典的事務，將大總理籌辦制改變為祭典委員會辦理制，這是東港迎王祭典史上一個重大的轉變；而七十三年又進一步成立了「財團法人」。在東港開發的諸多族姓、族群間，經歷了錯綜複雜的歷史發展；從日本統治轉到國民政府統治期，由於採行地方自治以進行基層社會的政治運作，加以各地情況殊異的族群關係，因而形成地方派系，各依其情勢滲透於諸般地方公共事務中。本地也出現了派系的分和，從較早的林派與黃派為主力，逐漸衍變為林派與許派，這一種政治上的派系力量，多少也滲入東隆宮的管理運作中。「財團法人」的成員中基於平衡而和諧的原則，兩派俱有而林派較多，不過在迎王的祭典活動上卻是不分派系地推動進行。

從光復後先嘗試採用抽籤制選出兩科的大總理，然後即改變以輪流制產生，均委由大總理全權負責祭典事務的經費籌措，在「請王」以後管理委員會即將職務、經費交由大總理所籌組的組織負責，所有的費用多經由股份認股：這種題緣金一股伍佰元，凡要認股者即可自願參加，祭典後可分一塊豬肉、一個紅龜，並參加平安宴。類此籌募方式約可籌得四十萬元（當時幣值），由於當時祭典的規模較小，參加的隊數不多，故在祭典期間所有的收入大體多能收支平衡，若有不足之處即由股份貼補。由於經費所限，陣頭多由鎮內寺廟所出，約只三十餘隊，雖較日據時期十餘隊已明顯增多，但從大總理輪值籌辦制來看，所展開的祭典規模也不甚大，基本上只是在戰後臺灣經濟發展初期所進行的地區性祭典活動。

民國六十五年以後的發展變化情況，主要的是臺灣的經濟已經歷過初期慘澹經營的階段，展現出較活絡的經濟實力，剛好新上任的林主任委員，在經諮詢各方意見後，才大力改由祭典委員會承辦迎王平安祭典；而對於東隆宮的內部組織，則趁著在

民國七十三年東隆宮改建完成入廟時，也正式依政府的相關法令規定組成了「信徒大會」，由各角頭的熱心人士中選出信徒作為角頭代表，信徒為終身職經由法律程序始能登錄，人數固定約六十三至六十七人，信徒身故之後再行遞補，以維持其正常運作。再由信徒中選出熱心參與庶務者十五人，擔任董事，從董事中產生董事長；另有監事五人，再選出一人擔任常務監事。在這些董監事的產生過程中，基本上即是以林派為主力，也讓許派參與，經由地方派系的微妙運作，共同推動相關的公共事務，其任期四年一任，從七十三年第一屆起至今已經五屆。信徒代表將所有的事務多委由董事議決，而人數較多的信徒大會則較少召開，通常是一年一次，按政府的官方規定實施。

東隆宮在年例舉行的重大祭典活動，即是由董監事所管理的寺廟執事負責推動，其他各角頭則配合舉行。在宮內所奉祀的諸神明聖誕及相關歲時節日中，除了年例的千秋聖誕會有大大漢樂團的辦仙，並由諸善信自由祭拜外，較為隆重的凡有四大祭典：後殿最上一層有天壇，所以玉皇大天尊聖誕，在正月初八、九兩日都有演歌仔戲，另由東隆宮大大漢樂團辦仙。其次就是水僊（仙）尊王千秋聖誕，是在農曆十月初九、十兩日演戲辦仙。而中元普度法會則是年例中較為隆重的活動，在七月最後兩日，請道長啟建「一朝宿啟中元普度法會」，依例是由七角頭總理參拜。

主神溫府千歲的千秋聖誕是在農曆十一月初一，即在地人所謂的「王爺生」。在民國七十三年入廟以前，也只是依例演戲辦仙；從七十三年起才開始舉行較隆重的祝壽禮儀，分別由七角頭總理及東隆宮祭典委員會委員，依古禮由內司唱禮，班頭排班，樂團奏樂，分兩組向溫府千歲祝壽，採用的即是隆重的「三獻禮」。而另一傳承古例的即是演戲祝壽，從農曆十月底起，逐日由較早來到東港的四縣分同鄉會成員公演歌仔戲：依序於十月底為同邑（同安）同鄉會、十一月初一晉惠（晉江、惠安）同鄉會、初二南邑（南安）同鄉會；而霞漳同鄉會則在初三；其餘則是十一月初四造船工友會，初五八德、朝安漁船，初六東隆里漁船，初七電氣組，這些漁業團體較有經濟實力，可在四縣分之後優先演戲，並同樣享有將敬果擺設於內殿之權利；初八起才由一般民眾公演歌仔戲，至於其他團體則擇日自行參拜。

從東隆宮祭典組織的發展演變，可以理解地方人士對於公廟的參與，從清領至日據，原本是較屬一個鄉鎮型態自然發展形成的地方性的管理；光復

以後隨著政治的開放、經濟的繁榮，使其組織逐漸完備，因而在祭典委員會的大力推動之下，活動規模愈趨擴大，凡此都使得七角頭的參與感較高，在祭典委員會取代了大總理制之後，由於組織規模逐漸完備，使年例祭典與迎王祭典都有比較快速的進展，顯示其王爺廟的地位逐漸穩固，乃能成為南臺灣迎王祭典的代表之一。

【二】分層適任，各獻所能

根據社會學家研究中國社會的社會分層（social stratification），瞭解角色的納入層序中，構成高低有序的社會結構。楊慶堃就曾指出地方領導階層是傳統社會中的中等角色，這些仕紳、耆宿為社區中的頭面人物，他們在地方擔任行政系統之外的公共事務，類似寺廟、祭祀即為其中的要務之一（1989）。時至今日臺灣已進入現代社會而愈趨多元化，整個社會階層間原本緩慢的流動也漸趨快速，因而逐漸形成較為穩固的中產階層，但這些頭面人物之在當地社會中充任意見領袖，卻仍是一樣地重視在宮廟的祭祀事務上的表現。今之東港為一以漁業為主的漁、商社會，由此帶動相關的產業諸如水產養殖及加工出口。這些漁業及相關產業的人口，平常按照職務出海或在陸地辛勤工作；但是一旦碰到平安祭典的迎神賽會，大多仍會按照古例停止出海，積極參與投入祭典事務，而不必從事日常的生產事務，全心全力投入另一祀神的公共事務。他們需要遵守齋戒禁忌，專心一致地從事祭祀的相關事務，因而獲得精神上的滿足。在休閒行為上即形成餘暇社會學所說的「宗教性餘暇」，如果從宗教學的角度理解，他們在這段期間即是以身心潔淨的方式參與神聖性的職務。

整個活動推動的主力，除常設的東隆宮董、監事外，主要是由「東隆宮祭典委員會」綜理祭典事務的進行，從六十三年制訂〈章程〉選出五十一位委員，當初是由「本鎮七角頭中遴選熱心公益人士於王爺前藉神杯選定」，在民國六十五年第一屆首次接辦；至丁丑科第八屆時已增加為九十二名，由董事長林雲騰予以聘請充任，人數不定，端視實際狀況而增減，每三年一屆，於每科平安祭典結束後，隔年三月份產生，以便準備該科的迎王事務。委員會的主任委員由林雲騰兼任，並由委員中選出兩位副主委協助主委，而實際事務則分由四科擔任。委員會從籌備日起每月開會一次，或由主任委員召開臨時會，共同決定一切事務，推動祭典活動能如期進行。這個臨時性、義務性的組織，三年一輪，不過有經驗的都會一再參與，等到適當時機再行交出其實務，故至今仍能傳承一貫的經驗，順利完成全鎮所託付的大事。

東港東隆宮丁丑正科平安祭典委員會組織架構圖

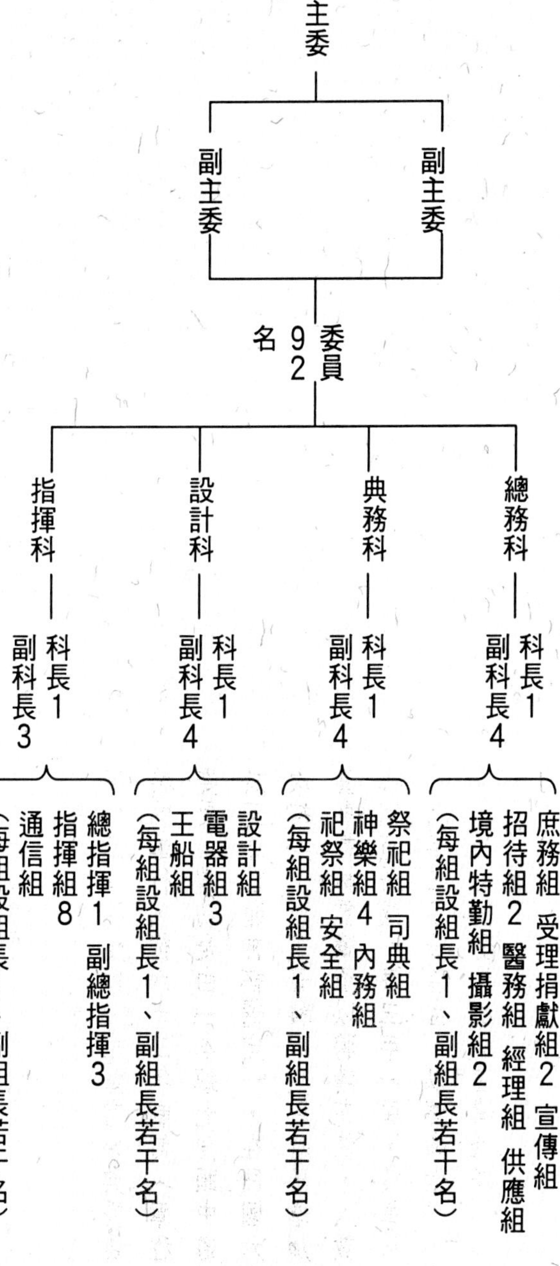

丁丑科在事務性工作上所分的四科是(一)總務科（科長鄭貴發一人，而副科長四人），下分庶務、受理捐獻、宣傳、招待、醫務、經理、供應、境內特勤、攝影等九組，每組有組長一、副組長二至五人不等，及視實際情況而有組員若干：專司各種文件紀錄、收發；祭典用品的統購、管理；捐獻款物受理、經費運用等，整個祭典的財務管理都由此籌劃、支配。(二)典務科（科長蔡明瑞一人，副科長四人），下分祭事、司典、神樂、內務、祀祭、安全六組，也是組長一人而副組長二至五人不等，並有多數的組員，乃是整個祭典活動的中樞，所有與祭典有關的裡外事務都由此掌握，從迎王到送王的程

序、王船的建造、遷移儀式；祀王的相關儀節等，均按照歷年的習慣傳承進行。㈢設計科（科長鄭添登一人，副科長四人）下分設計、電氣、王船三組，同樣是組長一人而副組長二至五人不等，及多數組員：負責境內所有的相關設備，從王府到街上牌樓、壇場佈置及王船建造等，其中蔡文化組長負責王船組而副組長達八人，組員也多達九十餘人之多，負責王船的建造完成，為東港鎮造船匠師義務奉獻的表現。㈣指揮科也是比較龐大的一科，除指揮科長許順龍一人副科長三人，又設總指揮（郭廷周）一人、副總指揮三人及執行長一人，共有指揮組八組及通信組一組，專責所有的繞境規劃、執行，請王送王的秩序維護，均需在事前先有完善的作業，才能讓整個活動順利、安全地完成。由於每科組都需要龐大的人力，因此祭典期間所投入的人口數眾多，行動力可觀，充分表現出地方人士以宗教活動團結、凝聚信眾的精神。

祭典期間所參與的祭祀性事務，實際擔任王府內外服務的，又以內司、神樂團與班頭為代表。在每一底層社會中的成員多會按其性格、興趣及專長，決定參與祭典中較直接服侍神明的事務，因此要自己許願又經王爺座前擲筊允准後才能成為正式的成員，常是世代相傳，若是不想繼續擔任也要請示神明，故累積的人數不少。主要的凡有文武兩團體：前者名為「振文堂」，為通曉儀禮、文疏的耆老、仕紳所組成的，約有二十六至三十六位，每科選出爐主一人，在宴王時擔任旗牌官，多嫻熟於王府內奉祀千歲的諸般儀禮。據云以往俱為秀才等讀書人所擔任，目前也多是由懂文事者，在祭典中身著清式長袍馬掛的禮服，行禮如儀，恪守禮節，通稱為「內司」。而後者則是著清式官衙差役的服飾，頭戴笠冠（班頭帽），腰間束帶，為「振武堂」，習稱為「班頭」、「差班」。原本較多下頭角的漁民，多許姓，也由族人任大班頭；光復後，參加者也漸多各角頭的人，就依例選出爐主一人，目前有一、兩百人。職司王府的值班、神轎的守護，在值勤時，手執溫王爺的板杯，口喝號令，負責排班守衛、傳令執刑；並在中軍府前排班為信徒改運、驅除邪祟。在繞境遊行時，班頭是頗引人注目的，排在先鋒官等人之後，其兩排次序是左右相對：大班頭之外凡有清道旗（其上掛鑼）、水（右）火（左）牌、紅（右）黑（左）鞭、藤條、貳板（板杯）、竹杯、大板、轉開共十九人，人多時就加板杯或持藤條一、兩組，陣容浩大，以示王駕護衛的威儀。此外尚有神樂組，俗稱「吹班」，負責王府內外的音樂吹奏，編屬典務科神樂組，早期只雇用兩三位吹手，聊作奏樂之用；現在已發展為四組八十餘人，男女俱有，平均年齡也越來越年輕，在祭典及繞境時均著綠色文士服、戴文士帽。在五科前只有三位吹班充數，民國七十一年郭水泉由於在軍中學習廣東樂，加上原有的漢樂，返鄉後即於王爺廟前許願訓練了一批神樂團，既可在內（祭典）使用細樂，也可在外（繞境）使用大吹。現在鼓勵國中男女生參加，使用樂器多種：弦類有南胡、中胡、高胡、大胡及三弦，並有洋琴；吹類有噴吶（俗稱噯仔）、笛子；及敲打的通鼓、角鼓等。能演奏祀神用的漢樂、廣東樂等，約有五十餘曲，莊嚴而文雅。類此文、武班的參加者，累代傳遞，其人數至今都已經有兩、三百人，成為迎神賽會中文武各適其能的表現機會。

振文堂成員通稱內司，身著長袍馬掛，在平安祭典期間擔任重要的祭祀性事務工作。

振武堂成員通稱班頭，人數眾多，多為父子、兄弟相傳，主要負責王駕的護衛工作。

神樂團成員身著綠色文士服，負責祭典期間王府內外的奏樂工作。

由於祭典組織是東港社會所共有的公共團體，凡有能力、有意願者都可自由參加，在擲筊後經王爺神示的認可，人神之間即建立了神聖的契約關係。類此社會參與感具象地表現在所穿著的制服上，從長袍馬掛的隆重禮服到普遍一式的工作服，都標誌著他們共同參與一項神聖的任務。大家根據古早至今的傳統習慣，各有職司以承擔其公共性事務，每科迎王期間，都在王府內外忙進忙出，以求共同完成一件世代相傳的大事。在東港也如同臺灣其他地區一樣，類此累代相傳的職務，使祭典區域內的居民有種一體感，經由三年一度的共同參與，共同體會聚落內共同體（community）的神聖生活，這是古之社祭到今之廟會的一脈相承處，也是其他世俗性的組織所無法完全代替、移易的社會文化功能。

東隆宮的祭典委員會即是以迎王祭典為主要活動，在每科送王後舉行平安宴，同時又從各角頭的代表中選出新一科的大總理、副總理及內、外總理等，由他們配合委員會開始執行新的迎王事務。這一基本架構自是成為推動平安祭典的主要動力，有時也會視祭典的需要另行聘請協辦委員，所以八屆以來，整個委員會隨著祭典活動的不斷擴大，其組織也日趨完備，人數也日益增多。在董監事、祭典委員彙集各科總理的經驗集思廣益之下，祭典行事及相關活動，無論是在迎王前的籌備，抑是迎王期間的進行過程，歷科以來都會再視實際情況而適度調整。類似這種準備工作及改變措施，都反映出東港的迎王正如民間的諸般祭祀活動，在不變中也仍有可變之道，特別是在近一、二十年來，祭典組織的較大變革，顯示東港整個社會活動力的增強，能夠適度因應社區文化的自覺與創新，在迎王的祭祀文化上仍是可以有新的創造性表現，使得祭典的相關活動豐富而多變化。

【三】籌募經費，運作祭典

東隆宮迎王活動的規模，從光復初期恢復祭典後直到五十年後剛辦完丁丑科，確是已發展為一種特大型的祭典，期間有兩大階段的變化，與推動祭典的組織形式及相互關聯的募款方式有密切的關聯。這種祭典經費的籌募又與戰後臺灣的經濟發展、東港的漁港經濟有關，從這段經濟發展的衍變過程，即可發現丁丑科的經費運用所反映的，正是當前東港及臺灣經濟實力的具體表現。

在大總理制的時期，從日治末、光復初直到民國六十二年（癸丑科），基本上是採取比較保守的方式，主要的經費來源約有三：一是自行募款，由各家戶題緣金；二是迎王期間（從請水後算起）所得，包括善信所添的香火錢、所獻的金牌及捐款；三則是貼補，由大總理或廟方視實際情況補貼。目前東隆宮尚保存有舊制末科，即謝丙寅擔任大總理的癸丑科收支資料（如附三張照片），在捐獻徵信表上，明白列出(甲)敬獻物品、(乙)捐獻現金、(丙)各里散緣及零捐獻、(丁)捐獻金牌，凡有四大項。從公告該科的收支情況言，合計為八十八萬四千五百一十九元，不僅可以支付各項費用，還在「貼補各機關團體一覽表」中，明確列出補助機關（如東港分局、鎮公所）、學校（東隆國小、東港國小），有七萬二千五百元，並有部分的「淨餘經費」，這是祭典後（十二月三日）即公告以求徵信的一些珍貴資料。由於民國六十二年以前——即謝丙寅擔任癸丑科大總理以前，東港也處於臺灣經濟的發展初期，整個社會的經濟力仍是處在和緩上昇的狀態，初期每科只有四、五十萬元收入，而至改制時，乙增多為八十餘萬元，但是由於規模不大又比較限於鎮內的宮廟，故在比較節省地支出情況之下，也就足以收支相抵且略有盈餘。

從民國六十五年採行委員制之後，基本上的經費來源其實仍是依賴題緣金、香火錢及捐款，不過由於組織的改變，祭典規模也越來越擴大，所需的經費也就漸趨龐大，因而在經費的籌措上也逐漸需要「開源」。這些費用中像王船一項，原本在民國六十二年（癸丑科）以前是紙糊王船，造價約五萬元；至此科改為木造後，初期由王船組自行籌募材料費（即木料），而廟方（祭典委員會）負責彩繪、雕刻部份。由於木船所需的費用較大，只靠籌募仍是不足的，所以從民國七十七年（戊辰科）起開始改變作法，使得王船提早製作、完成，然後開放

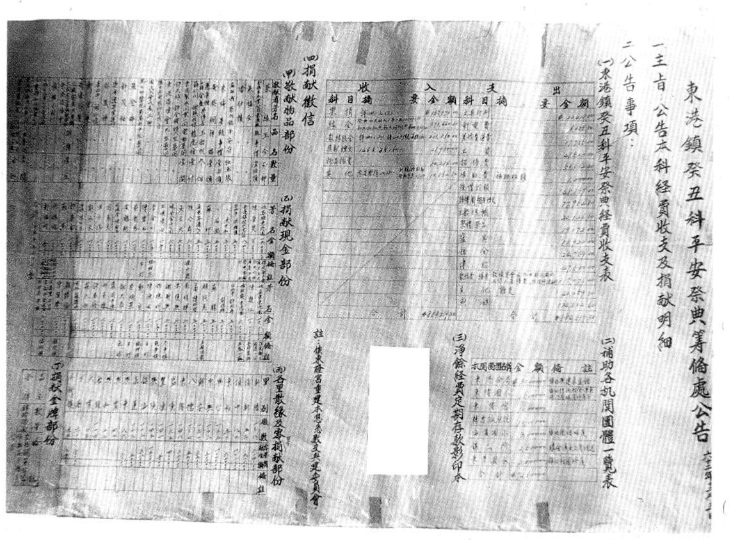
東港鎮癸丑科平安祭典籌備處公告
一主旨 公告本科經費收支及捐獻明細
二公告事項
(一)東港鎮癸丑科平安祭典經費收支表
(二)補助各機關團體一覽表
(三)淨餘經費定期存款影印本
(四)捐獻徵信
(甲)敬獻物品部份
(乙)捐獻現金部份
(丙)各里散緣及零捐獻部份
(丁)捐獻金牌部份

癸丑科平安祭典經費收支及捐獻明細公告

讓善信參拜，以此獲致捐款及販賣天庫等香火錢，就可以支付其全部的製作費用。

在祭典委員會下「總務科」統籌所有的開銷，基本上都是獨立地掌管收支，與平常廟方的收支並不相涉。在這種情況下，不僅可以彌平所有的開支，甚至都會有或多或少的盈餘。以民國八十年（辛未科）為例，由於該科迎王是在東隆宮慶成的「醮尾」之後舉行，所以在委員會的收支計算上固然分而為二，其實有些是相互重疊使用的。在醮典部份，油香收入有六佰餘萬元，其中包括鑑醮、斗首及各界題緣金等，在支出之後尚盈餘壹佰柒拾餘萬元，主要是用於醮典、演戲及期間的諸多開支；接下即為更龐大的迎王祭典，整個油香收入，包括題緣金、捐獻及販賣天庫、紙錢等；總收入達壹仟肆佰餘萬元，而支出部份主要的就是龐大的祭典用品、飲食、貼補各七角頭、王船、牌樓設置及戲金等，雖則活動天數多，項目亦繁，但在總體結算之後，仍然尚能盈餘伍佰餘萬元。從醮典、祭典的收支情況，可以發現從民國六十五年（丙辰科）到八十年（辛未科），十五年內整個收支都有快速的成長，這不只是台幣幣值的改變問題，而是轉變為祭典委員會制以來，適逢臺灣經濟成長的飛躍、本土民俗文化的深受重視與祭典規模的大幅擴大，凡此都足以刺激廟方舉辦逐漸趨於大型的祭祀活動。從七十七年（戊辰科）建醮到八十年（辛未科）的醮尾，其間只隔三年，而參與醮典的民眾仍是極為踴躍，故在一場醮事之後仍有約近兩百萬盈餘；進而帶動了祭典有高達伍佰萬肆拾餘萬元的盈餘，整個祭典是約近千萬元的經濟活動。

由於近十年來，臺灣經濟的高成長，景氣活絡也刺激了祭典活動的熱烈，各地的廟會之擴大規模，而多數有所盈餘，凡此都使相關的節慶、廟會熱絡地展開，廟方對於大型活動在衡量收支的情況下，由於不虞虧損而能增大其規模。東隆宮在民國八十三年（甲戌科）之後，更進一步進行了廟埕廣場的整理、與建，新建牌樓（山門）就在八十六年丁丑正科完成，再度採取了先醮典後祭典的模式。由於民間常有活動越辦越大的習慣，所以醮典擴大成為九朝，在鑑醮、斗首及題緣金等油香總收入達六、五九九、三九二元，開支部份主要是用於祭典費二、九二一、四九九元、道士勞務費一、八〇〇、〇〇〇元及其他食用、雜支，活動結算之後尚盈餘五一六、五一七元。在祭典部分則由於新建牌樓的吸引、文藝季活動的號召，使各方善信大量擁入，整個販賣部收入即達六、四五三、三七四元、油香收入四、二五九、九八九元，加上其他收入一、二

四五、六九一元，就有總數達仟餘萬元的收入，不過支出部分也擴大許多：廣告費二、六三七、三五0元、祭典費一、六一二、九0元、牌樓費一、三三六、五00元，及食用購物雜費四、二八七、一五九元、補貼交際一、四五六、二八四元、戲金五十三萬、道士費二十萬及其他相關工資、修繕等，總支出亦達壹仟柒佰捌拾萬元，由此可知一場祭典乃是一場花費頗大的經濟消費行為，只有社會上有足夠的經濟力、動員力，才能支撐這一種仟餘萬元的活動，這其中尚不計義務服務、家庭、角頭的開銷。

王船開放祭拜期間，不斷有信眾獻供天庫、金紙、手本等。

丁丑科平安祭典記錄信眾熱烈捐獻王船建造名錄的公佈欄

東隆宮迎王祭典史，從民國六十三年成立祭典委員會後，開始展現不同的祭典組織的活動力，從本科販賣部高達陸佰肆拾餘萬元的收入，就可理解管理委員會管理人（林雲騰）在力爭收回販賣部後，於民國六十四年三月二日向屏東縣政府稅捐處完成登記，使販賣部的可觀收入，在漸趨壯大的祭典經濟上站有關鍵的地位，由此可知在宮廟管理與經費開源上，有效規劃的經濟對於整個祭典的規模，其間密切的關係確是主事者與所有信眾共同開發的結果。這一科販賣部可觀的收入，主要的是祭典期間廟旁及王船旁各類天庫、金紙、手本等，隨著各方善信的熱烈參與，使祭典時的供桌、香爐常是香火繚繞；而王船火化時堆積四圍的紙錢、天庫如山一般，這些正是善男信女實際參與的熱烈表現。而請水、王駕繞境時的長列人潮，從各種總理、參事、顧問以至於隨香者，全部的油香錢也是可觀的收入。在這幅迎神賽會的圖像裡，狂熱的祭典人潮不管是鎮內或外來的，所象徵的即是社會力、經濟力的表現，只有這股熱潮才能夠使丁丑正科的醮典祭典是完全符合「社會」的原意。

總而言之，東港的地方角頭在臺灣社會轉型之後，將社會力具體表現在制度的轉變與創新上，使

祭典真正成為全鎮大事。從地方自治史考察東港的派系發展，早期有林派、黃派，後來才發展為林派、許派，東隆宮所成立的財團法人自是兩派俱有而林派為主流。不過祭典則是不分派系，祭典的經濟力、社會力的參與、凝聚，自是也不論其出身、派別，都能共同參與以表現地方凝聚力。由於投入之人力多、祭典之活動大，其吸引力也特大，始能創造高達仟餘萬元的祭典經濟力。類此祭典活動刺激經濟的原理，才能使迎王祭典從地方七角頭擴大及王爺信仰圈，也只有地方人士龐大的動員能力，才能承擔萬千民眾擁入擁出的盛況。在整個祭典的「迎神賽會」圖像中，千歲爺的帥旗、神轎，王船的雄偉之姿，而擁簇在旁、隨從在後的角頭轎班及隨香信眾，其實都是具體表明這是構成祭典經濟力的活力泉源，只有凝聚眾多的人力、財力才能創造這一幅「迎王賽會」的景象。

⊙本篇作者／李豐楙

平安祭典期間的代天府牌樓

【貳】陣頭傳衍篇

在傳統漢人社會內自古迄今，舉凡迎神賽會等宗教活動期間，往往少不了各項職業或業餘的遊藝陣頭的參與，也因為這些充滿了鄉土民俗宗教趣味的陣頭之參與，使得整個迎神賽會的慶典活動也因而生色不少，讓人除了領略到能在信仰守護神無以倫比的神威護佑下的特殊安全感外，亦能同時感受到慶典活動中宗教性休閒所特有的「非常」性熱鬧，以及其中所具有高度的娛樂性。

各地參與迎神賽會的遊藝陣頭中，往往會有職業或業餘的陣頭，較難能可貴的便是由當地居民所自行組織而成的自願性子弟團體。因為他們在信仰守護神的護佑下，感受到神祇對信眾本身無微不至的照顧與庇佑，為了酬謝神恩而發心籌組或加入此類義務性服務的宗教陣頭內。為了增壯神威，促使該神之廟會活動擁有聲勢，特意組成了浩大且熱鬧的陣容，因而鼓勵該信仰區域內之子弟親身參與宗教陣頭的活動。這也是民間信仰中心的守護神，促使社區成員集體動員的一種活潑的生命力與旺盛的凝聚力之展現，在廟會活動中信仰力量的運作，也促使平常日子裡原本各自忙於「日常」生計而疏於聯繫的社區成員間，在「非常」期間內讓彼此的情感為之再次緊密的凝聚與融合。

東港東隆宮所舉行的迎王平安祭典自清代以來便有悠久的歷史，而且每當三年一科的迎王期間，當地和外地也有許多的交陪廟多會出動神轎和陣頭，前來迎送代天巡狩的千歲爺，將整個東港鎮內從繁榮的商街到鄰近偏遠的農村地帶，妝點得熱鬧異常，勝過每年的過年與該地角頭廟或庄廟的小型廟會。也因為東隆宮主祀神溫府千歲靈顯非常，深植民心，而由其主辦盛大的迎王平安祭典之傳統，更促使整個東港地區所潛藏著的旺盛宗教活動力發揮殆盡，也促使該地大小角頭廟或鸞堂紛紛自行籌組各種陣頭，而各式陣頭的熱心參與，除了帶給東港居民和外來觀光客一種身歷其境的宗教活動洗禮外，也為東港和臺灣地區的宗教民俗活動留下了中國傳統宗教民俗活動延續發展的新見證。

【一】迎王陣頭，興衰始末

東港東隆宮每三年一科的迎王活動，促使東港鎮內分佈於各地域的廟宇與鸞堂，以東港地方三大信仰中心之一為由，而動員了各地里民甚至外鄉鎮的居民熱烈期待得以參與此項盛大的慶典活動。每當東隆宮迎王期將至時，屬於七大角頭的轎班組織與鄰近廟宇和鸞堂等，便紛紛準備與祭典有關的各項祭品與訓練活動，例如扛神轎的轎班成員的集合與訓練，或是各式陣頭的組織與訓練等，皆會在東港各個角落紛紛展開。

由於東港東隆宮的迎王活動始於清代，持續至日據時期二次大戰前稍有停頓，直到光復後民國四十一年才又再度恢復每三年一科的迎王活動，所以由本地居民為參與迎王活動所組織的陣頭亦有相當悠久的歷史。然而因為昔日各廟堂之執事人員或參與迎王陣頭的成員，多不太注重歷史資料的傳承與記錄，近年來亦少有為之作記錄的習慣，所以若要瞭解該地居民為了參與迎王所組織的陣頭之緣起與活動，目前就只能依賴有限的口述資料的補充加以追溯與重建其歷史。

東港吳朝進先生於《東港沿革與東隆宮溫王爺傳奇》中，曾於民國六十八年記載：遠近前來參加迎王繞境活動的各種香陣：包括八家將、十家將；十二駕司、二十四司；七爺、八爺、開路先鋒、宋太祖等等（巨大布裝神像）；五毒神、宋江陣、獅陣、弄龍；花和尚弄尼姑、駛犁歌、車鼓陣、美女蛤仔陣、公背婆、踏高蹺、兩牛相鬥、山地舞、俏老爺、南絃北管、大鼓陣、藝閣（只在鎮內自由行動）（吳朝進 1979:57；李豐楙 1993b:85）。

十八年後，我們再看參加東港迎王繞境活動的陣頭類型，已不復昔日的多樣性，主要的陣頭仍由東港居民所籌組，且大多是各類神將團，包括什家將、八家將、五毒大神、十三太保、護衛聖將、二十四司、十二家司、十三金甲戰帥等等，及少數宋江陣、白鶴陣而已；若屬外地來參加的陣頭，也只剩下大鼓隊（屏東馬正壇馬府千歲）、官將首（台北社子共和宮太子團）、大仙尪仔仙姑陣（新園鄉金主母娘娘）、什家將（鳳邑共善堂邢天王）、武當山宋江虎爺陣（屏邑北極殿）而已。

由於東港有悠久的迎王傳統，所以由東港各地域所自行籌組的陣頭也不少，然而隨著時間的流逝，以及社會變遷和種種人為因素的影響下，導致每科迎王活動中出現的陣頭迭有變化。昔日東港曾出現過蜈蚣陣，但於民國五十年參加最後一次迎王祭典後，便因兒童招募不易而解散；頂頭角東隆壇（主神江府千歲）在清代時曾組織小操隊參加迎王活動，卻在光復後因老輩日益凋零而逐漸解散；位於安海街的東港公廟之一的福安宮（主神福德正神）也曾有過南管福安閣，但在十多年前也因為缺乏藝師指導而解散。

鄰近屬於農村的下廍一帶，庄民曾經組織過龍陣、獅陣和大鼓陣，但龍陣和大鼓陣早已解散，只

剩下成立於清代的獅陣參加過較多科的迎王活動，但因農村區曾停止三科的活動，成員便日益散去，且在數年前也因現代年輕人較難管教，出陣易與外人發生衝突而難以維續，目前獅頭和兵器皆存放於公廟建安宮（主神清水祖師）內。

又東港鄉下地區的下廍、大潭、三西和等農村區，曾因迎王活動的分擔金額與東隆宮執事者未達成協議，故東隆宮決議迎王繞境不經農村區有三科之久，期間這些農村區的宮廟僅以神轎參與迎王活動，而未訓練既有的陣頭參與出巡，後來三西和等農村願意配合街內由各家戶認股的方式，以參與恢復繞境，這才於上一科（民國八十三年）恢復出陣頭參加迎王的傳統。

鎮內八德里香吉堂（主神田府元帥）的嚴清府盛府千歲駕前五靈聖將陣，原本在上一科迎王還有出來，但此科卻因成員在迎王期間受傷，而向廟方執事人員申請傷藥經費時發生誤解，因而本科就停止練習。特別是本科迎王繞境隊伍的排列順序，東隆宮的主事者決議將神轎（屬甲隊）和陣頭（屬乙隊）分開抽籤，使香吉堂的執事認為人數不夠，無法分出前後兩班人來參加，因而只出神轎而已。

至於位於船頭里的心德堂（主神中壇元帥）上一科迎王也出過十三太保陣，此科卻因為八十五年東港朝隆宮天上聖母出巡繞境時，傳說參加繞境的八德里靈隱宮之乩童發乩以法器劈傷頭部住院，卻被誤傳為是心德堂的乩童發乩劈死了，而主辦此科迎王繞境活動的東隆宮主事者，不鼓勵此種行為但又未向心德堂求證的情況下，便決定拒絕讓他們參加，甚至遊行路線也改變而不行經該堂，經心德堂堂主發現抗議後，認為事先不受尊重而同時拒絕出十三太保陣和神轎，所以便退出此科的迎王活動。與此一情形類似，而被東隆宮廟方拒絕參加迎王繞境的，也包括一些外地的陣頭，例如出陣過程中與外人發生肢體衝突，或不聽廟方管束規勸的，所以連外來陣頭的參與類型也在減少中。

因此民國八十六年丁丑正科的迎王平安祭典中，實際參加迎王繞境活動的報名隊伍，雖然甲乙兩隊合計至少一百一十二隊，然而除了絕大多數為神轎隊外，僅有數十隊為陣頭形式，但參與的陣頭類型同質性相當高，多數比例為武陣形式，文陣的比例相當少，其中由東港子弟所籌組的陣頭，僅有十九個陣團而已，而且清一色皆為武陣的形式，這在臺灣民間廟會慶典活動中就參與陣頭的類型而言，是相當罕見且特殊的。

由上述本地外地共同參與東港早期迎王陣頭的類型原本非常多元，包括文陣、武陣、及其他趣味

性陣頭的形式，然而發展到晚近，迎王陣頭的類型與形式卻相當單純，而且現今東港子弟所組成的迎王陣頭皆為武陣形式，可知東港的迎王陣頭在發展史上有其特殊的地域性傳承特色與喜好傾向。東港由早期的宋江陣發展到以各類神將團居多數的狀態，而且境內各廟堂又隨其信仰與組織的發展需求，而陸續組織各種新式的神將團，積極參與東港每三年一科的迎王繞境活動，展現出地方上涵蓋各種年齡層的信眾與居民，特別是青壯年與青少年這兩個年齡層的子弟，親身投入迎王慶典為期數天的繞境活動，展現出他們對於地方上非常神聖性的盛大宗教慶典活動之虔誠信仰與凝聚力。

【二】迎王慶典，陣頭紛立

參加民國八十六年東港東隆宮丁丑正科迎王活動，並由東港鎮居民所籌組的各類陣頭，實際參與迎王繞境的動態活動者，僅為十九團（不包括迎王期間參與祀王的靜態表演之音樂性陣頭），凡包括下頭角宋江陣、船仔頭福安宮宋江陣、內關帝保安寺宋江陣、大潭新庄保安宮宋江陣、汕尾舊嘉蓮宮白鶴陣、頂中里共意堂什家將（共善堂）、三塊厝共心堂什家將、東隆里共和堂五毒大神、盛漁里共明堂五毒大神、八德里同安堂八家將、大潭保安堂八家將、福龍堂杏府千歲駕前八家將、埔仔角鎮靈宮十三太保聖駕、下頭角東福宮二十四司、豐漁里聖德宮十二家司、朝隆聖堂天上聖母駕前護衛聖將、碧靈堂徐府三千歲駕前三叉五大神將、溫府正修堂御前聖將、豐隆堂十三金甲戰帥等陣頭。此外，地主廟東隆宮為了平日神誕祭祀獻樂、迎王繞境與祀王宴王時氣氛營造的需要，也特別組織了一陣文陣的音樂性陣頭——東隆宮大漢樂團，積極的參與各項廟會活動，貢獻良多。

上述二十個陣頭中，僅有最末一陣為文陣形式，其餘十九個皆為武陣的形式，而且唯一的文陣還是地主廟東隆宮所出資組成的陣頭，屬於既定參與迎王的溫王隊中，不在參與迎王廟壇的報名隊伍中，是較為特殊的地方。至於由東港子弟所籌組的十九個武陣的陣頭中，又可依照其類型細分為宋江陣（白鶴陣）和神將團等兩種不同的大類型，且其成立的先後與特色也各自不同，大致可知東港宋江陣成立的歷史較早，但發展到後來則以神將團居多數。

若將上述十九個參與民國八十六年該科東港迎王平安祭典繞境活動的當地陣頭依其成立年代順序大致可以排列如下所示：

陣頭名稱	隸屬廟宇或鸞堂	主祀神	陣頭成立年代	隸屬廟宇之里別
下頭角宋江陣			清代	下頭角
船仔頭宋江陣	福安宮	福德正神	民國初年	船頭里
汕尾白鶴展翅陣	金茄萣港舊嘉蓮宮	朱府千歲	民國十一年	嘉蓮里
內關帝宋江陣	保安寺	觀音佛祖	日據	興東里
大潭新庄宋江陣	保安宮	保生大帝	可能日據	大潭里
共意堂福州白龍庵五福大帝駕前什家將	共意堂（共善堂）	邢府千歲	可能民國十多年	頂中里（頂中街）
共和堂欽點五毒大神	共和堂	邢府千歲	約民國二十一年	東隆里（安海街）
共心堂福州白龍庵五福大帝駕前什家將	共心堂	邢府千歲	民國四十四年	興漁里（下頭角）
城隍廟二十四司	東福殿（東福宮）	城隍爺（境主公）	民國四十四年	盛漁里（下頭角）
鳳山寺廣澤尊王十三太保聖駕	鎮靈宮	文衡帝君、李府千歲	民國四十四年	新勝里（埔仔角）
同安堂八家將	同安堂	吳府千歲	民國四十多年	八德里（安海街）
聖德宮姚府四千歲駕前十二家司	聖德宮	姚府四千歲	民國五十三年	豐漁里（下頭角）
保安堂福州白龍庵五福大帝駕前八家將	北極殿保安堂	玄天上帝	民國五十六年	大潭里
湄洲朝天閣天后元君駕前護衛聖將	朝隆聖堂	天上聖母	民國五十六年	朝安里
共明堂欽點五毒大神	共明堂	邢府千歲	民國六十八年	盛漁里（下頭角）
徐府三千歲駕前三叉五大神將	碧靈堂	徐府三千歲	民國七十一年	東隆里（安海街）
杏府千歲駕前八家將	福龍堂	海坪關蔡府千歲	民國七十七年	盛漁里（下頭角）
溫府千歲御前聖將	溫府正修堂	溫府千歲	民國八十年	東隆里（安海街）
北斗星君統兵府楚府千歲駕前十三金甲戰帥	豐隆堂	天上聖母	民國八十三年	豐漁里（下頭角）

下頭角宋江陣

汕尾白鶴展翅陣

船仔頭宋江陣

內關帝宋江陣

大潭新庄男宋江陣

共和堂欽點五毒大神

大潭新庄女宋江陣

共意堂（共善堂）福州白龍庵五福大帝駕前什家將

共心堂福州白龍庵五福大帝駕前什家將

鳳山寺廣澤尊王十三太保聖駕

城隍廟廿四司

同安堂八家將

湄洲朝天閣天后元君駕前護衛聖將

聖德宮姚府四千歲駕前十二家司

共明堂欽點五毒大神

保安堂福州白龍庵五福大帝駕前八家將

徐府三千歲駕前三叉五大神將

北斗星君統兵府楚府千歲駕前十三金甲戰帥

溫府千歲御前聖將

東隆宮大漢樂團

杏府千歲駕前八家將

上述東港自組的十九個參與八十六年迎王繞境活動的陣頭類型中，十九個陣頭皆屬於武陣形式，除了五團可歸為宋江陣（包括小操隊白鶴陣）的形式外，其餘十四團皆屬神將團之類，其中除了典型的什家將兩團、八家將三團外，其他則是較為罕見的各種神將、聖將、戰帥等。欠缺文陣的參與，是東港迎王陣頭的特色，原本隸屬於文陣的僅有一團，即東隆宮大漢樂團（神樂團），但它不算在報名的陣頭內。

其中可以確定成立於清代的陣頭只有下頭角的宋江陣一團，接著發展到日據時期則有六個陣頭陸續展生，包括船仔頭宋江陣、汕尾白鶴展翅陣、內關帝宋江陣、大潭新庄宋江陣、共意堂福州白龍庵五福大帝駕前什家將、共和堂欽點五毒大神，其餘十三個陣頭則皆於光復後陸續成立與組織。

若以陣頭成立的緣由幾乎都是為了配合東港公廟東隆宮迎王平安祭典的活動而來，皆成立於該科迎王的年份，東港各地居民為了促使每三年一科的迎王活動能夠更加熱鬧，而紛紛起義籌組相關陣頭，然而由東港陣頭類型的發展看來，清代至日據時期的東港，參加迎王繞境活動的八個團皆為武陣形式，其中宋江陣（四團）和小操隊（二團）合計則高達六個之多（包括東隆壇的小操隊），但皆屬三十六人的小型宋江陣或小操隊，另外則僅有一團什家將和一團五毒大神而已。

然而發展到光復後，動員人數較多訓練期較長的宋江陣則依然維持原數四陣，小操隊則僅剩一團，而且沒有隸屬新的廟壇之宋江陣產生；反倒是動員人數較少訓練期較短的神將團一直在陸續增加中，光復前原本僅有兩團而已，發展到光復後卻增加到十四團（含民國八十六年沒有參加的香吉堂五靈聖將和心德堂十三太保陣）。

至於東港鎮屬於音樂性的陣頭，原本至少有過四個南管團，包括崙仔頂鎮海宮的南管戲仔唱，和姓許仔一帶的南管天子門生、安海街福安宮的南管洞管福安閣、以及南管鳳翔閣，但迄今僅剩崙仔頂鎮海宮的南管戲仔唱還維續著社團的活動力，其餘三團皆已於光復後陸續解散，而且這些音樂性的陣頭似乎並沒有參加迎王繞境活動的傳統，而僅於輪到該角頭轎班祀王時才到代天府內演奏而已。而另一類綜合北管吹班的東隆宮大漢樂團（神樂團）則遲至民國七十一年才正式成立，但此大漢樂團則屬於東隆宮的既定組織之一，當然需要參與地主廟所主辦的迎王活動，其參與迎王繞境的活動形式，不似其他廟堂之陣頭需要報名抽籤。

若以所成立的陣頭與其聚落的地緣關係來看的話，可以明顯的發現成立於東港七大角頭中下頭角範圍內的陣頭數目最多，包括下頭角宋江陣、共心堂什家將、城隍廟二十四司、聖德宮十二家司、共明堂欽點五毒大神、福龍堂八家將、豐隆堂十三金甲戰帥等七陣；其次是分佈於七大角頭中的安海街一帶，包括共和堂欽點五毒大神、同安堂八家將、碧靈堂三叉五大神將、溫府正修堂御前聖將等四陣；再其次是分佈於東港農村區的陣頭，如大潭保安宮的男女宋江陣、保安堂的八家將、與東里內關帝保安寺的宋江陣、船頭里福安宮的宋江陣等四陣，其餘則散佈在七大角頭中的埔仔角鎮靈宮十三太保陣、以及非七大角頭內的嘉蓮里的白鶴陣和朝安里朝隆聖堂護衛聖將等。

【三】迎王陣頭，神將居多

東港子弟所籌組的十九個武陣的陣頭中，依照其類型細分為宋江陣（白鶴陣）和神將團等兩種不同的大類型，且其成立的先後與特色也各自不同，大致可知東港宋江陣成立的歷史較悠久，早於清代便已開始，繼而日據時期才有神將團的出現，但發展到光復後則以神將團佔絕大多數的比例。在東港地區雖然隨著時間的流逝，參加迎王繞境活動的陣頭有的會日漸消失，但由東港的陣頭發展史看來，光復後的數十年間也有許多新的陣頭陸續在產生，歷史最短的成立僅四年之久，所以可見東港陣頭形式的發展與演變，近年更有蓬勃發展的趨勢，這是相當可喜的現象。

❖ 陣頭類型，神將為主

以參加八十六年該科的迎王活動之東港陣頭看來，其類別包括宋江陣四陣、白鶴陣（小操隊）一陣、白龍庵五福大帝駕前什家將兩陣、白龍庵五福大帝駕前八家將三陣、五毒大神兩陣、十三太保陣一陣、城隍廟（東福殿）二十四司、聖德宮姚府四千歲駕前十二家司、天上聖母駕前護衛聖將一陣、徐府三千歲駕前三叉五大神將一陣、正修堂御前聖將一陣、十三金甲戰帥一陣，上述十九個陣頭皆有參加迎王繞境活動。若以其類型而言，大致可以蓋分為兩類：宋江陣和小操隊、神將團：

⊙ 宋江陣和小操隊

光復前東港成立的陣頭中較多是屬於宋江陣和小操隊，宋江陣和小操隊皆為三十六人的基本成員，所使用的兵器相當接近，基本差異是宋江陣除了再加持頭旗者一名外，三十六名成員是由持雙斧者帶頭，而小操隊除了持頭旗者外，則是由持大刀者帶頭。東港所成立的宋江陣和小操隊中，僅有歷史最悠久的下頭角宋江陣出兩陣身著古裝且有開臉的習俗，其餘的宋江陣皆採素面表演的方式。又多數宋江陣團員主要是由男性所組成，較特殊的是大潭新庄有男女兩陣宋江陣，但因女性體力有限，所以一律以持齊眉棍為主要兵器，不像男性宋江陣的成員，除了學習不同兵器的操練外，還要學習打空拳的武術根基。

至於供奉的守護神各團之間亦有地域性的差異，有的宋江陣供奉田府元帥（即田都元帥）如下頭角和內關帝二地，有的則供奉宋江爺，如船仔頭的宋江陣；有的小操隊則供奉小操王爺，如頂頭角東隆壇的小操隊，但汕尾舊嘉蓮宮的小操隊白鶴展翅陣則供奉廟方主神朱府千歲。

不論是宋江陣或小操隊二者基本上則源自清代

以來地方民防之團練組織，日常農餘閒暇時訓練武術強身，若有遇地方廟會迎神賽會則出陣熱鬧慶祝，倘遇盜匪作亂時，則可做為村域性的防禦性組織，以保護地方居民身家財產的安危，這也可弭補清代官方駐防地方兵力的不足。而今宋江陣與小操隊（白鶴陣）的組織則失去防禦盜匪的功用，而屬增加廟會熱鬧與日常練武強身的作用。

⊙神將團

至於東港多數的陣頭神將團，則是屬於宗教性的陣頭，多由青少年和青年成員裝扮各種相關的神將，這類以人扮神的神將團，皆屬某某神祇的駕前，其出陣時往往會以淨香開臉使神靈入身，故被信眾視為協助某某神明出來辦案行醫濟世，因而神將們具有高強的特殊法力與佈陣，可以驅瘟逐疫、掃除邪祟或拘捕陰邪，故可為信眾居家安危帶來平安順遂的生活，所以他們除了做為神祇駕前或護衛外，亦可為信眾淨宅、改運，或開廟門除陰邪等任務。

不論開臉當日提前為信眾淨宅，或是繞境途中為信眾改運，或抵達行經廟宇的各種參拜陣法之展現，信眾由不同神將團間繪著各種奇異油彩的臉譜，和他們身上穿著的華麗戰甲與各色服飾、頭飾，以及手上的羽扇和各種兵器，到他們參拜廟宇時所展現的各種佈陣與動作，尤其是被神明附身時的特別強而有力的身段變化，極為引人注目，相當能帶動迎王活動的觀賞高潮。

❖神將團中，百技競陳

東港所成立的眾多神將團中，最早出現的是什家將，這是成立於日據民國十多年的共意堂什家將（即共善堂），主祀神為邢府千歲，源於台南市赤崁樓旁的共善堂，而其家將團的系統也與台南相同，皆屬源於福州白龍庵五福大帝駕前的家將系統，但有什家將和八家將的系統之別，其差異僅在什家將比八家將多了文判與武判二位，而八家將一般則由前四班（甘爺、柳爺、大爺、二爺）與後四季（春神、夏神、秋神、冬神）等八位所共同組成。

但東港第一團的共意堂什家將之組成身份卻與上述的稍有出入，差別在於前四班中所謂的大爺二爺非別處所常稱的謝將軍（七爺）和范將軍（八爺），而是指陳大爺和沈二爺，但所持的法器則類似，分別為魚尾叉和方形虎牌。東港的家將團別於外地家將團之處，也在於東港習慣稱前四班中穿白衣高個的差爺為大爺，而著黑衣矮個的差爺為二爺，不同於外地習稱的七爺、八爺。

有趣的是，東港有四間供奉邢府千歲的鸞堂，皆源於日據時期成立的共善堂鸞堂組織中，例如首先由共善堂之部份鸞生分出來另外成立的是共和堂，但他們卻於民國二十一年成立欽點五毒大神的陣頭，而非家將系統的陣頭，據說五毒大神是由邢府千歲向五福大帝中的劉部帝（或稱劉部堂）所商借來的，五毒大神平日並不在廟中，而是他們有特殊需要才呼請下來，例如要開廟門、鎮壓地方邪祟、或參加東港迎王活動時。日據時共心堂又從共善堂分出來，但他們則於民國四十四年成立什家將的陣頭，並由學自共善堂的老鸞生來指導動作與腳步。到了光復後共心堂的鸞生再出來，另外成立共明堂，但共明堂於民國六十八年成立陣頭時，則組織欽點五毒大神陣，而非家將。

所以四間同一系統淵源，且主祀神皆為邢府千歲的鸞堂中，有兩間是成立什家將的陣頭，另外兩間則成立欽點五毒大神的陣頭。其中因人事不和而於日據時期便由共善堂分裂出來的共和堂，似乎有意與共善堂的什家將互別苗頭而成立欽點五毒大神陣，稍後分出來的共心堂，因與母館共善堂的鸞生關係仍佳，所以毫無忌諱仍成立什家將。至於最晚由共心堂分出來的共明堂，因為東港已另有其他鸞堂也陸續組成八家將，為了觀賞的特殊性，所以才組成與共和堂相同的五毒大神陣，而東港陣頭中也僅有兩團是由較年幼的小孩所裝扮的五毒大神陣，和兩團由幼小孩童裝扮的十三太保陣，其餘多是由較年長的青少年所裝扮的各式神將團或聖將團。

由於丁丑年該科迎王活動結合文建會推動的文藝季活動，由常民文化學會承辦，因而有十一個東港陣頭與一外地陣頭，共同參與提前於東隆宮廟前的特別表演，這些陣頭分別是共意堂什家將（共善堂）、下頭角宋江陣、共和堂五毒大神陣、碧靈堂三叉五大神將、船仔頭宋江陣、鎮靈宮十三太保陣、聖德宮十二家司、汕尾舊嘉蓮宮白鶴陣、溫府正修堂御前聖將、豐隆堂十三金甲戰帥、大潭保安宮男女宋江陣，以及潮州天營宮五虎將等。

由於神將團是由真人扮演神將的宗教性陣頭，且神將一般皆為某某神祇駕前的護衛或部屬，協助神祇共同執行搜捕拘拿嫌犯或邪祟等的宗教性任務，最終目的便是協助神祇維持境域的潔淨，共同完成合境平安的神聖性職務。因而各類神將團隨著各廟堂的執事者，便各自發展出自己的訓練方式、陣法與裝束、法器與特徵，而參與迎神賽會的活動時，便是各陣團紛紛展現平日訓練與組織活動的最佳競技場合，這也是中國古代民間「社會」傳承的生命力之展現。

由目前東港自行籌組的十九個參與民國八十六年迎王繞境活動的陣頭類型中，十九團皆屬武陣形式，除了五團可歸為宋江陣（包括小操隊白鶴陣）的形式外，其餘十四團皆屬神將團之類，在神將團中屬於典型的家將團共有五團（什家將兩團、八家將三團），其餘則是相當罕見的各種神將、聖將、戰帥等，這也是東港陣頭發展史上頗具地方特色之處。

而自清代日據以來歷史發展較久的東港宋江陣和白鶴陣，則數目減少成五團，光復後也沒有新的區域發展出新的宋江陣，而他們多數皆維持宋江陣最基本的人數，即三十六人為一基本陣的形式，這也是所有東港陣頭中動員人數最多的陣頭類型，這在現代社會發展趨勢下，則是相當難得的，多數陣頭則是位於農業區，故能動員較多的人口，而下頭角則是動員較多的漁民於休閒期參加活動。其中下頭角宋江陣可以動員兩陣男性成員（共七十二人），以及大潭保安宮的宋江陣於光復後籌組為男女兩陣宋江陣，使得庄內未婚的女性和家庭主婦皆有機會參與迎王繞境活動。

東港居民自組的陣頭中仍在活動且可以確定成立於清代的陣頭的只有下頭角的宋江陣一團（頂頭角東隆壇小操隊亦成立於清代，但已廢），接著發展到日據時期則有六個陣頭陸續展生，包括船仔頭宋江陣、汕尾白鶴展翅陣、內關帝宋江陣、大潭新庄宋江陣、共意堂福州白龍庵五福大帝駕前什家將、共和堂欽點五毒大神，其餘十二個武陣，皆於光復後為因應迎王活動而陸續成立與組織。

綜合上述，東港居民籌組的陣頭中，屬於音樂性的陣頭相當少，原本當地也有南管、大鼓陣、北管吹班等組織，於今只剩下崙仔頂的南管戲仔唱和東隆宮大漢樂團兩團，這兩團的成員中也包括男女兩性的成員，不同於男性成員為主的神將團，至於宋江陣多數仍呈現招募男性成員加入為主的現象，僅有一團也徵集女性成員的參與，這是較為特殊的。

而東港音樂性的陣頭，極少做為參與迎王繞境活動中的陣頭，主要多在於廟會祭典活動中較靜態的音樂之演奏或熱鬧時用，而在迎王期間於代天府內祀王時，音樂性的陣頭便會入內演奏，敬獻給千歲們聽，也讓現場顯得較為熱鬧，充滿節慶的氣氛。崙仔頂的南管雖然歷史悠久，但只在祀王時才到代天府內演奏，不參加迎王繞境。而東隆宮的神樂團雖然成立歷史短，卻因成員為數眾多，可分為內務組與外務組，分別參與東隆宮或代天府所需的音樂演奏用，以及迎王繞境時之沿途演奏，來增加活動期間的熱鬧氣氛，也讓更多懂音樂的東港居民，可以更實際的參與迎王的熱鬧活動。

不論是南管團、大鼓陣或是大漢樂團，多需依賴平日長期的訓練，才得以熟悉演奏的技巧並發揮樂曲的旋律與韻味，所以較難學習。加上現代化工商社會的變遷，產生許多現代化的休閒娛樂與形式，更加促成願意學習傳統音樂的人口日益減少，而在音樂類型中被稱為現代國樂和廣東音樂的，相較於更傳統的南北管而言，則又顯得較有年輕一輩的人願意接近與學習。也因為音樂性的陣頭較難學習，且需要性情較文靜的青壯年和青少年才有興趣學習；至於宋江陣和神將團的學習，則因較符合現代化的快速節奏，容易練習，經短期集訓就可上場表演，所訓練的功夫架勢與各式陣法，極易滿足青少年年輕好動的心與強烈的表現慾，這也是東港漁業生態為主的市鎮居民較易展現的性格，因而願意學習神將團和宋江陣的子弟們便成為東港迎王陣頭的主要特色。

若與民國六十年代東港迎王活動中所出現的陣頭類型相比較，可以明顯發現現今東港迎王陣頭的類型相當類似，皆為武陣形式，至於其他的趣味性陣頭則不復見。由於東港的迎王繞境活動中，仍保留步行為主的傳統（除非繞行較遠的農區，陣頭才會局部以車代步），不似較接近都市化的區域日漸改以車子代步，而在現代化工商社會發展趨勢下，參加傳統式文陣的人口亦陸續減少中，所以不易籌組足夠的人手參與冗長的迎王繞境活動。

至於武陣的形式較容易籌組，則與現代化工商社會的快速變遷有關，青少年正值活潑好動的青春期，多數缺乏耐心學習音樂性的陣頭，倘若是與練武強身有關的陣頭活動，且訓練期較短，可以短期便上場表演，滿足青少年的表現慾，並可在同儕間突顯出來者，則較容易接受而願意參與，而廟方的執事人員對於只需動員一、二十人的陣頭類型，也會認為較易籌組，加上神將團開臉後被視為彷如神駕親臨，並具有掃除妖魔，拘拿邪祟的宗教性功能，這也是滿足青少年擁有神聖性的榮譽感之主因，因此東港後來會發展成各式神將團居多數的現象。

⊙本文作者／李秀娥

〔參〕王船建造篇

在鎮海里海邊，隨著主桅桅杆的火化倒下，東港地區三年一科的迎王平安祭典就此告一段落，而耗資數百萬元所建造的精美華麗的王船，也在一、兩個小時大火燃燒之下化為灰燼，正式送走了代天巡狩的五位千歲爺。經過了長達數個月之久的忙碌準備，以及為期八天的辛勞熱鬧，東港地區終於再度恢復了平靜，三日之後各行各業也都回到「平常」的作息。但迎王送王時的狂熱景象，卻似乎久久仍停留在人們的腦海之內，歷歷如昨。而期待下一科「平安祭典」再度來臨的氣氛，也彷彿又開始在眾多東港人的心中醞釀。也難怪東港本地人幾乎異口同聲的表示：出外的東港人過年可以不回來，但迎王一定要回來。

每逢黃曆丑、辰、未、戌年就有三年舉行一次的「東港王船祭」——迎王平安祭典，近年來在眾多媒體與民俗工作者的報導之下，已成為南台灣最負盛名的民俗信仰活動之一；而在整個東港王船祭的祭典活動過程中，尤其又以王船的繞境與火化最受矚目，建造得體型巨大精美、裝飾華麗的王船，更是吸引著來自全省各地的香客與觀光客，故多年來「東港王船」已成為迎王平安祭典的視覺焦點，也是東港人在魚獲之外最大的驕傲，因此二十餘年來在王船建造上的成績使得東港博得「王船故鄉」之美譽。

東港王船祭中的王船，發展建造出現行的造型與規模，是從民國六十二年開始，迄今不過四分之一個世紀的時間，但由於東港地區具有歷史悠久的造船工業傳統，再加上包含造船匠師在內的東港人對於地方守護神溫府千歲的虔誠信仰，使得東港王船的建造成為全台有名的事例，更成為其他具有送船習俗地方所學習參考的典型。

【一】造船匠藝，傳承古意

「船」是人類社會自古以來最重要的水上交通工具，因其具有會隨著水流或風力的作用而漂離自己所屬的「境」域的意義，而在傳統漢民族宗教信仰中，即存有將具有實用功能的器物轉化為巫（法）術性法具的一貫思維習慣，故「船」也從具有實用功能的交通工具地位，被轉化為具有「逐疫」功能較常使用的法具，此類具有法術性的船具即稱之為「法船」（李豐楙 1993b:38）。這種基於法術上需要的「法船」，其形式與材質、大小一般有茅草結的茅船、紙紮（糊）的紙船、木造的木船或紙木

合造等，視當地自然、人文環境而定。大體而言，凡濱水（江河、海洋）地區法船的形式較近真船，而無江河、海洋者，通常只是象徵性的將船放流於湖泊或水池，船的形式也較簡略、縮小許多。法船在早期的傳統信仰習俗中，通常都用於送逐瘟疫，故又稱為「瘟船」；但閩臺地區由於法船為王爺（千歲爺）所乘，故稱為「王船」（同上引）。東港地區三年一科舉行的迎王平安祭典（王船祭），即為此王船文化的活動之一，也是台灣王船信仰中相當重要的一支，民俗界通常將之與台南縣西港鄉的王船信仰相提並論，而有「北西港南東港」之稱。

關於本省送瘟船的習俗，最早的史料見於清康熙五十六年（1717）陳夢林修《諸羅縣志》〈卷八・風俗志〉中的記載：

> **斂金造船，器用幣帛服食悉備；召巫設壇，名曰王醮。三歲一舉，以送瘟王。醮畢，盛席演戲，執事儼恪跽進酒食；祭畢，乃送船入水，順流揚帆以去。或泊其岸，則其鄉多厲，必更禳之。相傳昔有荷蘭人，夜遇船於海岸，疑為賊艘，舉砲攻擊，往來閃爍；至天明，望見滿船皆紙糊神像，眾大駭；不數日，疫死過半。近年有輿船而焚諸水次者，代木以竹，五采紙褙而飾之。每一醮動數百金，少亦中人數倍之產；雖窮鄉僻壤，莫敢悋者。**

方志中所記載的造船送船等行為，是台灣民間傳承自閩、浙一帶古老的習俗，由描述中亦可發現：最早的船是木造的，以送流於海的「遊地河」方式送船；到了清初時則有以紙與竹骨糊製裝飾的方式造船，而採焚於水次的「遊天河」方式。類似的記載亦見於康熙五十九年（1720）陳文達修的《台灣縣志》〈卷一・風俗雜俗〉中，是目前台灣各地送王船的早期實況（同上引:42-43）；光緒十八年（1892）林豪的《澎湖廳志》中亦有描述王船較為詳盡的史料。但類似的記載都只出自台灣南部與澎湖疆域相關的方志，而不見於北部地區，這或許是由於洋流與季風風向的關係，早年閩省沿岸所送之船，多漂流至澎湖與本島南部海岸之故。

東港地區迎王送王的信仰習俗由來已久，雖然目前留下較為可靠的資料是從昭和六年（1931）那一科開始（伍政祈 1994:29）。但根據地方耆老表示，早在日治之前地方上即有迎王送王的祭典活動，只是以當時各方面的條件來說，規模並沒有像現在這麼大而已。因此保守的估計，東港迎王祭典活動至少已有近百年的歷史，殆無疑問。

東港地區因藉助了地方上具有悠久歷史的造船

傳統，再加上眾多造船匠師與溫王爺信徒的虔誠付出，東港王船在造型、用材與裝飾上，二十餘年來早已在台灣民俗信仰界享有盛名，不論其規模之龐大、造型裝飾之美觀、使用材質之精美等，皆是其他地區王船建造所不能相提並論的。而關於東港王船的造型與裝飾，其實多少也能從歷史文獻中探索出其脈絡、淵源。

造船工藝的發展與航海事業的發達與否實有絕對連帶的關係，古代中國的航海事業與造船技術，確實曾在世界上有過一段其他國家地區所無可比擬的成就，尤其是在明成祖時代鄭和下西洋時達到一個巔峰。英國近代漢學家李約瑟博士曾說：中國人一向被稱為是不善航海的民族，實在太不公平了。他們在航海事務上所表現的天才比任何地方絕不遜色，他們內河船隻的數量，曾使中古及文藝復興時候的西方商人和傳教士幾乎不敢相信，而他們出洋的艦隊，在一一00年至一四五0年之間，肯定是全世界最偉大的（胡菊人譯 1979:241）。古代中國船筏是何時開始使用風帆來作為船之推進的主要動力，如今似已不可考，但從現代文獻的描寫，可以得知西元三世紀時在中國的水域之上就使用了縱帆，而中國人又是橫帆的偉大創始者，優越地利用竹子高掛於桅上，因為橫帆的形式是用平臥的連蓆片法，因而有氣體力學的效果（上引文:244）。這種橫帆式的帆船，也是近代中國式帆船與西方式帆船在外觀上最大的區別之一，在中國大陸沿海以及內河等水域上，迄今仍有許多漁民在使用；而就台灣現行送王習俗中的王船形式而言，不論是竹骨紙糊或是木造，皆可歸於這種傳統橫帆型式中國「帆船」的造型。

中國帆船英文名為 junk，日治時期本省人根據音譯也稱之為「戎克船」。傳統中國式帆船約可依其航行水域的不同而區分為海船與內陸船兩大類，因在航行功能上的差異，而使兩類帆船在結構上最大的差別就是，海船通常是尖底而有龍骨，內陸船尤其是航行於湖泊者則多為平底船。在造型上傳統中國式帆船一般為方頭船，而在船艏處做有長方形開口，開口上方置有繪上獸頭（獅面）的「免朝牌」，船艏兩側則裝置彩繪「龍目」，帆桅的數目則視船隻的大小而定，最常見的為三桅帆船，從西元 1757 年《琉球國志略》中的航海帆圖繪即可明顯的看出傳統中國式帆船的造型模式。第一艘橫渡大西洋經歐洲抵達美國紐約的中國帆船「耆英號」，長 160 英尺、寬 33 英尺、深 16 英尺、主桅高 90 英尺，於西元 1848 年 3 月 27 日到達英國之時，曾轟動歐美，英國人將之譽為「中國美術海上博物館」，一時報章雜誌競相刊載並鑄有紀念章詳細記述了耆英號的尺寸材質以及造型圖像（凌純聲 1970:Plate1）。從耆英號的造型來看，亦是最常見的三帆式傳統中國帆船，而在許多文獻圖繪中，這種造型的帆船自宋朝以來幾乎沒有中斷過，儼然已成為傳統中國式帆船的標準式樣。

《琉球國志略》(1757)中的航海圖繪

「耆英號」圖繪(引自 凌純聲 1970:Plate1)

泉州宋代海船出土殘骸(陳列於「泉州海外交通使博物館」)

在傳統造船史上，由於福建海運事業的發達，福州與泉州自唐代以來早已成為中國南方造船工業的重鎮，所造的三桅帆船更是成為有名的中國帆船式樣之一稱為「福船」，在長江以南與廣東所造的「廣船」齊名。早在唐朝年代，以海路為主的「海上絲路」的對外貿易日漸繁榮，逐漸取代了西北傳統的「路上絲路」之後，大陸東南沿海的各主要港口也隨著海運的發展而日益繁榮，而泉州也在唐朝統一天下之後開始建城。隨著社會經濟的發展，泉州港成為中國對外貿易的四大港之一（即交州、廣

州、泉州、揚州）；而在北宋時為了加強管理海上貿易，宋哲宗即位之後即於元佑二年（1087）接受戶部尚書李常的建議，正式在泉州設立「市舶司」（許在全 1991:67）。尤其是在宋室南渡之後，海上絲路的貿易更成為南宋經濟的主要來源，而泉州更因為地理位置接近南宋的政治中樞杭州，遂取代廣州成為中國對外貿易和海上交通的主要港口，各國的海商、船舶雲集於此，空前繁盛，有「世界最大港」之稱（莊為璣、莊景輝 1987:81）。當時所造的「海舶」即稱為「泉舶」，無論在型制和船體的規模上,都已經相當先進,為中外商客所樂用,這從1974年發掘出土的泉州宋代海船（現陳列於「泉州海外交通史博物館」中）殘骸即可證明。

泉州自南宋時越為中國第一大商港之後，元、明兩朝更持續其執海運牛耳的地位。海運的發達使得中國的造船航海技術達到相當高的水準，更直接促成泉州港造船工藝的發展，元朝遠征日本所用的戰艦即在泉州建造，而明成祖時鄭和下西洋的船隊也屢由泉州出發。因此在明末之後，隨著泉籍移民的渡台墾殖，閩臺兩岸之間貿易，也逐漸發展、繁榮，泉州港又成為與臺灣貿易的主要商港，臺灣的農產由這裡輸入內陸，而閩南的各種商品（生活用具、絲織品、工藝品、石材、木材等），也從泉州源源不斷地供應臺灣，各式物產、技術的流通，在兩岸之間形成相當熱絡的貿易交流關係。此期間除了少數時期因政治因素所造成的海運交通阻斷之外（如清初的海禁，以及民國三十八年以來的兩岸軍事對立等），閩台兩岸之間可謂交通頻繁，所依賴的全部是船隻的來往；雖然在日治之前，來往閩臺兩岸所使用的商船仍多數於泉州建造，但隨著從事航海的先民逐漸將造船技術帶來臺灣，尤其是在日治時期兩岸貿易逐漸中斷之後，臺灣的本土造船工藝也因此有了更進一步的發展契機，奠定了本地造船業的雄厚基礎。

東港經由清乾隆時期的大量移民之移入，奠定了街市發展的基礎，更在中葉之後成為屏東平原的主要吞吐口，同時也是戎克船貿易中心（翁淑芬 1997:40-41）。此期間雖因下淡水溪（東港溪）的淤積，其貿易港的地位逐漸被打狗港（高雄）所取代，但隨著日治之後遠洋漁業的發展，東港遂成為臺灣南部最重要的漁港；也因為漁業發展的需求，發展出雄厚的造船業基礎。而東港三年一科平安祭典中所使用的雄偉「王船」之建造，即是基於這個基礎之上發展出來的。

台海各地王船信仰中所造的「王船」不論其使用的材質如何，在造型式樣上幾乎都沿襲傳統的泉州式海船而來，而論者往往以東港與西港兩地的來做為木造王船代表，源於兩地的王船在用材上、裝飾上都較為精美，尺寸比其他地方來得大，且保存了較多的傳統帆船造型式樣。民國六十二年以前的東港王船，也曾經歷經一段以竹骨紙糊方式的製作歷史，至於紙糊時代之前，也曾有以傳統木造方式建造的情形，但由於未曾留下文獻資料，故詳細情況如何則已不可考。

泉州式海船模型(攝於「泉州海外交通使博物館」)

紙糊王船時期製作方式為：船身以竹片為結構，船艙的隔間用牛皮紙，外殼則糊以牛皮紙為基礎，其外再用白布包裱，之後用色紙剪裁圖案裝飾；甲板亦以竹片密排為之，糊上牛皮紙之後再包裱白布，只有船錠、桅杆部份使用木料。製作工時約為一個半月，多在迎王之前兩個月時開始製作。在尺寸上則因材質所限不若現代木船之巨大，以光復之後民國四十一年恢復迎王時（壬辰科）所用的王船為例，船身長十五尺六吋、寬六尺、龍骨長一丈四吋，與丁丑科木造王船的四十四尺長度相較之下，其體積也只有現行木造王船的四分之一；而王船主要的裝飾，也多只有船首的「獅頭」（免朝牌）以及船尾的「鷹展翅」。至於竹糊王船的製造者，日治時期皆由本地的糊紙匠師蔡顏負責，壬辰科恢復迎王時，也由蔡顏之子蔡清溪（人稱「糊紙金」）率其子蔡水諒承擔製作，而民國四十四年的乙未科王船雖一度改由張朝春（人稱「石合」）與張清何（人稱「水生」）製作，但隨即在次科（戊戌）即恢復由蔡清溪父子製作；到了五十六年的丁未科時，才由蔡水諒獨立製作，一直到六十二年（癸丑科）改為木造為止。

由於東港在歷史上為本省有名的大型魚港，具有優良傳統的造船工業以及技術熟練的造船匠師，雖然近代木造漁船已逐漸為玻璃纖維船所取代，但東港地區仍有不少具有優異傳統造船工藝的匠師，此從東港王船在台灣的知名度上，即可得到印證。甚至台北「三王府」在七十九年欲恢復傳統王船「

游地河」的送王方式時，亦特地聘請東港具有造王船經驗的造船師傅前去建造，而三王府王船八十年七月在淡水河上行駛的情形，亦在當年成為北台灣民俗宗教界的一大盛事，也證明了東港造船師傅所建造的王船，不只是外觀造型華麗、用材精美而已，更可在水面上作實際的航行。

東港迎王平安祭典所使用的王船，自民國六十二年癸丑科改成木造以來，都是以目前所見的形式建造，只有在尺寸大小上有逐漸加大的情形。至於當初之所以由紙糊船改為木造船，其一為紙糊船造價日益昂貴，五十九年庚戌科王船造價新台幣四萬餘元，比四十一年時的二萬餘元足足多出的一倍之多，已接近木造船所使用的材料費用；再者主要也就是基於本地擁有傳承久遠的造船技術與眾多技術熟練的造船匠師，因此便由造船界發起，義務性地參與木造王船的建造工作，遂發展出今日華麗、壯觀的東港王船。

在船的造型方面，據負責東港王船設計繪圖與總督工者，也是今年平安祭典的設計科副科長謝春成表示：東港王船自民國六十二年由紙糊改成木造之後即延續現行的式樣，至於式樣的根據，則是參考東隆宮水仙尊王殿中所供奉的兩艘小型木造王船而來；至於兩艘小王船的製作，由於年代久遠已不可考，但根據謝春成的推測應是早年的唐山師傅所造。由於王船是迎送千歲爺的重要「法具」，因此首科在建造王船之前，負責設計的王船組成員即以極其虔誠、謹慎的態度，就王船的各部詳細的尺寸，一一在溫王爺駕前請示，獲得聖筊同意之後方裁定案，這從當年匠師的設計手稿中即可看出。而從歷科木造王船的造型、比例、結構、用材、裝飾等方面來看，與傳統泉州式三桅帆船都相當類似，這種被稱為「戎克船」的三桅帆船直到日治時期在各地港口仍是主要的水上運輸工具。關於東港王船自民國四十一年壬辰科以來的製作情形，參附表一所列。

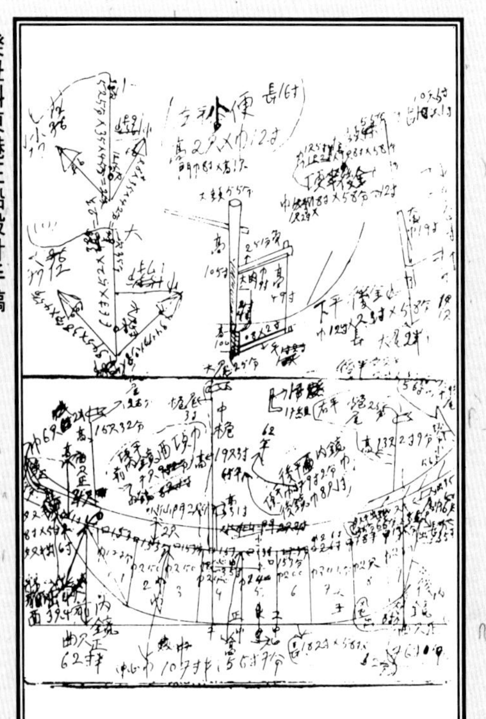

癸丑科東港王船設計手稿

日據時期停泊於基隆港的福州戎克船（引自《攝影臺灣》）

日據時期停泊於臺南運河的三桅帆船（引自《臺灣——墾殖時代臺灣攝影紀事》）

至於現行東港王船的建造過程與工序，謝春成表示：每一塊用材與每一支鐵釘，都根據真船的實際作法來建造。而觀察東港王船在用材與造型上幾乎都與傳統三帆式中國帆船極為類似，是標準古代官船海船的形式。將東港王船與「耆英號」相較，即可發現兩者之間極為神似，如三枝桅杆皆作中桅最長、前桅次之、後桅最短的比例，船頭作方形開口，航行時將前錠收上至於開口處，船身兩側船舨上、下方皆作曲度向上的圓弧形線條，兩側船舨中間皆劃分為九個寬度相等的堵面，兩側船艄飾以龍目，船尾後方均插上五枝三角形旗幟；只有尾舵的形狀與吃水角度略有不同，船身上裝飾的方式風格有異，以耆英號比較最近一艘丁丑科東港王船大約三倍半等。由此可發現東港王船的建造，是延續傳統中國式三桅帆船的風格與面貌；與泉州出土的宋代海船復原圖比較之下，即可發現其造型風格的一脈相承。

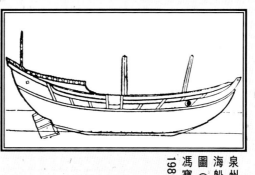

泉州宋代海船復原圖（引自馮寶勝譯1989:89）

【二】擇日立艕，開光煥彩

東港王船自民國六十二年（歲次癸丑）由紙糊改為木造以來，迄今已歷二十五年之久，累計共建造過九艘木造王船。根據已設計過四艘王船並擔任

總督工的謝春成表示：早期紙糊王船在造好之後為了避免為閒雜人等的碰觸而被破壞並保持船身的神聖性，傳統的作法是在王船出廠繞境之前都是將之圍起來，不讓人參觀，因此顯得相當神秘。改成木造之後由於所需的經費增多，且造型殊為美觀，因此開始開放陳列於王船寮中，讓信眾參觀膜拜，以滿足觀眾的好奇心。早期東港的木造王船，在尺寸規模上沒有現在來得壯觀，且由於造船師傅對於古代帆船的建造較為生疏，故在製作上也不若現在的王船精美；在經過了二十多年的研究、建造經驗，並逐科加以改進之後，東港王船才有今天享譽全台的高水準成績表現。

早期東港王船由紙糊改為木造，是由地方上的造船師傅所熱心發起的，匠師們並義務參與整個建造過程。祭典委員會在每一科平安祭典執事人員之中，皆會在「設計科」中設置一組「王船組」來負責王船的建造，所有參與的匠師皆不支酬勞，每人至少擔任三天的工作。以今年丁丑科王船的建造為例，王船組由設計科副科長謝春成與王船組長蔡文化總其成，下設副組長八位，組員共九十四位。據謝春成表示：自第一艘木造王船以來，負責建造王船的匠師除東港本地師傅之外，也有來自琉球鄉者，但早期琉球師傅較少，後來因為琉球人搬到東港來的漸漸增多之後，琉球師傅的比例也增加了，以這一科來說，琉球師傅約佔四分之一，東港師傅則佔四分之三左右（丁丑正科王船組建造人員芳名錄參附表二所列）。

東港王船的建造全由東港與小琉球造船匠師義務參與

歷來東港王船建造所使用的木材都是上等的檜木，丁丑科王船光是木材便花了新台幣百餘萬元之多。船身整體與各部份的尺寸都必須事先在溫王爺面前擲筊，獲得王爺聖筊表示同意之後才據以建造。王船建造的全部施工過程是在王船寮中進行，開始建造之前必先擇吉日舉行「王船寮上樑」儀式。由於在早期王船完成之後的陳列供奉時間較短，故王船寮並未做固定的設置，多在王船建造之前以竹架或鐵架加上甘蔗板或木板、石綿瓦臨時搭建而成，因此在王船寮搭建完成之後即需舉行上樑儀式。丁丑科時王船寮雖然已配合東隆宮廟埕的整建，而在山門左後方以鋼筋水泥建成永久性、固定性的建築物，但在王船建造之前仍依慣例舉行上樑儀式，並於寮內恭設「中軍府」神位，乃是為了監督工匠的造船，以及保護船廠的聖潔，之後再行安龍骨，開始王船的建造。王船由於是屬於神船、法船性質，在建造過程中較諸一般造船有更嚴格的禁忌，凡婦人、不潔者（如帶重孝），以及閒雜人等一律不准進入，以維護王船的神聖潔淨。在早年參與建造王船的師傅，尚需遵守齋戒、潔淨的傳統規矩，在態度上也更為嚴肅、謹慎，但現在隨時代之變遷，已無齋戒等禁忌與要求，但在態度上仍秉持一貫對王爺的虔誠信仰而嚴肅謹慎。

王船寮內恭設「中軍府」神位以監造王船

丁丑科王船建造的「安龍骨」儀式

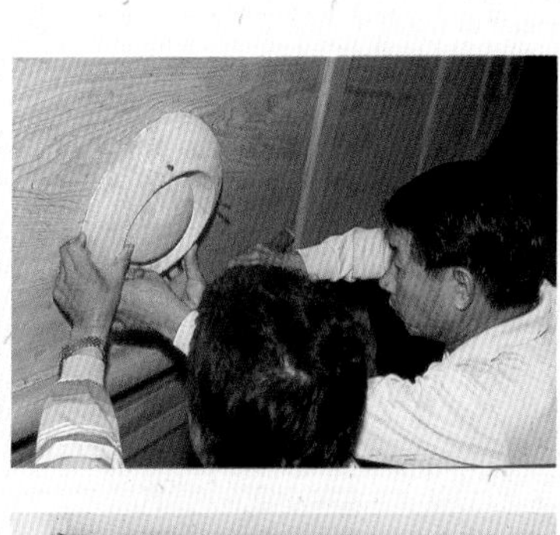
丁丑科王船船體製作完成之後「安龍眼」

丁丑科王船船體製作完成之後的甲板情況

丁丑科的王船建造是在乙亥年（民國八十四年）的農曆八月初十上午十時十分舉行「開斧」儀式的，開斧之後方開始進行整個王船的建造工序，而其中又以初期的「安龍骨」最為重要，龍骨是船身

的主要骨幹，猶如人的脊骨，是整艘王船建造過程順利與否最大的關鍵，故傳統上皆會進行慎重的儀式，在地人稱之為「立艕」。安龍骨後便逐步以建造真船的手法製作。丁丑科王船建造的安龍骨儀式於農曆乙亥年八月二十三日進行，龍骨安置完畢之後即展開船體的製作：於同年農曆八月二十五日初期完成，八月二十七日大波製作，閏八月初四日側骨製作，閏八月二十九日外舨製作，九月十二日完成船體的製作。依傳統慣例船體的製作需於三個月之內完成，之後便是九月十七日安龍眼，十月二日開始彩繪裝飾；在十一月初彩繪完成後方正式完成王船的建造，並在同年十一月二十日上午十時十分舉行「開光點眼」典禮儀式。

王船的「安龍骨」與「開光點眼」儀式是王船建造過程中最重要的祭典活動，因此也為祭典委員會所特別重視。本科王船建造的「安龍骨」儀式在乙亥年八月二十三日的上午九時舉行，當天上午八時左右工作人員即於東隆宮前集合，由內司引班、班頭排班護駕之下，迎請溫王爺神尊觀禮，並由境主尊神殿恭請先行降臨監督王船建造的中軍府令牌到場。安龍骨儀式首先由王船組工作人員將王船「龍骨」固定，之後並舉行一場簡單的三獻祭禮，由本科大總理主祭，副總理及內外總理等陪祭，祭典在神樂隊的伴奏下舉行，場面莊嚴隆重；祭禮之後並由七角頭轎班爐主、王船祖、顧問來賓、班頭、神樂隊、祭典委員以及信徒等分別上香祭拜。祭禮前既已將中軍府牌位奉迎設置於王船寮中的神龕安座，亦因此揭開了丁丑正科平安祭典的序幕，而王船組工作人員也開始忙碌地進行王船的建造工作。

丁丑科王船船體製作完成後即開始油漆彩繪

本科王船的開光點眼典禮，由朱文成道長所主持的道教科儀為前導，並奉請溫王爺神尊及中軍府令牌在場觀禮。開光儀式先由道長率道眾行請神、調營等科儀；先由道長以寶鏡取三光氣，就神像用朱筆敕點，賦予王船公神像的聖靈，再由大總理奉王船大爺（王船公）神像過七星火。在王船公神像開光之後，即由屏東縣政府主任秘書（張滿泉）與本科大總理，共同以朱筆點龍眼，象徵王船從此具有靈力；而所有船身的舵工水手像、彩繪的人物、龍鳳等繪像也一一加以點眼賦予靈力，並將王船大爺安奉在船頭香案之上，由大總理代表獻祭，舉行一場「祀王船公」的三獻儀式，而各角頭轎班爐主、王船組成員、祭典委員以及顧問來賓等人，也在三獻禮之後分別上香祭拜；最後將溫王爺神像與中軍府令牌奉回東隆宮，方才完成整個開光典禮。在正式開光之後，王船即正式開放陳列開始接受信眾的膜拜以及奉獻添載物品。

丁丑科王船「開光點眼」儀式中的王船公開光

王船上所有的人物、動物形象與法器，都必須一一以硃筆加以敕點。

自改為木造之後，早期東港王船的建造所需工時通常約需五至六個月之久，從辛未科（八十年）以後，由於匠師人力的集中，也是經驗、技術上更臻嫻熟，故縮短於兩個月之內即可完工。王船的開光日期，自光復後恢復迎王開始，都在王船出廠（出寮）之前舉行，因此開放供信供祭拜、添載的時間也在出廠之後，時間相當短。直到己未科（六十八年）時，才將開放祭拜時間提前數天於請水日開始；辛未科之後更因王船建造開始時間提前近兩年左右，開光日期也同樣提前，故延長了開放祭拜的時間。

東港王船在改為木造之後，在尺寸上有逐科略微加大的趨勢（參附表三所列），本科的王船各重要部份尺寸為：船身總長四四尺六寸，龍骨長十九尺八寸四分、高六寸二分、寬五寸八分，中桅長卅一尺二寸，前桅長廿二尺七寸五分，後桅長十八尺三寸八分。其餘重要尺寸如：龍頭總高十三尺五寸，面頂寬六尺五寸，前方面頂出口寬五尺一寸，船尾高十四尺二寸，船尾面頂寬七尺八寸、前錠七尺六寸六分、後錠七尺五分等。王船在請示王爺決定尺寸後開始建造之前，必先將每一部份依實際尺寸「打版」後才據以製作，上一科（甲戌）曾以十分

之一的比例在木板上繪製設計圖，後來根據設計圖再放大製作。由於王船是作為押煞送王功能的「法船」性質，故在比例上雖與一般小型近海漁船相似，但若以王船公神像以及船上所安置的水手舵工的尺寸來說，仍是屬於縮小的規模。至於真實的王爺所乘王船的大小，根據謝春成表示：它比現在所見的要大上十倍之多。以船上水手身軀的比例以及明代鄭和下西洋所乘寶船的規模而言，這是可信的說法。

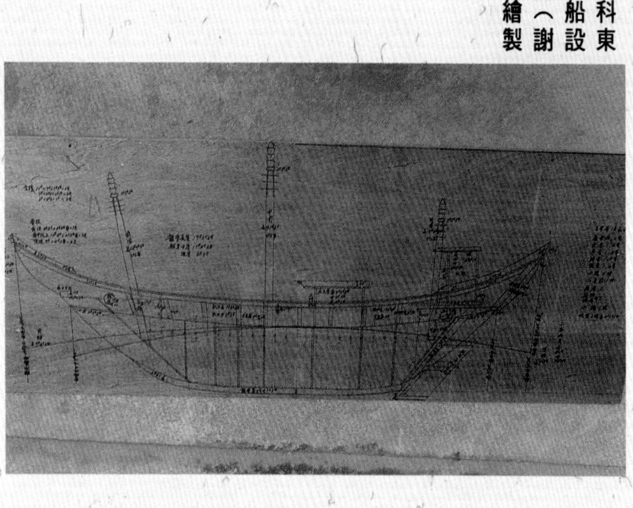

甲戌科東港王船設計圖（謝春成繪製）

王船組的工作，除了船身的製作之外，船桅、船錨和船上的各項設施如王府、大公厝、浴室、廁所等，以及王船的各項攜帶附屬物品如小舟、牲畜舍欄、桌椅日用器具等的製作，也皆是分內的工作。而重要成員除了負責王船的建造之外，尚需在遷船繞境與海邊送王時，負責王船船身的維護，送王前的添載、船身固定以及船桅船帆等各部份的裝組。故王船組成員所負責的任務，雖然多屬儀式祭典之外的幕後工作，但就整體活動的視覺印象而言，確是焦點所在，也可謂負有祭典成敗的重要關鍵之一。

關於王船建造所需的經費，由於材質、物價指數的不同，而有逐科增加的趨勢。改成木造之後，雖然所有參與的匠師都是義務服勞役性質，但也因為木料的價格逐年升高而增加，丁丑科王船所需木料即花費了上百萬，再加上油漆、彩繪、神像雕刻等，一艘王船的造價沒有數百萬元是無法完成的。至於造王船所需經費，早年在「大總理制」時期皆由大總理負責，丙辰科（六十五年）時改由造船匠師負責籌募，東隆宮就不足者予以補助；戊辰科（七十七年）之後則全由東隆宮負責。

【三】裝置彩繪，體用兼備

東港王船與其他地方的木造王船，其造型都是根據傳統中國式三桅木造帆船的樣式來建造，但長久下來，各地方仍逐漸發展出「在地化」的特色，因此若仔細加以辨識，仍可發現期間的差異性。雖然東港王船的設計者謝春成認為：這是屬於地方性的眼光問題，澎湖或西港的王船在型體上都不一樣，這是因為當地人在長久以來所形成的習慣使然；但比較而言，東港的王船在造型、材質、裝飾等各方面，卻是自有其獨到之處。

以西港王船為例做比較，在型體與裝飾上即與東港王船有明顯的不同。如在造型上，東港王船體積較大，船身兩側向上的曲度較小，三根桅杆的比例較為接近，不像西港王船後桅明顯的較為短小；東港王船桅杆之上的風向旗作成簡單扁平的布旗，西港王船則習慣將其作成立體的鯉魚形狀；東港王船的船頭開口上方橫板（免朝牌）面積較為扁長；船尾較低、垂直角度較小，置尾舵處的船舨兩側做切入船尾的角度，故尾舵上便作成三角形的水平方向面板，與上方的船尾方形船舨相接，而兩側船舨上方的前後段部位亦未做護欄裝置，使船舨上方成為單純的弧形線條。除了船身之外，東港王船的王府及大公厝的造型也明顯的與其他地方的木造王船不同，是作成方形平頂的屋頂，而不像西港與其他地方王船作傳統廟宇式的前後屋坡屋頂。在船身的顏色上，東港王船以米白色為底色，各船舨之間與邊緣再作以紅色為主的其他顏色裝飾，故整體色調而言顯得較為素淨；而在船身的彩繪裝飾上，東港王船更是予人圖繪優美、色緻淡雅、賞心悅目的視覺感受。以上這些在在都是東港王船與其他地方王船不同之處。

在裝置物方面，東港王船除了船身船桅、船錨等主要部份之外，尚有其他許多重要的裝置及攜帶附屬物品主要如下：

(一)裝置物：固定於船上者（由前至後）

- 船頭：各色華蓋各一頂，共六頂。
- 兩側船舨上方：

大牌（執事牌、警蹕牌）/虎頭牌兩對、龍旗牌兩對、代天府代天巡狩牌一對、風調雨順（左）國泰民安（右）牌。

金瓜枋/鏈、龍頭、鉞（斧）、大刀（關刀）、戟、拳、劍指等各一對。

手舵工像/三十六軀。

- 甲板上：

中央/五王府，後方/王船公室（大公厝），王船公室兩側/左邊廚房、右邊浴廁

・船尾三角形五方旗：

由左至右為綠鑲紅、紅鑲黃、黃鑲白、黑鑲綠、白鑲黑

(二)附屬攜帶物

・中桅及中帆、前桅及前帆、後桅及後帆、前錠一對、後錠一對

・小舟兩艘、羊舍一座及羊四頭、雞舍一座及雞四隻、馬舍一座及馬六匹、豬舍一座及豬四頭、犬舍一座及犬四頭

・水櫃兩座、工具箱兩個、大砲六門、浴盆一只、水擔一副、水杓兩只、圓盒一只、寶箱一只、方形水桶（拴繩）兩只、蒸籠一層、石磨一組、繩梯一副

・八仙桌（附四張椅條）五套、太師椅七張、長書案一張

船桅船帆以及諸項攜帶用品，在海邊送王之前是不裝載在船上的，因為根據東港的習俗傳統，一旦裝載起來就是要讓船啟航了。固定於船上的如王府、大公厝、浴室、廁所、廚房等為王船組負責製作，王府位於王船的甲板中段，為送王時安置五位千歲令牌的位置，是千歲爺所居之府第。大公厝為王船大爺所居，位於船尾的甲板上，在高度上高於王府，以便王船公掌握王船航行方向與水手舵工的工作情況；大公厝左側為廚房，右側為浴室廁所。在船頭兩側則置有與東隆宮廟中所陳列同一形式的執事牌、儀杖等，以及水手像三十六軀；水手像、執事牌、儀杖及王船大爺像是另請裝佛匠師雕造的。船頭開口處上方置有六頂六種顏色所製、千歲爺與中軍爺專用的小型華蓋（涼傘），船尾上方並置有五枝三角形的五方帥旗，顏色分別為：綠鑲紅、紅鑲黃、黃鑲白、白鑲黑、黑鑲綠，乃是按照五行相生的原則，分別象徵木生火、火生土、土生金、金生水、水生木。

王船船舨上的儀仗、執事牌

丁丑科王船船舨上的水手像

丁丑科王船船尾的五方帥旗

丁丑科王船甲板上的五王室(前)與王船公室(後)

船身的彩繪裝飾，是東港王船在整體工藝成績上佔有十分重要的地位，彩繪手法的洗鍊精美，乃是使其成為名副其實之活動的民間藝術載體，是欣賞現代彩繪藝術的絕佳成例。東港王船的彩繪匠師這一科（丁丑）聘自台南的林梧桐，今年已六十多歲。裝飾的主題都是傳統的神仙人物、龍鳳瑞獸、吉祥題材等，依次分別為：

(一)船身兩側船舨水平方向由上至下分為五段

・龍頭、神仙人物、鳳尾：

人物彩繪主題由前至後，左側：漢鍾離、呂洞賓、曹國舅、南極星輝、韓湘子、湯王聘伊尹、三顧茅廬、漢武為君欲學仙、石崇巨富苦無錢；右側：李鐵拐、張果老、何仙姑、瑤池獻瑞、藍采和、渭水聘賢、歷山耕田、嫦娥照鏡嫌貌醜、彭祖焚香祝壽年。

・橙、粉紅、粉藍等三色平行長條「大波」。

・雙龍（龍頭皆朝前、龍珠在龍頭前方）。

・捲草。

・以寫實方式繪成的魚、蟹圖像，兩邊各五種。

(二)船頭

由上至下為：天官賜福、開口、雙龍搶珠（珠為請王後書寫大千歲姓氏位置，今年為「余」姓）、象徵天、地、人的避邪用浮雕獠牙三枝、雙鯉。

(三)船尾

由上至下為：「順風相送」字樣、中央蟠龍、左右二神將分別手持旗球與戟磬（象徵祈求吉慶）、雙蝠、船舵兩側雙鳳及牡丹花草。

以上的彩繪裝飾可謂內容豐富、製作精美。尤其又以船身兩側船舨最上方一道的神仙人物堵，採用傳統水墨人物式畫法繪製，最為精彩重要。在這個部位上，除了前後段的龍頭鳳尾之外，各區分為

九個面積約略相等的方形面堵（居中一堵面積較小），彩繪主題除八仙與南極星輝、瑤池獻瑞之外，湯王聘伊尹、三顧茅廬、渭水聘賢、歷山耕田等稱之為「四聘賢」，是民間耳熟能詳的描述古代帝王聘任賢能的故事；而漢武為君欲學仙、石崇巨富苦無錢、嫦娥照鏡嫌貌醜、彭祖焚香祝壽年等，合稱為「四不足」，目的在教化世人處事態度應知足，具有明顯醒世的意味，是東港東隆宮常用的較為特殊之傳統題材。「四聘賢」與「四不足」的主題，依照傳統每科都是東港王船彩繪的重要主題，而這些主題也是東隆宮前殿大楣上的主要彩繪裝飾題材。

丁丑科王船船身右側前半部的彩繪裝飾

丁丑科王船船身左側後半部的彩繪裝飾

丁丑科王船船頭的彩繪裝飾

丁丑科王船船尾的彩繪裝飾

王船船舨彩繪中的「四聘賢」

王船船舨彩繪中的「四不足」

東港王船的彩繪裝飾藝術，在龍鳳瑞獸捲草等裝飾上，採用的底色是紅黃色為主，圖案本身也較為繁複，用色豐富而顯得裝飾味較重；而在人物彩繪上，則以傳統水墨畫式的白色為基色，圖案主體用色素雅，構圖本身較為單純而多留白，顯得較具傳統水墨人物畫式的筆墨趣味，這點尤其是與其他地區王船裝飾在藝術風貌上最大不同者。綜觀整體王船的彩繪，不論是裝飾趣味濃厚的圖案或水墨味道明顯的圖像，在用筆與構圖方面都可明顯看出線條洗鍊、構圖優美的優異成績，在在表現出技巧高超、功力精純的彩繪手法，可謂是現代彩繪藝術的極致之作。這種優異的彩繪裝飾，也使東港王船在台灣王船建造上，享有長久不墜的盛名。

至於負責王船裝飾的匠師，自開始改為木造之後，船身的著色皆由史進成負責，外表底色則由陳銘誌、邱添瑞負責雇工，而在彩繪與雕刻方面則各科不同。木造王船的彩繪工作，從癸丑科（六十二年）開始多由臺南縣北門鄉的林梧桐承擔，戊辰科開始曾連續三科改聘丁清石，丁丑科才又再度聘林梧桐。而船上儀仗、水手像等之裝置物，在初改造木船前兩科仍由原先負責製作紙糊王船的蔡水諒承擔，以紙糊紮作方式製作；其後才改以木雕方式製作，已未、壬戌科由林榮坤，乙丑科由林滄洲負責雕刻，自戊辰科之後迄今則委由黃錦樹製作雕刻。此期間也因為負責裝置匠師的差異，而在裝飾之上顯出不同的風貌，但由於主要的船體仍由參與的造船匠師負責設計建造，且在造型上維持一貫的風格，故東港王船的整體面貌方能在二十餘年來，在技術與經驗的累積之下，呈現出今天足以傲視全臺的成績。

國內外古今宗教、社會學者都承認宗教儀式活動具有強化整合一個群體的社會凝聚力功能，也是個人對社群的一種重要的溝通聯繫管道。東港地區三年一科平安祭典的舉行，歷年來幾乎都是由傳統的「七角頭」所有信眾共同參與；而一切祭典事務也由七角頭的信眾有條不紊的分配執行，從籌備工作以迄祭典的執行過程，都可看出這種地方信眾全面參與的傳統特色，尤其是在送王之前的「遷船繞境」儀式，王船的各個重要部份，由七角頭轎班與王船組成員所分配扛抬、牽拖遊行鎮上的每一條主要街道上，更是這種個角頭成員分工合作的最佳表現，而龐大身軀的王船以「陸上行舟」式的遷船儀式在街道上巡遶，除具有驅逐邪祟的宗教功能之外，也成為東港王船祭的最大特色，更是成為全台王船文化中最具盛名的信仰活動景象。

而從王船的建造歷史來說，從早期紙糊王船時期王船是由一至二位紙糊匠師所負責，其製作乃屬於職業性的工作，直到東港本地造船界發起集體參與建造木船之後，雖然參加的匠師仍多是術有專攻的專業造船師，所建造的王船亦具有傳統海船的專業水準，但匠師的參與則完全是非職業性的義務性質，形成了其他地區少見的傳統。正如同參與其他祭典活動的七角頭成員一般，所有王船組成員在三年一次的王船建造過程之中，一次又一次的結合、凝聚了大夥的心力、勞力，虔誠地付出，才有今天東港王船在建造上的傲人成果；而也是在這種過程之中，一科科地將優良的造船技術傳承了下來，成為另一種值得珍視的寶貴民俗藝術薪傳。

耗資數百萬元建造精美的王船，在平安祭典最後一項的送王儀式中歷經數個小時的火化而付之一炬，許多人都會為之覺得可惜，但在王船的建造過程中，百餘名造船師傅的義務參與，以及許許多多信徒的虔誠奉獻，凝聚了無數信仰心理與情感，共同一次次完成了盛大的祭典，吾人相信：這種由信仰所凝聚的力量，則是物質所不能衡量的，這才是可惜之外最值得珍貴之處！

⊙本篇作者／謝宗榮

附表一　東港平安祭典民國四十一年以來王船製作情形

民國年	科別	製作方式	製作者或組長	彩繪師	裝置雕刻師	經費來源	開光時間	開放祭拜時間	備註
四十一	壬辰	紙糊	蔡清溪.蔡水諒			大總理負責	出廠前	出廠後	
四十四	乙未	紙糊	張朝春.張清何			大總理負責	出廠前	出廠後	
四十七	戊戌	紙糊	蔡清溪.蔡水諒			大總理負責	出廠前	出廠後	
五十	辛丑	紙糊	蔡清溪.蔡水諒			大總理負責	出廠前	出廠後	
五十三	甲辰	紙糊	蔡清溪.蔡水諒			大總理負責	出廠前	出廠後	
五十六	丁未	紙糊	蔡水諒			大總理負責	出廠前	出廠後	
五十九	庚戌	紙糊	蔡水諒			大總理負責	出廠前	出廠後	
六十二	癸丑	木造	李壁輝	林梧桐	蔡水諒	大總理負責	出廠前	出廠後	
六十五	丙辰	木造	洪振通	林梧桐	蔡水諒	船匠募.宮補助	出廠前	出廠後	
六十八	己未	木造	孔文成	林梧桐	林榮坤	船匠募.宮補助		請水日	
七十一	壬戌	木造	洪振通	林梧桐	林榮坤	船匠募.宮補助		請水日	
七十四	乙丑	木造	洪振通	林梧桐	林滄洲	船匠募.宮補助		請水日	
七十七	戊辰	木造	洪全瑞	丁清石	黃錦樹	東隆宮支付	甲戌年六月廿六日	開光後	
八十	辛未	木造	蔡文化	丁清石	黃錦樹	東隆宮支付	庚午年三月廿五日	開光後	
八十三	甲戌	木造	蔡文化	丁清石	黃錦樹	東隆宮支付	壬申年十一月廿日	開光後	
八十六	丁丑	木造	蔡文化	林梧桐	黃錦樹	東隆宮支付	乙亥年十一月廿日	開光後	

附表二　東港東隆宮丁丑正科王船組建造人員芳名錄

設計科副科長：謝春成

王船組組長：蔡文化

副組長：蔡安心　林瑞波　許麟飛　林福麟　陳明得　蔡瑞發　蔡坤和　林樹山　等共八名。

組員：尤山成　王全清　王瑞寅　王全瑞　王瑞同　王昭雄　王德和　王瑞雲　王全富　田順財　田秋隆　伍登泉
李金龍　李順財　李水吉　李順福　吳　塗　吳順福　林有福　林水進　林全明　林慶藏　周修慶　洪振添

洪天助　洪水溪　洪國發　洪湖岸　洪全坤　洪明進　施坤耀　徐吉雄　張家福　張文曲　許清法　許興枝
許相色　許麒麟　許麟飛　許富財　黃進財　黃媽蔭　黃振茂　黃貴燧　黃瑞能　楊居春　莊正信　莊榮吉
莊金利　莊榮富　莊榮太　莊天枝　莊永全　莊武雄　蔡文取　蔡福榮　蔡木印　蔡正財　蔡家忠　蔡家勝
蔡明賀　蔡坤和　蔡丁全　蔡朝琴　蔡耀崑　蔡潘良　蔡進賢　蔡開胡　蔡文濱　蔡崇文　蔡慶安　蔡慶茂
蔡天賜　郭龍木　郭清旗　劉萬泰　潘鳳得　潘銘通　陳幾發　陳芳燐　陳明輝　陳明益　陳錕淚　陳瑞明
陳清河　陳富竹　謝春長　鍾景水　鍾修齊　魏春隆　鄭仲容　鄭仙助　蘇榮俸　許進福　林奉得

等共九十五名。

合計：共一百零五名。

附註：由於東隆宮所發行的丁丑正科「平安祭典專輯」中祭典執事人員王船組名單，與王船寮中所公布之名單，在人員數目以及職稱方面差異甚大，故以上名單乃根據兩者綜合整理而成。

附表三　東港木造王船主要尺寸與建造時間

年度	科別	頭銜	龍骨長	寬度	深度	組長	立[舟參]日期	備註
六十二	癸丑	趙	十八尺二寸	十尺七寸五分	五尺五寸七分	李壁輝	癸丑年二月中	
六十五	丙辰	楚	十八尺二寸	十尺五寸	五尺六寸	洪振通	丙辰年二月中	
六十八	己未	宋	十八尺二寸六分	十尺五寸	五尺六寸	孔文成	己未年二月中	
七十一	壬戌	盧	十八尺四寸六分	十尺六寸	五尺六寸	洪振通	壬戌年二月中	
七十四	乙丑	趙	十八尺五寸六分	十尺六寸	五尺六寸	洪振通	乙丑年二月中	
七十七	戊辰	吳	十九尺一寸二分	十尺六寸	五尺六寸	洪全瑞	戊辰年二月中	
八十	辛未	封	十九尺二寸六分	十尺六寸	五尺六寸	蔡文化	己巳年十二月初五	
八十三	甲戌	齊	十九尺七寸二分	十一尺四寸	五尺六寸	蔡文化	壬申年八月十二	
八十六	丁丑	余	十九尺八寸八分	十一尺四寸六分	五尺六寸	蔡文化	乙亥年八月廿三	

〔肆〕安府迎王篇

迎王祭典在祭典委員會與每科新選出的諸總理的聯手合作下，基於長期累積的實務經驗，從一接手籌辦之始就依序展開，使得三年一科的平安祭典幾乎是首尾連續地循環不已。在祭典委員會制中，大總理等與東隆宮的密切聯繫，除了年例的中元普度、溫府千歲的千秋聖誕，就是展開迎王一波波程序，主要的凡有「安中軍府」、「王船寮上樑」、「王船立參」與「王船開光」的王船系列、「進表」、「王府上樑」，這段時間的長短，在東港早期迎王祭典史上，時間相距較短，近數科來則因應王船的建造而稍長一些，不過大體上並無多大的變動。

【一】中軍蒞境，安府視事

在臺灣各地的迎王祭典，依例都有「中軍府」的職位，就如同巡狩大臣的先遣執事，職司諸多先行視事的職務。在王爺廟的「代天巡狩」職能中，中軍爺乃是輔佐辦事、傳遞敕令者，東隆宮既有溫王爺坐鎮，又有結契金蘭三年一科固定來訪，所以在本地中軍凡分兩類：一是值年中軍，為每年都要前來輪值的，在左偏殿前，班頭固定在此為善信祭改，所執行的即是值年、值科中軍，在值科中軍未來之前，依例就由值年中軍執行。另一則是值科中軍，乃是丑、辰、未、戌科年前來視事的，其實值年、值科都是一樣，只是差別在科年而已。

丁丑年安中軍府儀式中，道長為新雕造的中軍府令開光。

東隆宮內部保有中軍名冊，按照子丑寅卯等十二年一輪排列，方便廟方安奉時確知其名銜。東隆宮舊例是以四個科年為單位，在科年前一年十月（王爺生），同一時間安奉三位中軍爺；即以舊制最後一科乙丑年（民國七十四年）為例，就是在民國七十三年同時安奉癸亥中軍、甲子中軍及乙丑中軍。新例則是從民國七十五年開始，這一年先安值年丙寅中軍；然後在民國七十六年（丁卯）十月，同時安奉值年中軍與值科戊辰中軍。不過到民國七十九年，由於本地另一公廟朝隆宮在九月初九媽祖成道日「迎媽祖」，其活動擴大舉行，故東隆宮也改在迎媽祖前先行完成「安中軍府」，通常是在農曆八月，因而成為新例。

丁丑科即是按照新例進行，在乙亥年（民國八十四年）安值年中軍；然後在丙子年八月，同時安奉值年中軍、值科（丁丑）中軍，即是「安中軍府」。有關中軍爺的安座，在早期只用紅紙書寫中軍爺的姓名，這是民間常見的慣例。民國四十一年時用布令，等到民國四十四年以後，即改用木雕中軍府令，由木雕師傅陳森玉負責；五十六年以後則由「小西天」佛具店師傅林依品負責，丁丑科即是銀白色的令牌形式。在左偏殿安中軍府時，依例也在令牌兩邊有班頭排班，凡有十三尊木雕像，由黃錦樹負責雕作，中間一尊為大班頭，左右兩邊各有六尊，手中所持之物各有不同：依次是板杯兩對、轉開兩對，然後左邊一位持黑鞭、右邊一位持紅鞭，最外一對則各持清道旗與鑼，其型制與王爺前的班頭配備相同。

安奉中軍府前行事，除了值年中軍是輔佐溫府千歲為信眾祭改外，其間對於王船的建造即是要務之一，值科中軍則是明顯在代天巡狩千歲爺蒞境前，先行前來視事，使一切巡狩事物能依序進行，所以在前一年安奉。故在決定造王船時，同時安奉中軍府神位於王船寮之內，監督王船的建造使之順利完成，丁丑科是在兩年前即在新王船寮內安奉，值到王船出廠後才擇時撤位。

【二】迎王進表，以迓王駕

在三年一科的固定迎王傳統中，有一種較程式化的「進表」，就是根據各地的習慣正式上表表達迎請千歲爺之意。在平安祭典的系統言，所要迎請的千歲爺是各有其傳承的，諸如十二年王爺或五府王爺；如果是屬於瘟醮系統，就要迎請「洞淵宮」的洞淵天尊，東隆宮所迎的是三十六進士譜系，以五府千歲為主，因而所要進表的是「天河宮」，通

常在迎王前月餘舉行。

本科迎王的活動在迎王前八月十五即舉行「進表」儀式，以往儀式舉行時即準備三牲酒禮，在是日早晨五點，大家集合於溫王爺面前，先燒香敬神，約經十分鐘後進行進表。近數科以來，由於內司所行的三獻禮較為莊嚴，所以本科也由內司主持，按照三獻禮隆重地祭獻，獻畢再進表。進表儀式由大總理率副總理、內外總理等代表全鎮庶民，大總理跪在三獻桌案的中央，宣讀表文的內司在旁跪右半腳，鞠躬後即宣佈：「涓今吉旦，在溫王爺案前叩稟，本鎮三年一度平安祭典，由下頭角值角，經公推許茂男為大總理，辦理祭典事宜。今以籌備就緒，恭備表文一道，恭請溫府王爺轉呈天河宮代天巡狩五府千歲駕前投遞，仰希居時光臨是幸。」然後即開始宣讀表文，讀畢即正式呈上表文，以備連同財帛一起火化進呈。所以進表時，在東隆宮例需隆重地舉行三獻的禮儀，全體總理誠惶誠恐地請主神溫府千歲代轉準備迎接其結拜的金蘭，按照三年一度的慣例蒞境巡狩。這張〈迎王進表文〉頗能表達從古傳今，全鎮庶民對於蒞境千歲爺的職務之理解，所以表文的格式是典型的宗教文檢，在當地禮神全集的傳承中，應該是流傳已久的古文書，原封不動地流傳下來：

迎王進表文

上言右表　　恭請
天河宮代天巡狩五府千歲王駕光臨遶境平安事宜
茲據
中華民國臺灣省屏東縣東港鎮全體庶民勵行三年一度
平安祭典主辦大總理某　副總理某　內外總理某某某
代表全鎮庶民誠惶誠恐稽首焚香九叩
欣逢丁丑科大典　惟感
尊神俯念塵寰疾苦疹疫妖災全鎮內外庶民有望厚惠錫福無涯
蓋仰

明神正直無私　體念
上帝好生之德宏麻浩蕩威德雙輝三年一度例定蒞臨尊奉
鎮境溫府千歲擇定丁丑年八月十五日午時恭備鑾駕於本鎮西
南海邊
恭迎
代天巡狩五府千歲王駕光臨全鎮庶民恭設香案沿途奉迎竭心
誠敬瞻仰
神靈光飄日月燦爛輝騰由古傳今實我東港之榮幸夫以神武英
姿威震環島
神動偉烈德潤四海群生風雨時兆年豐全歲穿窬匿跡魍魎潛形
合境康泰萬類康寧農業豐收商業繁榮漁業順利是故
至誠至感兆民慶幸
伏望
聖慈俯垂昭鑒
道曆四六九四年己酉月庚申日　大總理　某某稽首
頓首百拜

丁丑科平安祭典之「進表」儀式

臺灣民間在理解王爺代天巡狩的意義時，始終是與驅送瘟疫有密切的關係，所以東港人所認知的王爺的來巡身分，乃是「天河宮代天巡狩五府千歲」，所以表文封上即寫「天河宮代天巡狩五府千歲聖駕駕前」及「某某柯大總理某某稽首頓首百拜上申」。在鎮民的殷切期待中，千歲能「俯念塵寰疾苦，疹疫妖災」，因而全鎮庶民虔敬懇求的就是王駕既至，五府千歲能以其「神武英姿，威震環島」、「神動偉烈，德潤四海」；借由大神力使得溫王爺的轄區內：「穿窬匿跡，魍魎潛形，合境康泰，萬類康寧」。類此疹疫、魍魎等怖懼之物，正是嚴重危及人類的生存與秩序的「歹物」，為臺灣早期

移民社會的信仰習俗的遺跡，至今仍保存在迎王的表文中：它包括的凡有人間、陰界所有不守法的，通通為王爺所要懲罰的對象。這也就是王爺神的形象常顯得威嚴，而迎王期間所有的儀式也較為謹慎、保守的原因。

【三】王府上樑，共期迎王

在臺灣各地迎王的王府，常是整個祭典的中心，與之相較則王醮就顯得較不受重視，道士團佈置醮壇以迎請三清聖眾與洞淵天尊，通常都被安排於王府外的地方。換言之，被熱烈迎請的王爺才是主位，所以王府也常以原本王爺所在的正殿，或該宮廟的正殿為主，才顯示對於代天巡狩的王爺前來的敬長之情。所以如何起造王府就成為迎王前的序幕，通常會特別用告示牌提早矗立在宮廟前，通告諸總理及祭典諸相關人員，請其按時前來參加上樑的儀式。

平時的東隆宮前殿是以主神溫王為鎮殿之主，迎王期間正殿則轉化為王府，一般說來鎮殿的溫王爺等仍不可移動，而另以溫王的分身移到廟前廟埕；或如丁丑科將行臺設在右殿，在此另設臨時的行臺、行宮：一方面象徵讓出正殿以方便千歲爺的前來視事，接受信眾代表的宴享；另一方面也讓不能進王府的信眾一樣可以參拜，事實上溫王正身仍鎮守於本殿內。有關王府的設置，本省各地的迎王祭典，由於各宮廟的格局各異，所設的王府及其外的轅門也各自不同，基本上東港的地方習俗，配合東隆宮的格局大小，即以在廟前兩邊分設東、西二轅門，而三川門的左、右門為儀門，而不再另行圍出另一個空間。這種設計有一個好處，就是所有的祀王、宴王在王府內舉行，一般信眾雖則不能進入，卻仍可從班頭所戒護的儀門望入，得見其進行的情況，既保持了祀宴王爺的神秘，卻也可滿足其好奇心。

丁丑科平安祭典以東隆宮右偏殿作為溫王臨時行臺

丁丑科平安祭典以東隆宮左偏殿作為中軍府

丁丑科慶成祈安醮在九月廿四日圓滿完成後，中間間隔了三日，而由內司及祭典委員會以其熟稔的經驗，在道壇撤除後就快速地佈置王府，也就是在溫王座前以黃綾搭掛為千歲爺的神座，而將尚未開光、套上紅紙的令牌（通稱王令），供奉於上，等待請王當天開光。兩側也懸著黃幔，在燈光、燭光下整個王府氣氛嚴肅、聖潔。正殿的正門及左右兩側門均有溫王爺的戒棍（板杯）交叉，由班頭負

丁丑科平安祭典以東隆宮正殿作為代天府

責看護、守衛，閒雜人等一律不准進入。在迎王前就要先行前來的中軍爺，早在一年前即先由大千歲遣派而來視事，廟中執事依經驗、感應即可感知，按照本地的習慣，稟請安奉。將左側殿改作「中軍府」（或將軍府），而境主公則暫時請奉於右側殿，與水仙尊王並坐。所以迎王期間的主要行事都在王府內進行，祀宴時則中軍府、溫王行臺及王船寮也要前往供獻。

丁丑科平安祭典王府上樑儀式的三獻禮

王府內的主要行事是由內司負責，按照傳統習慣安排大千歲前來視事的王府格局，神座上按照大千歲令（正令一座、副令二座）居中，其餘四座千歲令分排在左右，座前即放置王印。在案上則是完整呈現視事時辦案、祀宴的配備：凡有籤筒二，出號令之用；中間則是問案用具，如筆架上有筆、硯臺上有墨、奉旨（即驚堂木）為王爺常用的威儀之物；其餘則是祭典常見的香爐、上插金花一對、花瓶燭臺及杯筶，在桌案兩旁則排有五張座椅，是為五位千歲而設。由於王府內是由「振文堂」所負責，因而前案上有七支令旗，作為內司持令請示之用。在案的上方掛一「代天巡狩」布縵，案前則有兩聯：左為「風調雨順」右為「國泰民安」，表達千歲蒞境巡狩時，全體信眾的平安願望。

王府布置妥善後，仍要舉行象徵性的上樑儀式，在請王的前兩天（九月廿六日）所有丁丑科的大總理、副總理、內外總理等，及祭典委員會代表都在八點前集合於廟前，由神樂隊伴奏，舉行三獻禮，典禮是由內司主持。其禮儀程序凡有三段落，首先是奏樂、鳴炮；奏樂、進香上香；三跪九叩首。接下即為供獻，先進後獻，凡有茶、糕（涼糕）、四果茶（桂圓、柿果、紅棗、冬瓜）、果品、五果、檳榔、水煙。然後第二階段奏樂、三跪九叩首；上香，三跪九叩首，及進古樂。再一次供獻，凡有素齋（五齋：紫菜、冬粉、木耳、香菇、金針）、爵與鹽（代表海味）、醋、酒、糖、豆乳、薑（代表山珍）。最後第三階段，也是奏樂、三跪九叩首；進香，三跪九叩首，而後進行供獻，凡有牲禮、紅龜糕、湯圓及金帛，象徵福壽、圓滿，最後再奏樂、三跪九叩首後「禮成」。上樑原是起造王府的象徵儀式，所以在棚頂中央太極位的鐵架楹樑上，由人登上裹以太極金再繫綁紅絲線，表示中極之位，為小宇宙之中，即起造師匠「定分金」之意；兩側各綁一只紅布袋，內裝五穀種子、鐵釘、炭等，最後則在鐵架楹樑左右各綁上一串粽子。整個儀式象徵王府已經建成，可以迎接千歲爺蒞境。

整個迎王前的準備，主要是王府的完成，在近數科由於配合辛未、丁丑科的醮典，所以整個王府的設置及儀式剛好是銜接在兩大活動之間，成為連續達半月有餘的慶典活動。所以宮前的大牌樓，先前是作為醮典的慶成儀式之用，而在王府上樑起用儀式時，則將那面蒙在「代天府」的紅紙取下，儀式完成也就象徵「代天府」落成，只等請王的隆重典禮到來。

⊙本篇作者／李豐楙

丁丑科平安祭典王府上樑儀式在三獻之後安置「太極位」，象徵王府已建造完成。

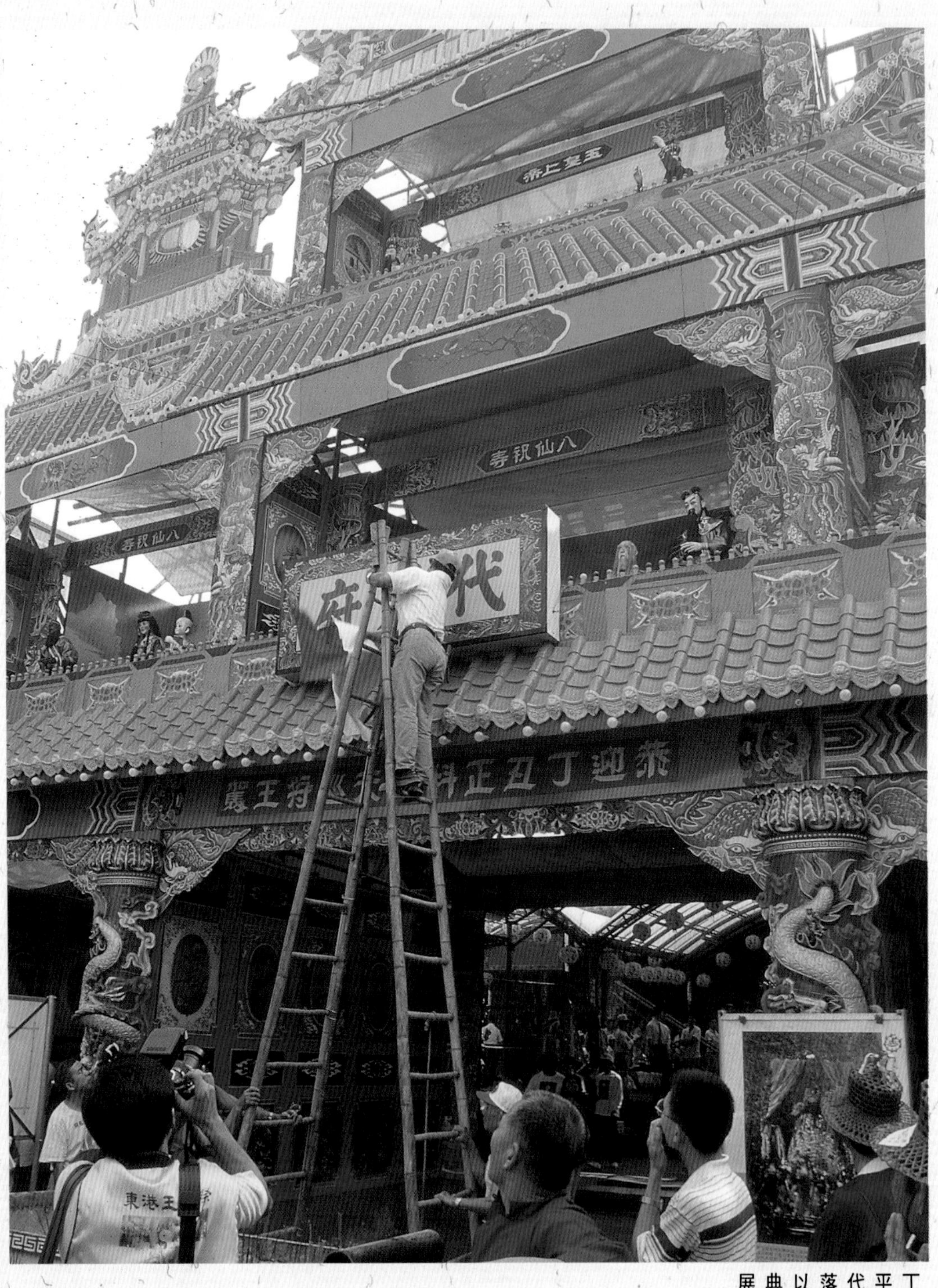

丁丑科平安祭代天府落成，以備祭典正式展開。

東港東隆宮平安祭典代天府空間平面圖

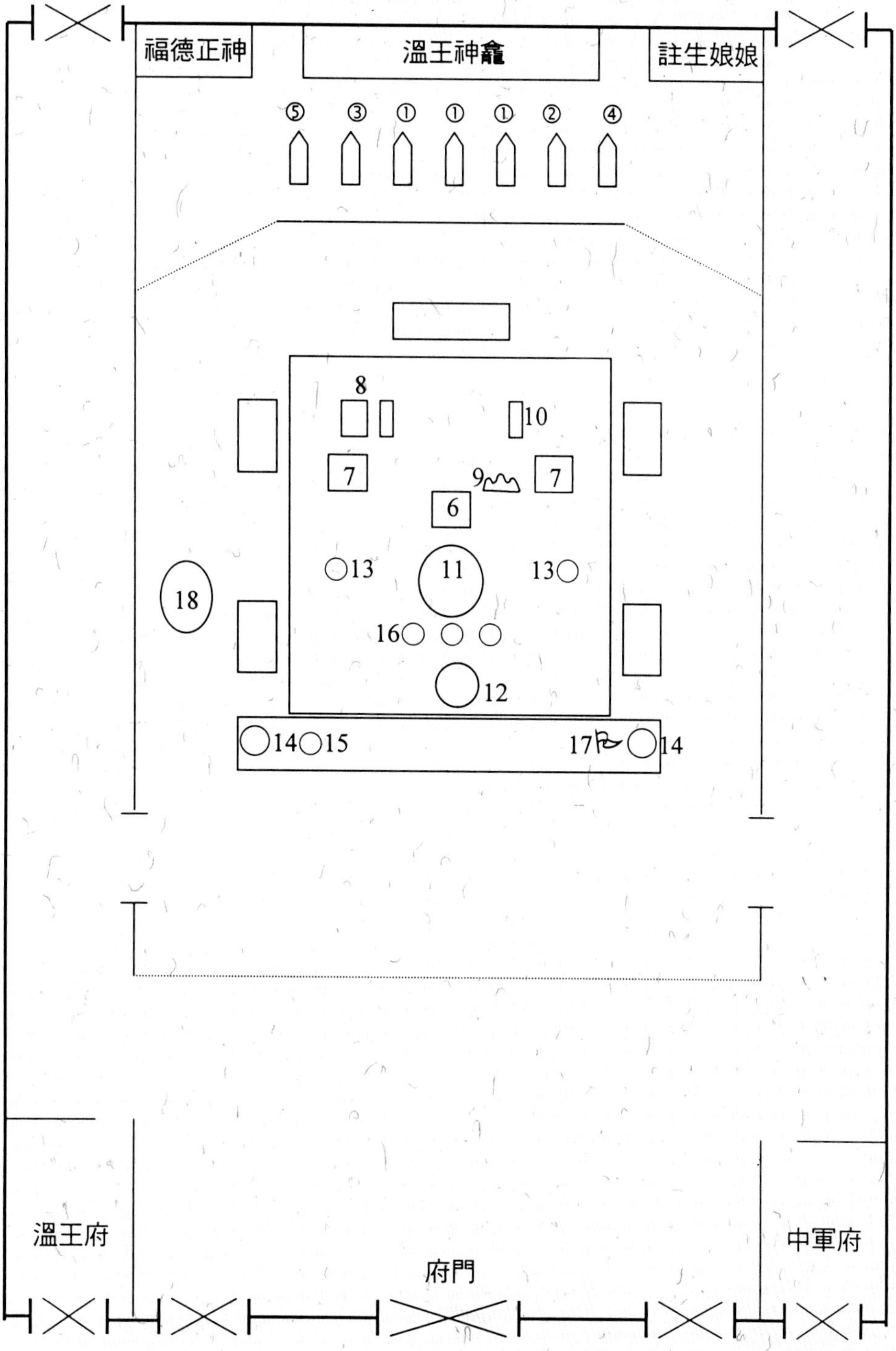

福德正神 溫王神龕 註生娘娘

⑤ ③ ① ① ① ② ④

8 10

7 9 7

6

13 11 13

18

16

12

14 15 17 14

溫王府 府門 中軍府

編號說明：①大千歲令 ②二千歲令 ③三千歲令 ④四千歲令 ⑤五千歲令 6.王印 7.籤筒
8.硯台.墨 9.筆架及筆 10.奉旨 11.大香爐 12.淨香爐 13.花瓶 14.燭台 15.杯筶
16.茶杯 17.振文堂令旗 18.盥洗用具

東港東隆宮平安祭典空間平面圖

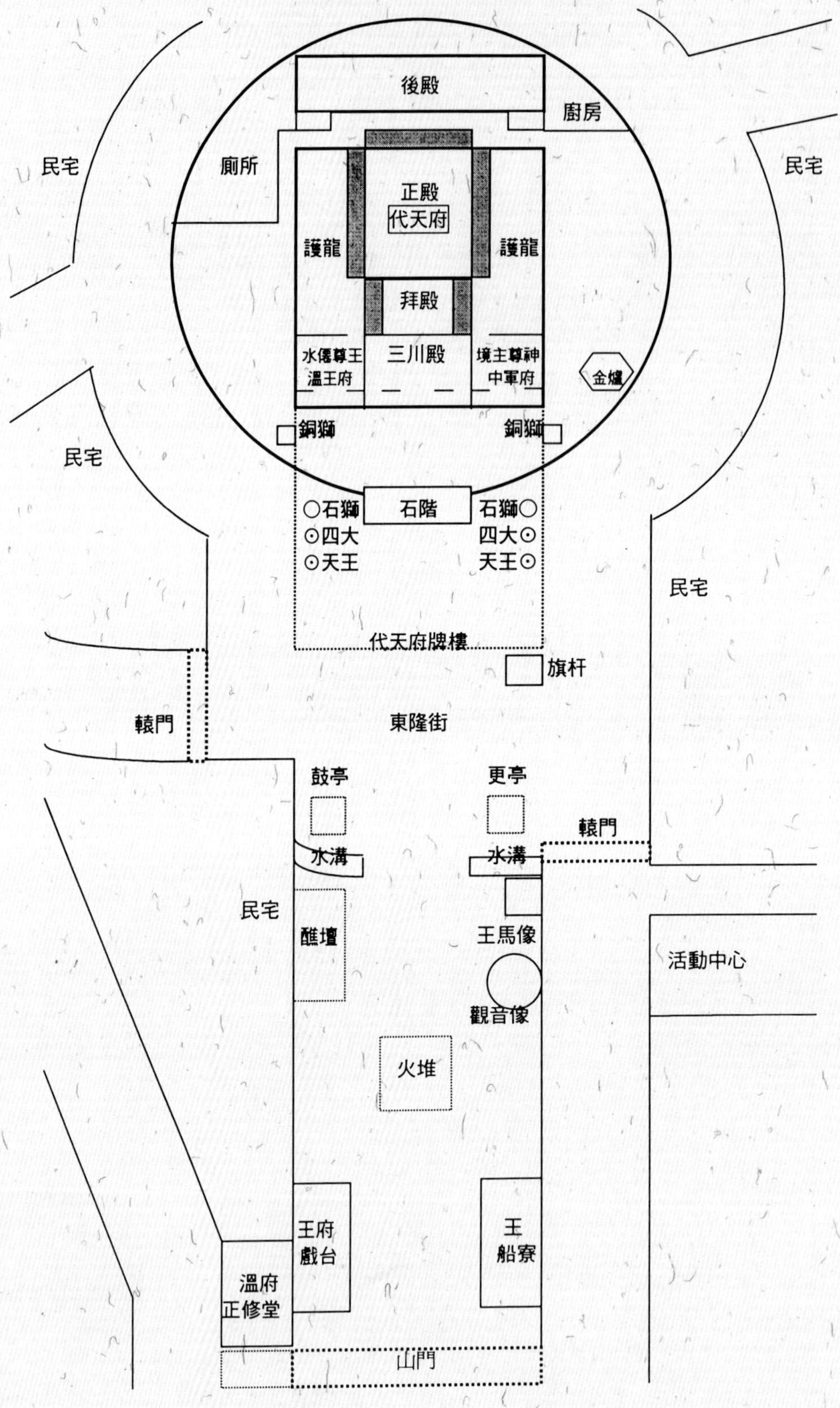

《下卷》祭典行事卷

有關臺灣迎送王爺的信仰習俗，根據臺灣方志所載的活動內容，舉其犖犖大者，按照順序凡有：王船泊岸、延道設醮、嚴恪宴王、化船送王。不過根據比較詳盡的實地實錄，實際的情況就更為豐富。因東港揭舉「平安祭典」的名稱，所以在〈祭典行事卷〉中試依本地的活動性質凡分作六篇：首為「恭請王駕篇」，先說明神筆請駕，丁丑正科余大千歲等五千歲即在溫府千歲前導之下，繞境先繞行莊母，再到王府前，過火後入府安座，再升帥旗，出榜安民。次為「出巡繞境篇」，先敘述迎王陣頭，歷經訓練；再敘隨王駕出巡前，開臉裝扮，再開府辭廟。最後舉例說明陣式的變化，並隨從王駕分南、北、中三區及農村繞行境內。次為「改運解罪篇」，乃綜合敘述中軍府前與王駕巡繞、王船繞境的巡行期間，個人的改運與還願、家庭的祭改解厄；然後再敘述對於陰幽世界的行事，凡有查夜與放告，以此查捕與解除無形界的不安。次為「祀宴王爺篇」，千歲爺在王府內晨昏二時由內司主持各種祀典：凡有各角頭總理的祀王，各角頭轎班與祭典組員的敬王，最後才於末日舉行隆重的宴王，嚴恪跪進。由於本地特別標舉「祭典」之名，又以王府內司主持的祀宴為主，故置於王醮前。又次為「王船法會篇」，因本地較不標舉「王醮」之名，但丁丑科與東隆宮山門牌樓的慶成醮相銜接，所以先敘其道士團之組成，施設壇場，以備演法；次述法會科儀，乃以二朝宿啟，規模比較前數科為齊備；最後專門記錄兼容道法的和瘟押煞、開道遊河。最末即為「還船送王篇」，記錄其還船繞境，添載百物，最後為恭送王駕，「焚於水次」的火化王船，乃是屬於遊天河方式。本祭典行事記錄大體以時間為經，又以活動為緯，使之比較集中而完整地呈現；而並不採取每日行事的田野記錄，唯為了讓讀者有一完整的印象，在卷前將完整的活動行事表列出，以資參閱。

王船繞境時信眾擺設香案、燃鞭炮迎接

東港東隆宮丁丑正科平安祭典程序表

日期	祭典項目	活動地點	需要時間	說明
國曆十月廿九日 農曆九月廿八日 （星期三）	恭請王駕 （請水） 過神火	自請水地點 至東隆宮	九小時	(一)七角頭神轎於上午十一時集合於本宮，請王令後至請水地點候迎王駕。 (二)其他隊伍於十二時自行前往請水地點（鎮海里）海邊集合，迎候王駕啟行。 (三)依照第一號路線遊行入本宮並由溫王領隊依照順序過神火。
國曆十月三十日 農曆九月廿九日 （星期四）	王駕出巡	繞境南區	九小時	(一)七角頭隊伍於上午八時集合於本宮廟前，其他隊伍按照抽籤順序集合於東隆國小光復路前待命出發。 (二)上午九時依照第二號路線啟駕繞境遊行。 (三)預定下午八時入廟安座。
國曆十月卅一日 農曆十月初一日 （星期五）	王駕出巡	繞境北區	九小時	(一)七角頭隊伍於上午八時集合於本宮廟前，其他隊伍按照抽籤順序集合於東隆國小光復路前待命出發。 (二)上午九時依照第三號路線啟駕繞境遊行。 (三)預定下午八時入廟安座。
國曆十一月一日 農曆十月初二日 （星期六）	王駕出巡	繞境中區	九小時	(一)七角頭隊伍於上午八時集合於本宮廟前，其他隊伍按照抽籤順序集合於東隆國小光復路前待命出發。 (二)上午九時依照第四號路線啟駕繞境遊行。 (三)預定下午八時入廟安座。
國曆十一月二日 農曆十月初三日 （星期日）	王駕出巡	繞境農區	九小時	(一)七角頭隊伍於上午八時集合於本宮廟前，其他隊伍按照抽籤順序集合於東隆國小光復路前待命出發。 (二)上午九時依照第五號路線啟駕繞境遊行。 (三)預定下午八時入廟安座。
國曆十一月三日 農曆十月初四日 （星期一）	王船法會	東隆宮		(一)各角頭轎班參拜敬王。
國曆十一月四日 農曆十月初五日 （星期二）	王船法會 （遷船繞境）	東隆宮	八小時	(一)七角頭轎班於中午十時三十分集合於本宮廟前，十一時午餐，十二時出發遷船啟行繞境。 (二)依照第六號路線出發遊行。 (三)預定下午六時入廟安座。
國曆十一月五日 農曆十月初六日 （星期三）	歡送王駕	自本宮至送駕地點	二小時	(一)七角頭轎班於凌晨二時集合於本宮廟前，準時出發。 (二)依照第七號路線恭送王駕。 (三)送駕禮畢，偃旗息鼓，就地解散。

【壹】恭請王駕篇

台灣南部及其他地方舉行王醮或平安祭典，依照慣例都是以「請王」揭開整個祭典的序幕。由於各王爺廟的歷史文化因素，因而在「請王」的動機及方式上，也就有今昔之異及地域之別。屬於王船漂著類型的，在林豪《澎湖廳志》中有段描寫王船載王爺前來的文字：

遊至港，船中虛無一人，自能轉舵入口，下帆下椗，不差分寸，故民間相驚以為神。曰：「王船至矣。」則舉國若狂，敬畏特甚，聚眾鳩戲，奉其神於該鄉王廟，建醮演戲，設席祀王，如請客然。

因此在早期王船漂著之地，也就成為後來請王的地點，故原先多在水邊；後來歷經滄海桑田，地勢變遷，目前有些地方的請王處已非海灘。如西港鄉迎請瘟王所在的南海埔，就是一片平陸，昔時卻為海港，王船才會漂著於此，所以每科仍至此地「請王」就具有紀念意義。東港王爺則是屬於香火攜來類型，先人則是在海邊登陸，迎請王爺自是也應該在海邊，乃是典型的原鄉意識、唐山意識的遺存。東港民間就一直流傳有一種深具本地色彩的傳說，說是鎮海里海濱即為發現建造東隆宮木材漂著之地，也是雕刻神像的神木漂著處。在東港人的心目中，這片至今仍是臨海的海灘所面對的方位正是遙對原鄉；又是舊來傳承已久的迎駕聖地，溫王爺結拜的千歲爺即要乘御王船前來，自然也是在濱水之地。從環東海地區普遍存在的迎請海神及中國原有迎王的習俗史考察，這是濱海部族的習慣，將代天巡狩的千歲爺降駕處選在海濱或臨海之地，因此東港本地就說是「請水」或「請王」，正是在「水」邊迎請王爺，每科都會在此地重複地舉行同一儀式。

【一】神筆請駕，千歲蒞境

東港昔時有良好的港灣，南臺地區重要的貨物、人員都曾在此進出。目前當地仍擁有靠海的條件，所以依然能在海邊請水、迎王。在鎮海里海邊有一片寬闊、平緩的海灘，目前被整理為「鎮海公園」，這一科迎王前就經抽沙平復後，仍是本地較為理想的迎請王駕的場所，因為這是科科相傳的一個固定的請王地點。九月廿八日以前，鎮海里的海灘上早已搭起迎王的將臺，準備舉行「請水法會」。

九月廿八日一早地方上就瀰漫著祭典的熱鬧氣

氛，在八時左右內司及神樂團就在東隆宮內集合，將溫王爺恭請至右偏殿的水仙尊王殿，在臨時行宮內舉行安座，方便善信的朝拜，而正殿即作為王府所在。以往曾在廟埕右角設行宮，這一科則是選在水仙尊王殿。九時，東隆宮溫府千歲的神轎即到鎮外迎接車城田中央中隆宮池府千歲、恆春恆隆壇溫府千歲。這是由於早年東隆宮祭典、格局較小時，這兩宮既已經前來交陪，久而久之就形成歷史傳統，故至今每科必定前往迎接，約好在鎮郊大道，由祭典組率領神轎前往迎接，到達宮前向主神參拜以表達拜謁之意。這一日，先前既已聯絡登記前來的外地神轎、陣頭，及鎮內各角頭的廟宇、善堂所出的，總數超過百隊，在報到登記、參拜後就自行前往。因為大會手冊上規定：當日所有的神轎陣頭都到宮參拜行禮後，在中午十二時以前自行到鎮海里的海邊集合。由於是第一天，遠來的交陪廟及本地各宮堂的神轎、陣頭，都精神抖擻，敲鑼打鼓，特別是初次亮相的陣頭都躍躍欲試。東隆宮新建牌樓前的大廟埕，就成為各路陣頭表演、拼陣的好所在，為首日的繞境遊行先行帶動一波高潮。然後在中午以前所有的神轎都依規定陸續分批到達海邊，準備參加「請水法會」。

請水前，溫王神轎至鎮外迎接恆隆壇與中隆宮隊伍

各神轎、陣頭齊集海灘，準備恭迎代天巡狩千歲爺聖駕。

鎮內七角頭的神轎，則分別由轎班爐主引導依程序表在十二點以前到東隆宮新安座的王府前集合。然後在十一時三十分，七角頭的副總理、大總理等先後進入王府內參拜，由內司主持禮儀，稟千歲爺「接引聖駕」，行禮如儀後才依序由神座上請出五位千歲爺的令牌，其次序是王印、溫府千歲，然後五千歲令、四千歲令、三千歲令、二千歲令；最後才是大千歲令，先是兩座副令，末為大千歲正令。這時鐘鼓齊鳴，鞭炮大作，蒙蓋了紅紙的令牌即按照輪值的次序分別安置於七角頭的神轎內，王印則由王馬駄著。在指揮車的前導下，神轎前行，其後隨從各角頭的參事、顧問、內外總理，各角頭副總理及本科大總理等，一路浩浩蕩蕩地前往鎮海里海邊，準備恭請王駕。隊伍到達海灘上的「迎王將臺」後，在臺前到海灘之間即由班頭手持板杯等擺開兩列，此時即改由典務科主持，在蔡科長的指揮之下進行。先由內司跪稟，然後依序由大總理奉上大千歲令，其他分別請上二千歲至五千歲及中軍府令，諸總理將令牌、王印等恭迎到臺上，預備舉行開光儀式。

請水法會時班頭在迎王將臺前排班，以維持秩序。

臺灣民間常見的迎王大多為紙糊神像，依例需於祭典開始時就要開光點眼以賦予神性。東港（及東港溪王船系統）則是採用令牌，稱為王令、神令，即是象徵千歲的聖物，通常在開光前都要用紅紙或紅布遮住，以辟除不潔。以往王令開光常由紅頭法師（司）特用「鬭童乩鼓」的方法，打鑼鼓時，各角頭的輦、鑼全部配合童乩鼓，空空地打，直到法師手執紅硃筆要念咒開光時才停止。法師邊念邊依序開點：點眼、耳、鼻、口及手、腳；然後再唱淨水咒、毫光咒，末了打緊鑼鼓後，法師就在王令邊獻金錢火，才算開光結束。這一次在將王令恭置於迎王將臺後，就由林德勝道長主持，在其他道眾、後場的幫忙下，採用紅頭法舉行開光儀式。為了鄭重其事地進行，先取下紅紙，以寶鏡取三光氣，用朱筆敕點，使令牌轉化為有靈有聖的聖物，然後由大總理等人分別手捧令牌，在火爐排成的七星形上一一跨過，借由「過火」加強淨化；等過火後又以水再予淨化。這種火與水的潔淨儀式，前後三次。東港所用的王令據說是由唐山廣信府遊街（方）道士帶到東港的，目前所見即是雕有龍頭圖案的長方形木牌，上寬而下稍窄，頂部為劍令狀，下設有底座。九座王令各有其尺寸及字，都是按台尺所定，依文公尺並有吉利的「字」以進寶；也各有不同的顏色：大千歲三座為大黃色底（正令一、副令二）；二千歲令為大紅色、三千歲令為黑色、四千歲令為綠青色、五千歲令為紫灰色，而中軍令則為大白色、王馬背上令也是大黃色底、溫府千歲令為藍色。各府王令其上為三清諱，大千歲令寫「奉玉旨代天巡狩大千歲令」，其餘四位千歲則是「奉玉旨令代天巡狩某千歲令」，中軍令則是「奉玉旨令代天巡狩麾下中軍令」，而溫王爺令則是「東港東隆宮溫府千歲鎮令」；其職司各有不同，均符合迎王期間的職能。王令整體的造型莊嚴而優雅，用以象徵王爺的威儀，經開光聖化後，就成為爾後代天巡狩的聖物。

請水法會中先予千歲爺令牌開光，以便接引聖駕

請水法會中各角頭神轎「神筆」來回穿梭於海灘與迎王將臺之間，祈請千歲爺王駕降臨。

請水法會中大總理持香跪於海灘上，祈求大千歲趕快降駕。

請王、請水法會在開光後，就逐步進入大家所期盼的請王儀式，溫王爺所結拜的千歲爺此科輪值者為誰？根據東港相傳的習俗，每科五位千歲爺及護駕中軍元帥，只有大千歲冠姓而不表明名稱，其餘則一律不表明姓名。每科在千歲爺降駕明示前，絕不擅自公開其姓，以免洩漏天機。在請王的前夕約子時時分（以往約在六、七日前的雙日），東隆宮的董事長、大總理及典務科長，備辦三牲酒禮於溫王爺面前，先燒香敬酒後，就恭謹地取出宮內所珍藏的代天巡狩千歲爺秘冊，按照三十六進士中十二組的欽點名單，每組各有正王、副王二位，即在溫王爺聖座前跪稟：「涓今吉時叩稟溫府王爺，本屆大總理誠向千歲面前請示提點丁丑正科代天巡狩大千歲尊姓。」懇請溫府王爺以信杯明示：「某府千歲信杯」，以筊在香上旋繞後擲筊，請示當科大千歲的姓氏，經過虔敬地報告請示後，凡能夠得到連連聖筊的指示分明，始確定為當科大千歲的姓氏。大家出來後也依例保密，以免冒瀆神意。因此迎王時就要轎班的轎籤能否及早降駕，報出與擲筊所示完全相符的大千歲姓氏，這就是大千歲「報銜頭」的本地習慣。

東港轎班所使用的降駕法，在臺灣的請王習俗中也具有本地的特色，乃是每一角頭所用以抬神轎的轎槓（又稱轎籤）中選出一支作為神筆：在前的稱為頭籤，在後則為尾籤，即由頭籤起乩，進入恍惚的降乩狀態，以感知大千歲的尊姓後迅速稟告。有所感知後就急速衝到臺上，使用這支「神筆」的轎籤在香盤上急寫：「奉玉旨代天巡狩某」書寫請驗，由那少數已事先獲知指示的頭人一一看驗，以之確定大千歲的姓氏是否相符。如果剛好符合就表示大千歲的聖駕已降臨；若是不符，就揮手示意其繼續降示。因此乩手必須能感應大千歲的降示，才能感知當科大千歲的乘波降駕。所以從迎王臺至海邊，在兩列由班頭所護衛的通道間，但見轎籤來回穿梭，不斷降筆狂書，到了下午兩點多，大家已經等待個把鐘頭，所有參與迎王的都在緊張的等待。由於未時（下午一至三點）將過，大家都下跪持香虔誠懇請大千歲趕快降駕。最後等到三時二十分，下頭角降乩的轎籤衝到臺前，先寫個「余」字，頭人有所反應後，神筆就完整地寫出「奉玉旨代天巡狩余」，頭人證明銜頭相符後，典務科長蔡明瑞就用麥克風大聲宣佈：「大千歲到位啦！姓余」。聽聞喜訊後一時發出如雷的喝采，鞭炮大作，氣球滿天。這時祭事組就熟練地在大千歲帥旗上書寫大大的「余」字，其他物件如圓形帥燈也都當場填寫；等先回到宮前及王船廠，圓形帥燈及王船頭隨後也

都要填寫「余」王爺的姓氏。大千歲降駕後，就在內司及典務組的引導下，從請水臺上依序先請下溫府千歲令、中軍令表示境主在前先行引導，而中軍爺則是駕前的先導，故要先下臺帶領前行；然後即是王印、手令（下頭角）、五千歲（下中街）、四千歲（埔仔角）、三千歲（頂頭角）、二千歲（安海街），最後才是三座大千歲正副令（下頭角），以示余大千歲為當科大千歲，在神轎內一一安座後就準備出發繞境。

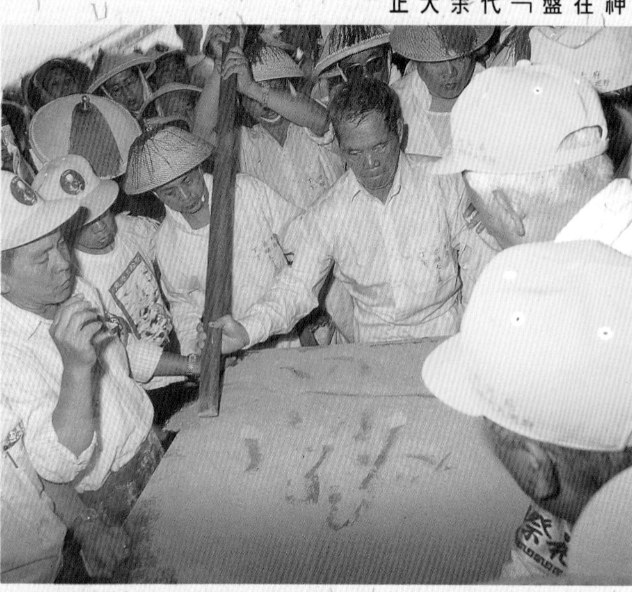

大千歲神轎頭筆在將臺沙盤上急書「奉玉旨代天巡狩余」，余大千歲已正式降駕。

昔日轎班及信眾，於請王海灘跪請千歲爺王駕降臨的情形。

余大千歲降駕之後，即升起帥旗準備出發繞境。

有關「恭請王駕」的方式，臺灣各地緣於地方傳統的差異因而各有不同：較簡要的一種是由廟中乩手示知後即予裝神像；但通常多是要到海邊請駕降示：如澎湖有按百家姓逐字擲筊的，臺灣南部有採用童乩起駕的，或採用手轎、四轎「發輦」的。雖則形式各有異趣，但其共同處就是都由起乩感通或降筆示知，為民間傳統的巫覡降知的方法，比較具有神秘性而以之取信於眾善信。東隆宮所採取的事先擲筊示知後，再由神筆降告示現，如此千歲降駕的方式確是較為繁複而謹慎的作法。每科只示知大千歲的姓氏，其餘四位千歲就不必示現，以此區分主從，但又可一起陪同巡狩，確是一種顧慮周到的地方傳統，由此表現所迎候的千歲爺乃是屬於三十六進士的系統。

【二】繞行莊母，過火進府

迎王當日繞境隊伍的排列次序，從本地的歷史傳統言從古早至於現今乃是經歷了較大的變動。較早期根據吳朝進先生的紀錄，舊日的排列次序是：陣頭前排扮犯及掃地之婦女（均為許願擔任）；次為王爺的十八鑾駕，後為班頭，次為王爺神轎（因王爺為主神故在前嚮導）。再次為遠近來參加之各種香陣：諸如八家將、什家將；十二駕司、廿四司；七爺、八爺、開路先鋒、宋太祖等（巨大布裝神像）；五毒陣、宋江陣、獅陣、弄龍；花和尚弄尼姑、駛犁歌、車鼓陣、美女蛤仔陣、公背婆、踏高翹、兩牛相鬥、山地舞、俏老爺、南絃北管、大鼓陣、藝閣（只在鎮內自由行動）。其他各行各色，應有盡有。以上均依抽籤順序參加遊行。再其次為王馬（神馬），兩側及神馬後有馬夫（大部份為男孩子，均因病許願者），隨王馬徐徐步行，人數約有數百名之多，其服裝乃馬夫裝束，手執竹製馬鞭；再其次乃中軍（俗稱將軍府）；神轎後則為各角頭之參事、顧問及內總理、外總理、各角頭之副總理，後為五千歲、四千歲、三千歲、二千歲等之神轎（只限本鎮六角頭）。再其後為大總理，為本科平安祭典總負責人坐八抬，排在大千歲神轎前，大鑼大吹及部份班頭間，有內司在大總理之後，最後乃為大千歲神轎。其後為各地前來隨香之善男信女，約計數萬名，手執香在大千歲神轎後隨行。

早期的陣頭、人數較少，時間較可掌控，這種排列法即是按照「主人先行，客人居後」的原則：由主神溫王爺在前嚮導，其他外地及本地宮、壇等神轎隊也前行，而七角頭神轎所迎請的五位千歲在後，大千歲乃是在最後督導遊行回到王府。所以整個遊行隊伍井然有序，當科的大千歲在最後的迎神隊伍中出現會造成高潮，讓等候的信眾有種由期待而終於盼到的喜悅感，能夠充分表現參與陣頭遊行的群眾心理。這種古老傳統乃是行列中境主前導，而其他神轎、陣頭先行，有種預先警蹕、告知的作用，最後才出現當科迎接的大千歲，比較符合古代官府出巡的禮制。目前的改變則是基於現實考慮，參與隊伍較多時間較長，等繞境回到王府已過時辰，而翌日又要繞境。所以近數科都改成由溫王爺引導大千歲等先行，祭典組是因應形勢而做的調整，也讓迎迓的善信先就看見余大千歲等，而神轎之後各式陣頭也可盡興地表現表演。

請水法會繞境必先遊行到「莊母」新街附近

大千歲降駕的消息宣佈後，所有的神轎隊就要隨從在大千歲等千歲後依序出發，一時之間又見鑼鼓喧天，人潮洶湧。按照大會的規定，迎王回程時要依照第一號路線（如附圖）遊行，在指揮車之後，報馬在前，香陣、扮犯者掃地，神樂團吹樂，然後班頭威武地前導，接下即由溫王爺以主人的身分帶引神轎，先是王馬馱著王印、中軍爺，然後下中街轎班護著五千歲、埔仔角是四千歲、頂頭角是三千歲、安海街是二千歲，最後在下頭角宋江陣、神樂團出現後，當斗大「余」字的大千歲帥旗，大千歲的神轎出現，就剎時帶來了最熱烈的迎接情緒。大千歲之後即是新街的新隆宮，及田中央中隆宮池府千歲和恆春恆隆壇溫府千歲，然後就是各宮各廟的神轎，最後則是各式陣頭，構成了迤邐甚長的遊行隊伍。東隆宮所傳承的請王蒞府的遊行路線，有一點能夠表現本地人飲水思源的感恩之情的，就是一定先遊行到「莊母」，原因是在平安祭典的歷史上，「新街仔」一代的船商，經濟較佳而有所捐疏，因而形成先繞境至此的傳統；也有一說是本地即為開莊之地，所以恭請王駕的繞行路線，也就約略等於較早期東港鎮的主要活動區域，為整個市鎮發展繁榮的根基（母），也正是千歲爺較早巡狩的管轄區，所以新街的新隆宮緊隨在大千歲之後出現。

就這樣地展開熱烈的繞行，整個下午東港街上盡是鑼鼓、鞭炮聲，在大家熱烈期待的情景中，等遊行的行列回到東隆宮的王府時，早已入夜，新建牌樓金碧輝煌、燈火通明。

下午在崙仔頂海灘候駕時，東隆宮的寬大廟埕早已在準備入夜的「過火」儀式，將儀式中要使用的木材分別堆成五堆燃燒，按照東、南、西、北、中的五方位，原有取義「五方火」以作清淨之意，但因本地剛好迎請五位千歲，所以俗稱「五王火」。火在宗教習俗中本就具有潔淨、除穢的作用，屬於巫術性的思考原則，而取自五方之火，即象徵宇宙五方的靈力。五堆火燒得通紅後，就將火堆用長竹竿撥平，鋪在廟埕一塊特別保留的泥土地上，這時班頭就迅速圍成大圈將火圍住，轎籤也時見往來，讓人潮後退，以維秩序。在過火前，林德勝道長在事先擺好的香案前，依例採用閭山派紅頭法，請神念咒，由於是過火除穢的儀式，祈請閭山法祖及眾神明護佑，持咒並化清淨符、除穢符，及鹽米符等，先清淨法場及過火的聖域，敕請護法神將等護衛，五雷神將化鹽米為雷火，驅祟除穢。而廟內早已準備好多桶的鹽米、冰片等物，經敕點後即由法師灑在火場上，米一著火，即捲起滾滾的黑煙；而鹽米入火也立即劈啪作響，讓圍觀者及攜「私佛仔」來過火的都熱烈等待著「過火」除穢。

過火時辰一到，在林道長開路之後，即由溫王爺領隊，然後蒞境的五位千歲神轎（當地人稱為「火輦」）緊隨於後，由轎班抬著順序緩步通過火場，其他隊伍及攜私佛仔的、隨香的也隨後過火。這是民間常見的潔淨儀式，相信通過此一儀式後，就能獲致身心的淨化。因此大家事前都要依例齋戒、沐浴，換上清潔衣服，打赤腳過火。過火後大千歲等五位千歲就被迎入王府內，隨後其他神轎就遊繞街道，為翌日的角頭繞境帶來前奏，東港迎王的首夜就在陣頭、香客的熙熙攘攘中開啟民俗熱鬧的氣氛。

所有參加「過火」人員皆需打赤腳從炭堆上通過

代天巡狩千歲爺入府安座之前的「過火」場面

【三】安座升旗，出榜安民

在夜晚九時十分，七角頭的神轎抬著王令過火後，就由各大總理、副總理等依序捧著進入王府，舉行「安座大典」。其次序是由大總理捧上大千歲正令（黃）、兩位內總理捧上兩座副令，然後才按照二千歲令（紅）、三千歲令（黑）、四千歲令（綠）、五千歲令（紫）及王印等，均一一在內司的幫忙下，傳遞進入神座上，行禮如儀，莊嚴肅穆。府外班頭持板杯戒備森嚴，不准閒人擅入，褻瀆神明。府內但見黃色帷幔中，諸千歲的王令依序排列於上，座前爐香裊裊，燭火高燒，儼然一派王爺駕臨的氣勢。座前貼著「代天巡狩王爺五府千歲余」，及「諸神免參」、「風雨免調（朝）」諸告示。隨後王宴就要正式開始，在神樂隊的奏樂中進行首次的「祀王」，款待奉旨巡境的王爺。府前則正式升起帥燈、帥旗，以示余大千歲前來視事；此外另一重要的事就是「出榜安民」。

在帝制時代帝王、官府例需在重要大事時出榜，告示百姓使其周知，王爺代天巡狩也要「出榜」，將巡狩的動機、目的及其意義公告周知，榜文由內司請示大千歲核可後發下，一張「發府前曉喻」；其餘四張發境內四個區域，在古代有城牆的時代

「過火」之後諸千歲爺令牌即入府安奉於神案之上

千歲爺降駕視事時，代天府案桌上的陳設情形。

代天巡狩千歲爺安座之後，即於代天府外升起帥旗帥燈，以示余千歲前來視事。

即為四城門處，現在則安在四個角落，榜文所揭示的四個「境」也就是當值千歲的主要巡察範圍。因此東港所迎請的千歲爺有巡察有形、無形界的雙重職司，而目前則較著重在「道德重整」，所以榜文就是要曉喻世人遵行正道而遠離惡道。它先嚴厲地警告何者不當為，再勸誘何者應為；最後再明示下民如聽從訓示就可得到賜福，是一篇頗能表現當前東港人心目中王爺神格、職司的珍貴材料，也可理解整個迎王祭典的活動意義：

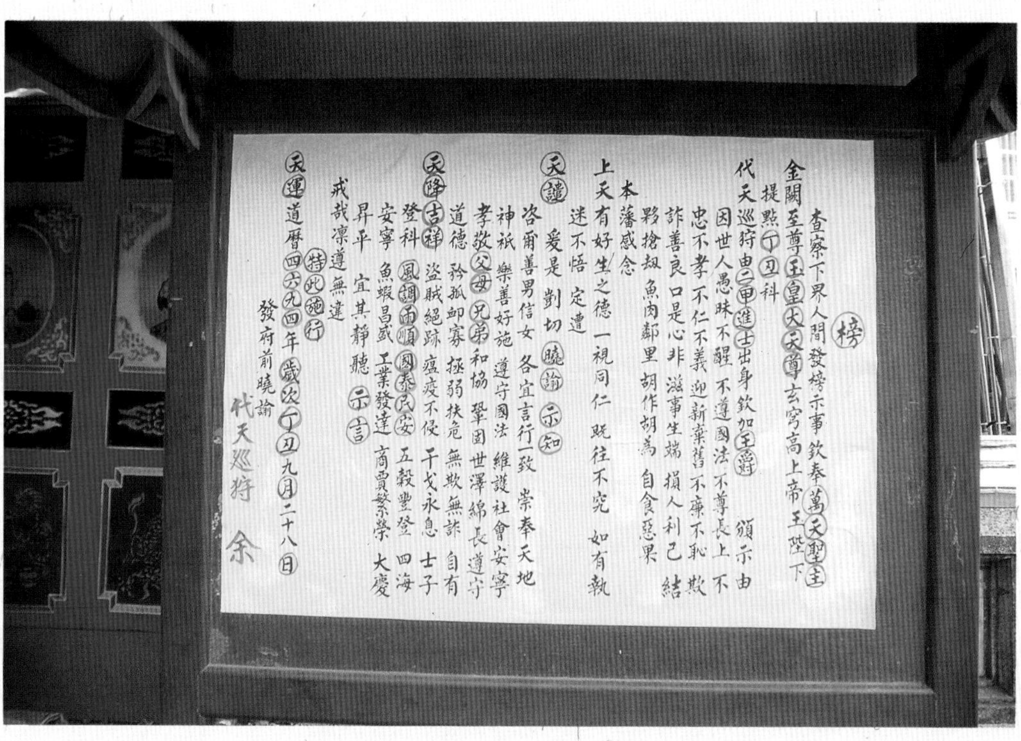
榜
查察下界人間發榜示事欽奉萬天聖主
金闕至尊玉皇大天尊玄穹高上帝玉陛下
提點丁丑科
代天巡狩由二甲進士出身欽加王爵　須示由
因世人愚昧不醒　不遵國法　不尊長上　不
忠不孝不仁不義　迎新棄舊　不廉不恥　欺
詐善良　口是心非　滋事生端　損人利己　結
夥搶劫　魚肉鄰里　胡作胡為　自食惡果
本藩感念
上天有好生之德　一視同仁　既往不究　如有執
迷不悟　定遭
天譴　爰是劃切　曉諭示知
咨爾善男信女　各宜言行一致　崇奉天地
神祇　樂善好施　遵守國法　維護社會安寧
孝敬父母　兄弟和協　鞏固世澤綿長　遵守
道德　矜孤卹寡　拯弱扶危　無欺無詐　自有
天降吉祥　盜賊絕跡　瘟疫不侵　干戈永息　士子
登科　風調雨順　國泰民安　五穀豐登　四海
安寧　魚蝦昌盛　工業發達　商賈繁榮　大慶
昇平　宜其靜聽　示言
戒哉凜遵無違
特此施行
天運道曆四六九四年歲次丁丑九月二十八日
發府前曉諭
代天巡狩　余

余大千歲在視事之後隨即「出榜」，將巡狩的動機、目的及意義公告周知。

榜

查察下界人間發榜示事　欽奉萬天聖主金闕至尊玉皇大天尊玄穹高上帝玉陛下

提點丁丑正科

代天巡狩由二甲進士出身欽加王爵　頒示由因世人愚昧不醒　不遵國法　不尊

長上　不忠不孝　不仁不義　迎新棄舊　不廉不恥　欺詐善良　口是心非

滋事生端　損人利己　結夥搶劫　魚肉鄰里　胡作胡為　自食惡果

本藩感念

上天有好生之德　一視同仁　既往不究　如有執迷不悟　定遭

天譴　爰是剴切曉諭示知

咨爾善男信女　各宜言行一致　崇奉

天地神祇　樂善好施　遵守國法　維護社會安寧　孝敬父母　兄弟和協（諧）

鞏固世澤綿長　遵守道德　矜孤恤寡　拯弱扶危　無欺無詐　自有

天降吉祥　盜賊絕跡　瘟疫不侵　干戈永息　士子登科　風調雨順　國泰民安

五穀豐登　四海安寧　魚蝦昌盛　工業發達　商賈繁榮　大慶昇平　宜其靜

聽示言

戒哉凜尊無違

特此施行

天運道曆四六九四年歲次丁丑九月二十八日

發〇〇曉諭

代天巡狩　余

榜文在一開始就表明當前的道德危機感，及王爺對於世人行為的焦慮情緒，即是儒家所強調的「神道設教」，更是道教道經中由三清或玉帝等天界至尊遣派仙聖下界來「獎善懲惡」，使世人歸返正道。余王爺奉金闕至尊玉皇大天尊玄穹高上帝提點，以「王爺」之職「查察下界人間」，發榜頒示世人：

由因世人，愚昧不醒、不遵國法、不遵長上、不忠不孝、不仁不義、迎新棄舊、不廉不恥、欺詐善良、口是心非、滋事生端、損人利己、結夥搶劫、魚肉鄰里、胡作胡為、自食惡果。

類此榜文中對國法及王上的尊崇即是權威的象徵；而強調忠孝仁義及廉恥也是傳統的道德規範，均為傳統官府榜文的語氣，不過文內所加入的諸如「結夥搶劫」則是當今比較嚴重的社會問題，較早期都只用「自作其刑」一句而已。類此地方仕紳及道德意識較強的清流通常借由此表達其力挽狂瀾的自許，這是臺灣民間社會值得注意的一股力量，東港本地的鸞堂、善堂以往常以此降示鸞書、善書，表現對民眾犯過有罪的一種焦慮。

對於惡人惡行，余王爺又以蒞境「藩王」（自稱本藩）的資格表現出一種寬厚、剴切的態度：不究既往，勸人悔悟。並警告子民，免遭「天譴」，因此鄭重地諭知百姓：

咨爾善男信女，各宜言行一致，崇奉天地神祇、樂善好施、遵守國法、維護社會安寧；孝敬父母、兄弟和協、鞏固世澤綿長；遵守道德、矜孤恤寡、拯弱扶危、無欺無詐。

將「崇奉天地神祇」列於首位自是符合民間「舉頭三尺有神明」的觀念，能仰不愧、俯不怍，則其他道德行為也就無愧於心。接下的道德條目也就是儒家教育，期望通過地方基層的仕紳、讀書人，以淺俗化、簡易化的條目進行民眾教育。這類榜文多出諸讀書人，經由地方的秀才、受教育者加以調整運用，借由信仰形式巧妙傳布。所以儒家在民間社會的教化，經常由民間的祭典，發揮其「儒教」的實質意義。

榜文的最末一節則表達了全鎮鎮民的集體願望，完全表現出「崇德報功」、祈求福祥的祈報心裡：

自有天降吉祥，盜賊絕跡、瘟疫不侵、干戈永息

、士子登科；風調雨順、國泰民安、五穀豐登、四海安寧；魚蝦昌盛、工業發達、商賈繁榮、大慶昇平。

這段祈祥文字保存了東港人不同時期的信仰遺跡：盜賊絕跡、干戈永息，為開發史上地方不靖的平安願望；「瘟疫不侵」即為王爺職司中驅祟送瘟的職能，初期開拓期為移民所怖懼，當前醫藥已較發達，瘟疫較不流行，但是這段文字至今仍保留於榜文內。至於其他的吉祥套語則是民間敬天畏神、祈求安定的古老心願，早已成為國人在生存困境中所強烈祈求的太平神話：存在與秩序。其中反覆表現農漁民對於生存的不安全感，此乃緣於風、雨能及時，則民人安土重遷，國、家能安定，則農民不致游離於土地而成為流民、遊民。早期移民乘桴渡海就是為了尋找一處可耕可漁的土地，所以榜文中表達出新墾地的共同願望。不過東港人又特別以討海人的身分加入「魚蝦昌盛，工業發達，商賈繁榮」等文字，突顯出漁港兼有商貿的特色。整篇榜文涵蓋了士農工商，以求四民得福。

五張榜文張貼公告後，揭示千歲爺蒞境的主要任務就在獎善懲惡，有益世道人心；也消除邪煞，保佑平安，其中深刻反映出當前東港人的集體需求。所以王爺蒞境本地人也是「敬畏特甚」、虔誠侍奉，這也是為何王府重地，內設席祀王，外則香案獻供，表達出誠謹、肅穆的氣氛。

「請王蒞境，出榜安民」是東港平安祭典的首日行事，在神輸、陣頭熱烈迎王的情緒中，保存了從前迎神行為的神聖，時至今日王府裡外仍是一本誠惶誠恐、不敢怠忽的敬謹。本地人都說王爺在以前是極為嚴肅、嚴厲的，現今已慈祥得多。不過從巡狩期間仍會喻示鎮民，勿使鬆懈，仍可看出代天（帝）出巡的官威中仍具有「神道設教」的教化意義。大千歲的神威赫赫，除折射地反映帝制中國百姓對官府對按巡大人的刻板印象，更增多一層對神明的敬畏。大千歲等王爺的神明職司，從所出的榜文中也寓有地方清流對於道德、人倫的關懷。際此臺灣社會價值觀劇烈變化的時代，民間社會應善用這股「獎善懲惡」的道德力量。目前東港的齋堂、善堂尚多，其中多有傳承內司職務的，故仍會藉此因勢利導，將它轉化為新時代中道德淨化的力量。

⊙本篇作者／李豐楙

東港東隆宮丁丑正科平安祭典請水路線圖

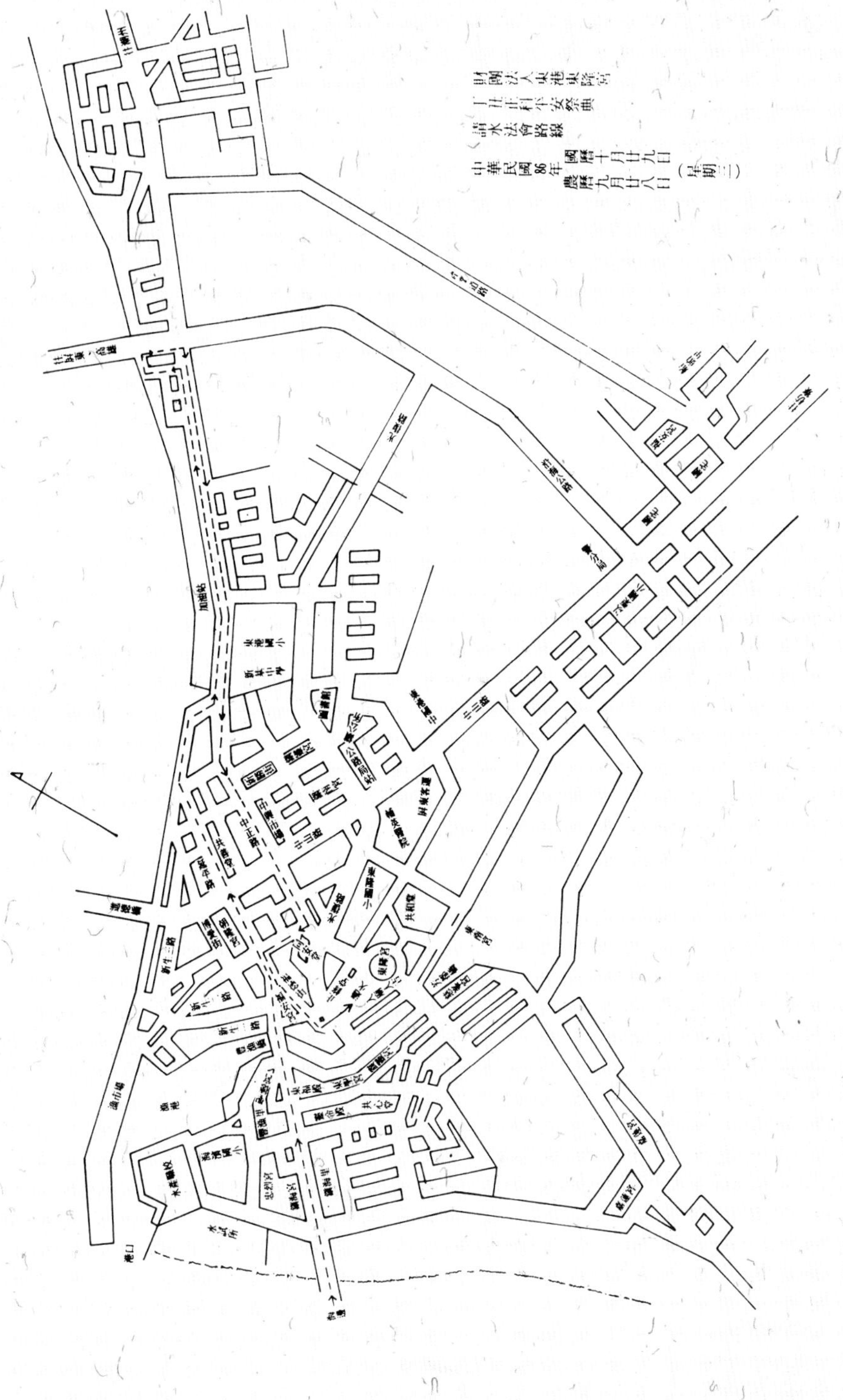

財團法人東港東隆宮
丁丑正科平安祭典
請水法會路線
中華民國86年 國曆十月廿九日（星期三）
農曆九月廿八日

漁市場
港口
水產職校
海濱國小
新生一路
新生二路
新生三路
加油站
東港國小
新基中學
中山路
中正路
東隆宮
共和堂

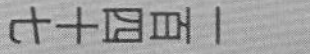

〔貳〕出巡繞境篇

在臺灣民間廟會的活動中，業餘性陣頭的組織和參與，往往是由當地信眾或子弟配合地方上信仰中心的神祇的神誕、出巡、進香、刈香等廟會慶典活動，在娛人娛神的宗旨下，同時也增壯神祇的神威與聲勢，及協助神祇執行搜捕邪祟，以維續地方百姓的居家安全，促使地方信仰境域的潔淨，達成「合境平安」的期許而來。東港迎王陣頭的組成，便是為了參與每三年一科的迎王慶典活動所組成的，陣頭參與數日的繞境活動，便是配合每三年一科奉玉旨前來東港執行代天巡狩的大千歲與其他四位千歲的出巡任務，共同「巡察『境』內的一切事務：包括惡人與鬼祟之類，因此就具有道德教化與消除不祥的雙重意義，形成一種週期性的宗教潔淨行為，從個人內在的道德修為到集體賴以生活的大環境。」（李豐楙 1993b:94）「東港祭典所設定的祭祀空間，從歷史人文意義言，表現出一群不同祖籍者同在一塊土地上開發、生存，成為一種生活的也是命運共同體，大家共同凝聚在一起，抵禦外在的生存環境，而共同創造出宜於人居的生活空間。因此『境』的大小常會隨著客觀環境而衍變。」（同上引）隨著期許「合境平安」的宗教性需求下，每科迎王繞境區域與路線的安排與變化，亦可看出東港各區居民與廟堂、陣頭等，配合參與迎王活動的情感與凝聚力的變化，以及各個廟堂如何運用人力物力等實際的組織來訓練其陣頭成員，以及在迎王期間如何展現陣頭裝飾與陣法的特色，以期在眾多陣頭中脫穎而出，在這種競技心態下協助地方信仰神祇共同完成神聖性掃除、潔淨之宗教性任務。

【一】迎王陣頭，訓練縝密

東港的陣頭為了配合參加迎王的慶典活動，往往是在接近迎王期前的數月前才陸續展開為期數月的密集訓練；到更加接近迎王期的數週，才舉行奉請相關神祇入館安座的「安館」儀式，並將成員所扮的神祇之相關神位與兵器、法器、服飾等一一安置館內，早晚膜拜；或是要求成員夜宿公館內（或廟內），特別是神將團的成員，如此則是祈使成員開始進入一段與所扮演相關之神將的神靈降身賜教的神秘性感通階段，這些調練過程對扮演的神將角色之揣摩具有相當決定性的影響。所以東港的各種陣頭，都相當重視訓練與安館、以及相關禁忌所遵守的傳統，然而隨著時代的變遷，有些既有的禁忌也在實際的操練過程中產生了部份轉化，這在陣頭的組織與訓練中是相當自然的轉變。

❖ 陣頭組成，定期訓練

對於實際參與陣頭表演的成員本身而言，他們（她們）根據個人學習的興趣與因緣，而選擇參與不同陣頭的類型，有的青少年是因為父母、長輩屬於該廟堂的虔誠鸞生或信眾乃加以鼓勵而後加入，有的則是受到同儕的引介而加入，有的則是祈求神明庇佑許願應允後而加入的。

這些參與陣頭活動的指導教練和青少年，也因參與陣頭的性質不同，以及個別的資質和有無學習過的經驗，要訓練到可以正式表演所需的時間也各不相同，因而分別投注不同的訓練時間與心力。像東福殿城隍廟的二十四司，因為並無特殊或複雜的腳步與身段動作，所以只要迎王前幾天稍微指導一下動作就好；至於其他類型的陣頭，則往往需要至少一、二個月的訓練期，有的陣頭因為擔心陣法和動作太複雜，年輕的成員在迎王期表演的動作不夠熟練，甚至提前於半年前便已開始集訓，例如豐隆堂的十三金甲戰帥便是如此。然而由於迎王期的訓練都會碰到農曆七月的鬼月，在傳統習俗上多認定鬼月諸事不宜，所以許多東港的陣頭往往會在農曆八月以後，才逐漸展開陣頭的訓練；但位於興漁里的共心堂什家將則於農曆六月便已開始訓練，農曆七月仍照常訓練，但特別稟報該廟神明敕清水給成員喝，並請神明於暗中護佑訓練期的平安無事。

東港本地參加平安祭典的陣頭，多在一個月之前即開始展開密集訓練。

這些陣頭在訓練時，大多利用晚上八點多到十點多的時間，因為白天大家各有事業工作或課業，所以僅能利用晚上閒暇時間來練習。除了正式的指導教練外，往往還有多位老一輩的成員在一旁協助指導或糾正新學習的成員之動作，而東港宋江陣的練習傳統，則多由父傳子的方式，看父親學什麼兵器，他便再將此項兵器傳給其子，至於團體佈陣的陣法或拳架的學習，則再由專門的武術教練來指導。

陣頭最初成立時，往往會聘請東港當地或外地懂得指導腳步與陣法的師父前來教導，等到該館的成員學會後，便會由老一輩的繼續指導年輕一輩的，因而代代相傳下來。也有的陣頭在創館之初，或是某些陣法，是由神明附身於鸞生或乩童的方式所傳授的，例如鎮靈宮的十三太保陣、朝隆聖堂天上聖母駕前護衛聖將所學的五龍陣、心德堂的十三太保陣、豐隆堂的十三金甲戰帥陣、聖德宮十二家司等皆是。由此可知本地的陣頭訓練，大多各有其歷史淵源，也各自形成其訓練方式及技藝風格，因而構成東港迎王陣頭的本地特色。

❖安館迎神，降身賜教

根據本地所傳承的習慣，陣頭往往會在參與迎王前數日到十多日前，舉行「安館」儀式，亦即設香案呼請與該陣頭活動有關的守護神下來監察他們的訓練情形，並會將相關的服飾、頭盔、兵器、法器等，皆供奉於安館的室內；且會在公館內設置神桌和座椅數張，椅子上則放著一疊金紙，桌上加放數套茶具和煙桿，表示做為敬奉這些神將用的，廟方成員並會早晚上香供奉茶水等供品以敬神。

若該廟堂內無多餘的空間，可能會在廟旁空地上另外搭設一間臨時的棚子，做為該陣頭的「公館」或「行館」，並在公館門口旁掛上書寫著「某某駕前某某家將公館」的長木匾（如共善堂和共心堂皆設「福州白龍庵駕前什家將公館」），並會在此公館的入口處，以貼上靈符的兩支長竹杯交叉於門前或神桌前，防止不相干的信眾接近這些神將使用的神聖器物，尤其是女性，如此是為了避免神聖器物受到不潔淨的邪祟或閒雜人等之侵犯而污染，同時廟方也會要求看廟者特別留意，避免閒雜人等任意接近安館之處。

同安堂八家將「安館」的情形。

原本傳統上自安館後，特別是屬於宗教性的陣頭類者，這些裝扮各式神將的成員皆被要求睡於廟內或公館內，以便讓相關的神明在睡夢中指導動作，目前仍有些廟宇所附屬的陣頭，保持這種睡在公館內的傳統，例如聖德宮的十二家司、碧靈堂的三

叉五大神將、鎮靈宮的十三太保陣。

昔日有的陣頭還會要求成員於安館後至迎王期間或出軍日前後開始吃素齋戒、換穿潔淨的新內衣、並且不可接近女色、走入喪家、走過竹竿下、或是賭博等，包括身上所穿著衣物不可與女性的衣物混在一起洗等。而這些禁忌的規定皆是為了保持裝扮神將者身心內外的潔淨，避免受到不潔的污染，影響到所裝扮神將的神聖性，以及於出軍表演日時皆能精神奕奕地完成任務，而不會有臨時體力不支昏倒或軟腿的突發事項。而今對於出陣前後吃素齋戒這一點，廟方的主事者已不再硬性要求，因為他們考慮到現代有些年輕人吃不習慣、或擔心吃素會令他們體力不支，所以有些陣頭已不再遵循吃素齋的傳統。

【二】神將開臉，整軍待發

東港子弟為參與三年一科的迎王盛典，事前莫不謹慎挑選陣頭的指導老師，以及招募訓練的成員，當一切訓練底定，也越加接近正式出陣的日期時，與陣頭正式出軍的事前準備事宜仍須相當謹慎，包括具體展現陣頭形象與陣容的事宜：如開臉師父與臉譜的確定、以及服裝、法器、兵器、靈符等，是否完全準備妥當，這些準備工作皆會影響到陣頭的出陣之表現成效，臉部彩繪、身著戰甲、所持兵器等造型是否足以吸引群眾的目光，訓練是否可以獲得群眾熱烈的掌聲與認同等，以及陣頭是否足以順利達成神聖的迎王繞境使命等，皆是東港各個陣頭的主事者與參與者所關心的焦點。當陣頭要正式出發前，「神將的開臉」以及「開斧辭廟」等則是必備的程序。

❖神將開臉，身若神駕

陣頭到了要正式出陣表演之日，稱為「出軍」，若有彩繪臉譜習俗的陣頭，其成員於該日清晨約四點左右，便需陸續來到該陣頭所屬的廟堂內，準備接受畫師為其彩繪所屬的臉譜，稱之為「開臉」。開臉對於陣頭成員是相當重要的過程，可「讓原本的『我』成為「化裝了的我』，在打臉譜的『面具』之下，隱藏了的『我』，卻以模擬的形象重新出現。……如此暫時性的角色互換，使之完全獲致了中介狀態的模糊、曖昧，連觀看者也受激於這一狂熱氣氛而融入其中，這是凡俗生活所未之能有的神聖性狀態。」（李豐楙 1997:47-48）

由於不同類型的陣頭往往有數位到數十位不等的成員需要接受「開臉」，所以有的會先給畫師繪上臉譜，有的則先穿衣服，有的則先吃早餐，情況

並不一定。但要「開臉」前，則會由旁人捧著香煙繚繞的淨香（小型香爐），為該成員身上前前後後薰繞一下，以示「淨身」之意。而畫師在正式「開臉」前，也需將其畫筆放在該香爐上薰一下，也是「清淨」之意，此後才可開始為成員繪上其特屬的臉譜。這種「開臉」前為神將「淨身」的作用，便是明顯地區隔神將裝扮者，從「日常」、「俗世」的我即將轉化成「非常」、「神聖」的我之重要過程。

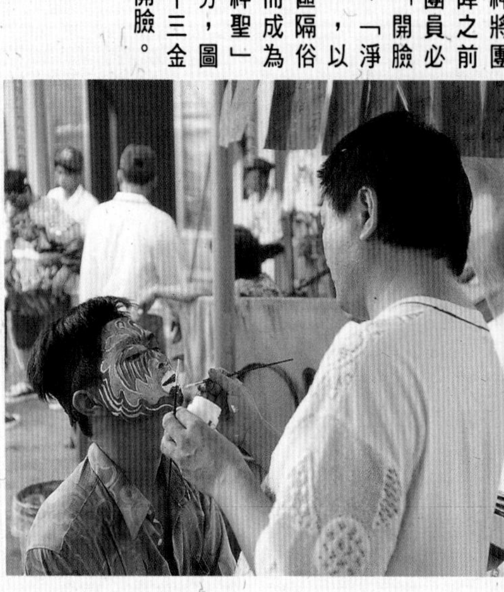

各神將團出陣之前，團員必先「開臉」、「淨身」，以示區隔俗世而成為「神聖」身分，圖為十三金甲開臉。

開臉時基本上是粗面的部份先打，細面的部份較晚打，而且是顏色較深的部份要先打上，否則淺的顏色壓不過去。以前開臉時，大塊的部份是由畫師以手指塗抹為主，細部則以毛筆繪上，後來有西洋水彩筆引進後，才再加上水彩筆的引用。至於使用的顏料多為戲劇用油彩，早期的顏料較為自然，後來因有外國進口的顏料引入，而改用品質較佳的西德進口油彩原料來塗繪。

當神將被彩繪時，臉譜範本多放在畫師身邊，至於所繪臉譜的由來，歷史較悠久的陣頭，則有由老一輩流傳下來的手繪本，如林谷容先生手邊即保留有下頭角宋江陣的手繪臉譜本，有的是在前幾科彩繪好後，以拍照的方式保留照片提供下一次繪臉時的參考，例如共善堂即是。若屬成立歷史較晚的陣頭，其初次的臉譜則可能根據神將示現給神像雕刻師時的金身作為參考，後來再以拍照存檔的方式為參考，例如豐隆堂十三金甲戰帥便是。

由於東港十九個參加迎王繞境活動的陣頭中，只有三團宋江陣和一團白鶴陣等四個陣頭沒有開臉的習俗，其餘十五個陣頭皆有開臉。因此所繪臉譜的特徵，依其所屬的性質而相當不同，其中十三太保、宋江陣部份成員、以及五位五毒大神、部份家司、神將等，屬於粉面打扮；其餘開路先鋒的小差、其他差爺、家將、聖將等，多數則為特殊而奇異的花臉裝扮。

臉譜彩繪的特徵上，有的會以其所扮演的神將之稱諱，或可以掌握表現其神格的特色以呈現其特徵，或是會在複雜的臉譜上加上一些特殊的符號，以示身份的辨識基礎。例如：碧靈堂的三叉五大神將中，因有青將、紅將、黑將、白將和黃將的稱諱，所以便在服飾顏色與臉部底色上，直接採取該色作為基本的臉譜底色。

神將團臉譜彩繪圖形因各神將的稱謂、性格而有所不同，圖為碧靈堂三叉五大神將。

至於以特殊符號為特色者，如朝隆聖堂天上聖母駕前護衛聖將則以額上有打十字紋者為蕭元帥，額頭打卍字紋者為張元帥，臉上有打五點金星者為謝元帥。而性質類似的神將可能也會繪有相同的符號特徵，這時還需加上不同底色做為辨識標準，例如金精（即桃將軍、千里眼）和水精（即柳精、順風耳），他們的臉部同樣皆繪有五點金星和金眉的相同特徵，然其區別則在前者以綠臉綠衣為主，後者則以紅臉紅衣為主。

在各式各樣的花臉中，屬於家將式的花臉是較常見的，但因裝扮的身份不同而有不同的臉部特徵，例如什家將或八家將中前四班的甘將，臉部特徵即屬陰陽臉，而柳將則屬歪嘴斜眼之特徵。採陰陽臉者表示可以上通天庭下通地府，而歪嘴者表示該神不善於語言的表達或有口給。一般陰陽臉的繪法有二：或以鼻梁為中心作垂直線左右對稱式的異色區塊，例如左紅右黑，相當容易辨識；有的則以左眉眼穿越鼻梁到右嘴角作斜線之左右不對稱的繪法，例如彩繪顏色是以左臉黑底白眼區，右臉白底黑眼區。

有的會以該神將所屬或相關之動物性特徵而加以彩繪，例如前四班中身型高挑穿白衣的大爺，打白鶴拳，臉部就會繪上似鳥面的特徵，主要是以白底紅黑細紋等來表示；至於矮胖穿黑衣的二爺，打猴拳，臉部則採棕黑面紅嘴的猴臉或狒狒臉為主要特徵。而後四季中持錘的春神，亦屬鳥面的特徵；

後四季的臉譜造型有說是孔雀、虎、龍化影、畫眉鳥的臉形的，也有說是龍、豹、虎、獅的。又如朝隆聖堂天上聖母駕前護衛聖將中的武差弼將軍，便是以黃色額頭上的紅色雉雞為其主要特徵。

聖德宮十二家司臉譜亦深具特色

豐隆堂十三金甲臉譜變化豐富、彩繪突出。

在臉部的彩繪特徵上保留動物性象徵的，最明顯的便是神將嘴角邊所露出的一對大獠牙了，據說這便是原本即屬各種「非人形」的精怪，在修練成具人形的神將過程中，修行功力尚未完全達到人形神的階段，因而還嘴角邊還掛著一對明顯的獠牙尚無法完全收斂起來，這也是修行功力深淺的一個明顯區別。以動物性彩繪臉部最具象的，要算是豐隆堂的十三金甲戰帥中吳大元帥，因其別稱為「大羅網五色蜘蛛」，所以便以紅臉為底色，以鼻梁中心畫上整隻黑色蜘蛛，再以鼻為中心點，將整個臉畫上佈滿放射狀的白色蜘蛛網線條，彩繪的臉部特徵相當容易辨識。豐隆堂十三金甲戰帥和聖德宮十二家司之奇異臉譜，亦算是東港所有陣頭中，彩繪最為突出、最有特色的陣頭，臉譜變化非常豐富。

由於陣頭的成員在畫師為其完成開臉後，便需將正式要出陣的服飾與頭盔穿戴好，胸前則掛著所裝扮神將團的香火袋，並以雙手於香爐上淨一淨，拿幾張靈符淨香後折放於腰間，以備信眾祈取，如此便完成所裝扮神將的準備工作，在身份上也開始由凡人之軀轉換成神將之軀，故而言行舉止間也需加以自律性的約束，以免有損該神將的威靈。

在出陣前因為多數陣頭皆需開臉，所以協助開臉的畫師對陣頭成員或廟方而言是非常重要的。這些畫師的由來，往往是找當地或外地有受過相關訓練的人，包括傳統彩繪匠、現代油漆匠、會美工的美術人員、畫家，或傳統戲劇演員、甚至是酒家女等；若屬畫粉面的，才會找女性的演員或酒家女來畫，因為她們較擅長畫粉面的，其餘花臉的神將團或宋江陣成員則多是由男性的畫師來彩繪。

由於畫師對陣頭的美學風格有相當貢獻，所以在迎王繞境的途中，若陣頭隊伍有行經其畫師宅前，該陣頭便會對畫師宅前所設的迎王香案上香，陣頭或神轎並以參拜方式表演致敬，這也是對畫師表達感謝之意，而畫師本人或家人則鳴放鞭炮或煙火以示恭送之意，由此可見陣頭技藝所形成的次文化現象。

❖ 整軍待發，開斧辭廟

當陣頭要正式出發（出軍）的前一晚，與出陣相關的所有事項皆需提前打點妥當，包括所使用的兵器或法器、服飾頭盔等，該重新製作、或清洗整理、或於相關的兵器或法器貼上新的靈符等，皆需一一完成，所貼的靈符多數會以該廟宇主祀神的靈符為主，少數則會事先到東隆宮祈求拿取溫府千歲的靈符來張貼。

到了出陣當日，陣頭成員已經開臉裝扮妥當，隨同的神轎也備妥後，當要正式出軍離開所隸屬廟宇時，行前得先由領隊指揮陣頭和神轎，以參拜廟宇的禮儀拜別該廟，於燒金、鳴砲、參拜、或稱「開斧」後，才可浩浩蕩蕩的離去。

由於陣頭類型不同，所以參拜的方式亦不同，有的會先由領隊上香稟告神明該日出陣的用意與出發時間已到，而許多神將團皆配有一位刑具爺，所以在廟前燒金紙一堆後，由刑具爺抖動雙肩及雙手所持刑具，不斷發出金屬碰撞的響聲，並先對該廟神明擺出參拜的動作後，再轉身邀請該隊陣頭的神將來參拜。他們都會依其習慣可能採較簡單的統一參拜神明，或是集體敬禮，或是由持雙斧的神將代表所有成員面向主神舞弄雙斧以示拜別，稱為「開斧」後，整隊才在鞭炮聲中離去。此外，具有除祟功能的神將陣頭，民眾若有需要時，皆會提前邀請他們，在出陣後參加繞境之前，事先到宅第中上上下下「行踏」一番，稱為「淨宅」。

陣頭出發參加繞境之前，必先行參拜本廟主神，圖為十三金甲開斧辭廟。

至於宋江陣和白鶴陣，因為所屬兵器的皆有雙斧，所以他們多由持雙斧者在「開斧」後，才會正式率隊離開本廟。一般宋江陣則是由宋江持頭旗的，接著再由持雙斧的李逵帶頭，所以當出陣的所有工作皆準備妥當且出發的時間已至時，所有成員持好各別的兵器，面向主廟依照順序圍成一圈，並於圈中燒一堆金紙，再由持雙斧者代表出來舞弄雙斧，即稱為「開斧」。

【三】恭迎王駕，繞境除祟

東港子弟為參與三年一科的迎王盛典所籌組的陣頭主要是宋江陣和各式神將團的武陣形式，而宋江陣是採水滸傳中與古代星宿三十六天罡和七十二地煞相關的人物為扮演的對象；至於其他神將團則亦各採與王爺神、千歲爺、天上聖母等相關的神將部屬或護衛之角色來扮演。所以東港子弟所籌組的迎王陣頭皆為武陣類型，故其裝扮、訓練、陣法及所持法器等，往往不脫英武的裝束、或是令人畏懼的尊容、崇高的法力、高超的功夫與威赫的陣法等，共同轉化驅敵致勝之用意，以之為地方百姓及虔誠信眾驅瘟逐邪及改運淨宅，達成綏靖境域的神聖性宗教職能。

參加王駕出巡繞境的陣頭，每到各區廟宇之前都使出渾身解數來展現訓練成果，圖為十二家司參拜崙仔頂鎮海宮。

一般言之，各廟堂的執事者為了能使其訓練的陣頭在迎王繞境期間，獲得突出的展現，莫不使出渾身解數，包括正式出陣（或稱出軍）的彩繪開臉、服飾穿著、兵器、法器，以至於參拜各繞境區域的大小廟宇、鸞堂時所欲呈現的隊伍陣法，以及繞境隊伍行經該陣頭隸屬的廟堂時，該如何迎接大千歲等遊行隊伍的禮儀，皆是廟堂和陣頭的成員所需注意的。這也是因為「在中國傳統社會裡，社祭、迎神賽會常是民眾的宗教性餘暇，在不必要如平常的日常工作，而從事祭典性質的活動，像陣頭表演、繞境遊行就是其中最狂熱、鬧熱的項目；從當初開始徵集、訓練到完成亮相，都能表現每一角頭、廟宇（包括鸞堂）對內的凝聚、整合功能；而對外則有相拼、不認輸的競賽、比拼的功能。」（李豐楙 1993b:101）

❖參拜廟宇，百藝競陳

由於陣頭的表演，也是東港迎王活動中較有看頭的部份，有別於眾多神轎參拜廟宇時的一致性表演，因為後者主要是由持涼傘或乩童率先參拜，再由扛神轎的轎班隊來參拜，而地主廟則於參拜間燃放鞭炮或煙火、敲鐘擂鼓；加上乩童捧淨香以特殊步伐（如七星步）相迎，以示歡迎或恭送，所以神轎參拜部份，其表演性質的活動較為雷同。

陣頭參拜廟宇時往往會掀起信眾擠擁圍觀的期待高峰，因為這些裝扮特殊的各類陣頭，不論是他們臉部詭異的油彩臉譜、雄偉的魔甲或是各種特殊服飾、穿戴的頭盔或是高聳美麗的雉尾毛、以及他們手上所持的各式或長或短的雄偉兵器或法器寶物等，對觀賞的信眾而言，在視覺上早已呈現出色彩繽紛的刺激性效果；再加上熱鬧的鑼鼓點或是刑具爺所擺動的刑具聲、或是熾烈的鞭炮與煙火聲，夾雜著煙哨味的嗅覺刺激等，各式參拜地主廟的陣頭，便在這種煙霧迷濛的熱鬧氛圍中，展現出他們經長久訓練後的最佳身段與步伐，而交叉行走的各種複雜陣法的變化，更令圍觀的群眾為之嘆為觀止。

神將陣頭充滿力量的身段、步伐每每吸引人群的駐足圍觀，圖為大潭保安堂八家將的展演。

陣頭表演在進入「若狂」的入神狀態時，這些「平常」並不特別起眼的小角色，卻在角色、身份轉換後轉變成為群眾注目的主角，這是整體表現所形成的神聖性氣氛，使這些角色的形象、動作完全進入了「非常」的神聖狀態，尤其是當各式陣頭的成員，展現出被所裝扮的神明附身時，那種異乎尋常的臉部表情、充滿力道的身段與步法、或是驅趕

蜂擁在廣場邊圍觀妨礙神將表演的人群，都讓人感受到宗教的神秘魅力。而在一旁的人緊急趨前扶持照料被附身的神將在退神時的緊張場面，以及那些關心自己小孩的父母和長輩，常在孩子裝扮神將表演完的空檔，趕緊趨前遞飲料擦汗，或是一旁的護持者以膝部充當裝扮神將者的椅子所自然表現出的關懷動作等。諸如此類展演場上的一舉一動皆緊緊捉住圍觀群眾的目光，令人禁不住屏息以待，期待著他們的一舉一動帶來視覺和嗅覺上種種感官的刺激高潮。圍觀的群眾也可與旁人相互談論，比較今昔不同陣頭間的表演特色，以及個別的觀賞心得與感受。在進入節慶歡會的氣氛時，整個社會舞臺即自然地逆轉：角色顛倒、場地轉換，圍觀者此時也在狂熱氣氛中成為其中的一體，所以廟前的廣場，便是這類民俗陣頭最佳的展演場所。

❖拜廟陣法，五花八門

東港的迎王陣頭中，除了娛樂性較重的音樂性陣頭外，其餘陣頭包括宋江陣和眾多神將團等，皆因為某某廟宇或鸞堂神明的駕前或護衛，所以這種性質的陣頭，其成員大多需要學習防禦性和攻擊性的武術招式、腳步和陣法，而不同陣頭也因所供奉神明的系統和陣頭成立的性質，被禮聘來指導腳步和陣法的老師不同，因而展現出不同的腳步與佈陣特色。原本早期具有戰略性或宗教性驅邪逐疫的陣法，流傳到東港後，尤其是在迎王期間則多被該地視為參拜廟宇之禮貌性和表演性的作用，當他們的隊伍來到不同廟宇前，也會因應與該廟宇的交情、廟埕的大小、表演的時間等因素，而變通地擺出不同的拜廟陣法。以下即分別以白鶴陣、宋江陣、神將團的幾個基本陣法為例加以說明。

⊙白鶴陣陣法

汕尾舊嘉蓮宮白鶴陣的「鴛鴦公母陣」陣法

東港唯一的一陣白鶴陣，是汕尾舊嘉蓮宮白鶴陣，成員中有的會特別加強個人空拳的演練，或是持某種兵器的操練，以及團體陣式的演練。其陣法特色是由「鴛鴦公母陣」變化成「白鶴展翅陣」，鴛鴦公母陣是由成員以一縱列前進，再由排前面者以一左一右分開的方式逐漸分裂成兩列，並在定點分別往外圍回走。所謂成兩列前進，即彷鴛鴦一公一母，有一正一反、一實一虛之意，待誘敵不察尾隨進入後，再以兩列往外圈回走反包圍，再將敵人困住，此即「鴛鴦公母陣」的用意。

白鶴展翅陣主要是防禦性的陣式，隊員先以成一縱隊方式，到某一定點再往外圈回走，並邊走邊形成兩列不規則狀的排列方式，以持兩隻頭旗的長釧做為鶴之雙眼的頭部，以一位持大刀者做為鶴嘴，雙斧和前剛鈀充作鶴頸，接著六位持籐牌者分兩排形成較寬廣的兩翼，而後由其他隊員成一縱列成為鶴身，到了鶴尾則由後剛鈀作結束，至此即形成完整的一隻鶴身。此陣成員皆是身穿白衣白褲，當前後或左右兩兩對打時，便展現出白鶴展翅的雄姿，此即防禦敵人入侵的陣法。

⊙宋江陣陣法

由於東港有四個不同地域所出的宋江陣，隨著不同的師承淵源，即使所用陣名相同，實際演練時所擺的陣法也會稍有出入。若以下頭角宋江陣所演練的陣法為例，他們至少可擺九種陣法，即一字長蛇陣、開四門、蛇游串心、蛇游七星、成兩儀、刀巷陣、蛇脫殼、兩儀蚊蜂入巢、蚊蜂出巢。而東港的其他三團宋江陣，也或多或少有一字長蛇陣、青刀巷、打連環、內外巡城、開四門、七星陣、排八卦、黃蜂出巢等陣法。但不同團所演練的陣法仍會稍有出入，即使使用同一陣名，實際擺陣的內容卻未必相同。以下簡單說明各種陣法的使用特色，前九項為下頭角宋江陣的陣法，後面則分別以別的宋江陣所擺的陣法作補充。

◆一字長蛇

所謂「一字長蛇陣」，即由持頭旗者帶隊，持雙斧者接續，一共三十七名成員各持相關兵器成一路直線縱隊彷如一條長蛇般，緩緩前行者即是。

◆拜斗開四門

開四門拜南北斗的陣法，先是隊伍面向廟宇成一路縱隊，以與廟身中心點成垂直線為參考定點，於一定點再轉身背對廟宇向一側緩緩前進，俯瞰形成圓弧狀的線條，依序到四個天門的定點再轉身迴轉，象徵分別開了四道天門，此即「開四門」。

◆蛇游串心

「蛇游串心」即隊伍成一縱隊，由持頭旗者帶領面向廟宇前進，到某一定點再採右側轉身背向廟宇行進，俯瞰很像長蛇遊走再迴轉，此即蛇游串心，主要做為攻破敵陣之用。

◆蛇游七星

「蛇游七星」即隊伍仍採如長蛇般的一路縱隊，面向廟宇前進，但隊員卻隨頭旗以快速奔跑之姿，於某定點轉向以向左斜前方或向右斜前方前進的方式，形成連續 W 字型前進路線，共於七個定點轉向，象徵連結七星的威力，猛烈攻破敵軍的陣容。

◆成兩儀

成兩儀則是隊伍由一縱隊，逐漸轉化成兩隊，一隊採順時針方向前進，一隊同時採逆時針方向前進，形成內外兩重圓弧線，並可逐漸形成一圓圈，共同防禦外敵入侵，這是兼具進攻與防守的陣法。

◆刀巷陣

隊伍形成一圓圈狀後，於背對廟宇時，逐漸形成兩列並向外圍轉身前進，左翼一隊屬長兵器，右翼一隊屬短兵器，當共同走到接近廟前的定點時，再轉身走入內側，背對廟宇成兩列直線前進，接著可左右以兵器兩兩交叉防禦，一對對對打後，再交換位置對打，重複一次，便換回原位。此陣即為刀巷陣，可前攻後守，或可前後一起對外防守。最後成員尾隨頭旗者一個個進入刀巷陣內，再度成為一路縱隊的原始隊形，準備變化成下一個陣式。

內關帝保安宮宋江陣的「刀巷陣」陣法

◆蛇脫殼

蛇脫殼是指隊伍仍由一路縱隊之隊形，逐漸往前走而分裂成兩列，此即代表蛇身兩側外皮，而此兩列之前端再同時往外翻轉，往另一端前進，此即彷如長蛇脫去外殼般，可重複幾次，代表脫去幾層蛇殼，此陣乃包圍敵軍之陣法。（此與汕尾白鶴陣所謂的「鴛鴦公母陣」陣法與運用相當雷同）

◆ 兩儀蚊蜂入巢

隊伍如前述之「成兩儀」陣式，再逐漸尾隨頭旗轉入內圈，彷彿蚊蜂般一隻隻飛入巢內，並依其相關位置採八卦方位排列進入陣內並停駐於定點，緩緩形成四重同心圓之八卦陣容，長短兵器參差排列著，而八面籐牌則屬最外圍，充當蜂巢的外殼，也是外圍的守護網。

此時隊伍再以鄰近者兩兩對打，繼而向內圈縮小範圍緊緊相連，集結成一緊密小方塊隊形，象徵遇外敵入侵時保護最中心的母蜂王之意。之後仍採八卦方位再集體放射狀的往外圍躍出數步，這彷如形成一個完整蜂巢般的守護網。

◆ 蚊蜂出巢

隊伍在完成四重圍防守的蚊蜂入巢陣容後，再由持頭旗者由開口處率先跳出來，而後成員一個個依次跳出來，或兩兩對打後跳出來，此即象徵如蚊蜂出巢採食花蜜般有主動出擊行動之意。（上述九項是屬於下頭角宋江陣所排列的陣法）

下頭角宋江陣的「蚊峰出巢」陣法

◆ 蜈蚣腳

下頭角宋江陣所謂的「七星陣」，與大潭保安宮宋江陣的「蜈蚣腳」陣法類似，即前者採連續「W」字型的七星為定點轉向處，而後者是如蜈蚣腳般連續「U」字形彎曲快速前進攻擊，用以衝散敵人的陣容。

◆ 打連環或連環損

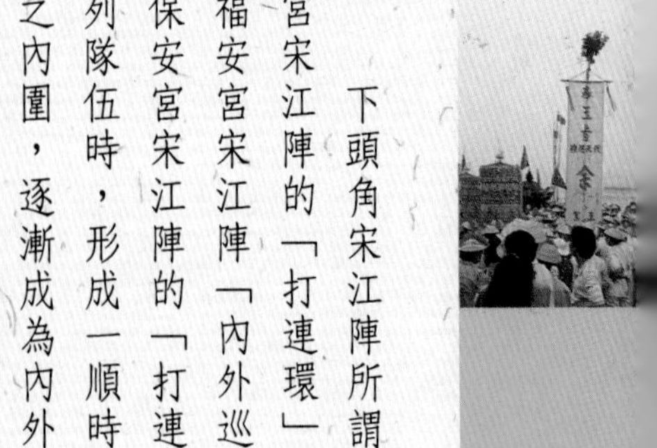

下頭角宋江陣所謂的「成兩儀」，與大潭保安宮宋江陣的「打連環」或稱「連環損」或與船仔頭福安宮宋江陣「內外巡城」之基本陣容類似。大潭保安宮宋江陣的「打連環」是在由一路縱隊分成兩列隊伍時，形成一順時針走之外圍，和一逆時針走之內圍，逐漸成為內外兩圈彼此逆向行走的圓圈，繼而內外圍者兩兩對打，打完再依序與下一位對打，此即連環損。

船仔頭福安宮的「內外巡城」陣法

◆內外巡城

船仔頭福安宮宋江陣的「內外巡城」是，當隊伍如同前述兩儀陣法，形成內外兩圈逆向而行的對伍時，即代表由持頭旗者率隊先巡守外城，持斧者率隊先巡守內城，當兩隊逆向前進到某一定點交會時再反相向出來，亦即原巡外圍者走入內圍開始改巡內城，而原巡內圍者改巡外城，當巡守完畢，於某定點再由頭旗者先出來，而持斧者再接著跳出來，兩隊人馬依次遞補排合併成一列，此即內外巡城的陣法。

◆排八卦

大潭保安宮宋江陣有「排八卦」，他們的排法是先排八卦再收八卦，即由三十七名宋江陣的成員，先以一路縱隊隊形緩緩前進，依八卦方位逐漸排列成八卦陣，先以面對廟門接近廟宇中央十二點鐘位置佈下第一卦，每一卦由四名成員組成，穿越中心點後，再於對面等距離之六點鐘位置佈下第二卦的四名成員，接著左轉至三點鐘位置佈下第三卦，穿越中心點於九點鐘位置佈下第四卦，再左轉行至一點鐘位置佈下第五卦，穿越中心點於七點鐘位置佈下第六卦，再左轉行至十一點鐘位置佈下第七卦，穿越中心點時佈下連同頭旗的五名成員，再行至五點鐘位置佈下最後四名成為第八卦，此時八卦陣已完成。

大潭男子宋江陣的「排八卦」陣法

繼而以分佈於八方位上每一卦之四人一組，兩兩連環對打和防禦，表示此乃全面性進可攻退可守之陣法。之後再由位於中心點的頭旗率隊走出來，並仍依照當初佈下八卦陣的位置之次序行走，而該位置之隊員則陸續尾隨在後，如此逐漸將八卦陣一卦卦收起來。

⊙神將團的陣法

由於東港有許多不同類型的神將團，各陣頭所擺設的陣法相當不同，這些陣法亦有因應需要而具有降妖除魔的作用，在迎王期間陣頭所演練的陣法，主要的即在於參拜廟宇的禮貌性作用，讓地主神看看該陣神將的操練成果，也同樣讓信眾共同認識他們辛苦訓練的成績。

不同神將團間所習的陣法差異甚大，如鎮靈宮十三太保陣是排「十字劍雲陣」、溫府正修堂的御前聖將是排「天羅地網陣」、朝隆聖堂的護衛聖將是排「五龍陣」和「四門陣」、豐隆堂的十三金甲戰帥是排「太乙反步陣」和「射箭陣」等，在此僅以東港神將團中較具代表性的家將團所操練的陣法作基本介紹。原本家將團有「開四門」、「踏七星」、「走八卦」等三種陣法，但因每科參加迎王的家將團在學習的過程中，未必能夠學習齊全，茲舉幾例說明。

由於東港共意堂（共善堂）的什家將是東港第一個家將團，歷史最悠久，而東港其他神將團的陣法也有部份是由共善堂的鸞生去指導的，例如：東港共心堂的什家將、同安堂的八家將、碧靈堂的三叉五大神將等皆是，而福龍堂八家將則由共心堂的鸞生在指導，所以亦屬共意（善）堂的系統。但目

前共意堂的什家將只保留「開四門」和「踏八卦」的陣法，因而以共意堂所排的「開四門」和「踏八卦」兩陣法為例做介紹。共意堂什家將的陣法最初是源於台南市的白龍庵如意堂（元和宮），其相關陣法與石萬壽先生所研究的台南西來庵的家將陣法相比較，卻差異較大，可知東港的家將團在傳承上屬於台南白龍庵的系統。

共意堂的什家將有八卦陣、踏七星、太極兩儀陣等，但因每科迎王祭典該堂隊伍總是在後頭，以及裝扮家將時間非常長，怕新進人員體力透支，所以通常沒有表演太複雜的陣法，一般新進人員要參加三、四科後，才會逐漸學習到踏七星、八卦陣等，且有些陣法需經王爺同意才能擺，所以一般多擺「開四門」的陣法。同樣由共意堂老師傳承下來的同安堂八家將，也仍保留有「開四門」、「踏七星」、「八卦陣」的陣法，在此以同安堂的「八卦陣」補充說明，只是今年該館的八家將僅學到「開四門」而已。

◆開四門

什家將是由八家將中的前四班和後四季，加上兩位文武判，共十名所組成，所以八家將與什家將在擺四門陣時，基本上是相同的，亦即當刑具爺參拜完畢邀請前四班並退到一旁時，先由前四班採「對照」上場排陣（即柳爺對甘爺，二爺對大爺的儀式動作），接著再兩兩「合照」（即由大爺對柳爺，甘爺對二爺的儀式動作），當甘柳爺合板後獻出四門陣的前奏；再由二爺以扇子作信號，由逆時針方向後轉至各將原位，則是完成四門陣。之後由下四季依相同步法上場，前、後四班（或八家將）在四門陣後再行二爺座板藏寶，如此三進三退的攻防戰陣後，再行拜神照花蕊的散陣動作。若有文武判時，則為什家將，最後再加上文武判二位上前跳大花步參拜做為結束。

什家將中前四班和後四季以及文武判的基本排法是：面向廟宇，分高板（左手邊）和低板（右手邊）兩排，兩排一對的先後順序為：甘爺和柳爺、大爺和二爺、春神和夏神、秋神和冬神、文判和武判。

當要開四門時，首先由二爺走向前參拜甘、柳爺後，再走到甘爺的前面停住，接著再由大爺往前走參拜柳、甘爺後，再走到柳爺的前面停住，接著柳爺再往前走，排在大爺的前面，並與二爺相鄰，甘爺則留在原位。所以形成分守四方位的新陣形，即二爺和柳爺在前、甘爺和大爺在後，但原來以水平方向配對的甘柳爺和大二爺，此時即成斜對角配對。此時的前四班也以斜對角配對的對照方式，同時逆時針走正方形四個方位，並回到原點。

之後，由大爺走出來背對廟宇，與其他三位對照，而甘爺、二爺、柳爺三位則橫排成一列，圍住廟宇的香爐，即為「坐寶圖」，這也是神明最容易入身的時刻。等對照完畢，再依原配對隊形兩兩對照，此即「合班」，並於相繼參拜致敬後離開場上。

共善堂什家將的「開四門」陣法

共善堂什家將「開四門」陣法中的「坐寶」(圍爐)

當前四班在開四門進行到一半時，後四季則同時進行開四門的動作，亦即由穿橘衣的冬神開始往前面斜對角線走，到穿黑衣的春神前面停住，而穿青衣的秋神也往前面斜對角線走到穿白衣的夏神前停住，形成橘青一對在前、黑白一對在後的形式，接著再兩兩對照以逆時針方向走四個方位，並回到原點。

之後，持鉛桶的秋神走出來背對廟宇，與其他三位對照，而持棰的春神、持花籃的冬神、持蛇的夏神三位則橫排成一列，即「坐寶圖」。等對照完，再依原配對隊形兩兩對照，此即「合班」，並於相繼參拜敬禮後離開場上。最後再由文武判上場以花步參拜敬禮。

◆踏八卦

目前共意堂的什家將除了「開四門」外，也有「踏八卦」和「八卦陣」陣法，但八卦陣是在有身患重病及異樣時，經王爺旨意答應才可擺此陣，一般迎神賽會是不會表演此陣法的。

該堂只有前四班有在踏八卦，後四季是不踏八卦步的，但後四季則為擺八卦陣的主角。踏八卦的陣法是接續在前四班於開四門完成時，後四季仍持續進行開四門的動作，而前四班先以分佔「正十」字形的四個方位點，形成大四方形的陣法，再以逆時針方向由四個人依「斜十」字形的四個方位點走

另外四個方位，並形成縮小的菱形四方形陣法，綜合起來八卦的八個方位點皆有踏到，此即「踏八卦」。

◆八卦陣

同安堂八家將所擺的八卦陣，首先先形成前四班在外圍的正四方形，而後四季再入內圈，形成菱形四方形的內圍，中間則有小差一位。接著再由後四季和前四班跳入內圈，逼近小差，共同縮小八卦陣的範圍。接著仍以小差為中心點，四季跳出成為外圈，而前四班走入成為內圈，這時再由居外圍的後四季以順時針方向走動，當走回原位後再改成逆時針走，而居內圍的前四班則先以逆時針方向走動，回原點後再改成順時針方向。內外兩圈同時轉動，如此來回三次，之後在外圈者與內圈者兩兩對換位置，而小差則坐在地上。這是同安堂以八卦陣的方式，表達對參拜神明的敬意，俯瞰很像一朵蓮花的開放，此陣法不是圍困犯人的陣法，若小差不在陣內時，才可變化來捉拿鬼犯。

◆踏七星

東港的陣頭中，所謂的踏七星，皆以連續W形為主要陣法或步法，而非如北斗七星中有四顆星所組方斗，再加三顆星所連成的杓柄。同安堂八家將的踏七星，是指由八家將分別下去走，並且站在七星的定點上，而由大爺和二爺分別位於七星的前後兩端。

至於共和堂和共明堂的五毒大神也有「踏七星」，該陣是由前四位五毒神於「踏四門」後，再由中間穿黃衣的五毒神，踏七星步並不斷揮舞拂塵於空中。但共和堂和共明堂兩間五毒大神，所展現出來的踏四門和踏七星之完整陣法，彼此並不相同，應有其不同的傳承淵源。

◆七星陣

聖德宮姚府四千歲駕前十二家司有排七星陣，他們是由位於十二家司前的一位小差和六位武差，分別上場佔住七個定點，成為「小七星」，共同排列成連續W形的七星陣，當佈下七星後，再由十二位家司走入七星陣中，整隊穿過七星陣後，再成兩列倒走回來，這時充當七星點的差爺也逐漸尾隨在後，這便是「收七星」，此即七星陣的陣法。最後回復成兩列隊形，但差爺排在最後，再逐漸往前走歸隊回復成原隊形。

由上述各種陣法的排練，不論是白鶴陣、宋江陣、或是各種神將團的陣法操演，皆可明瞭其陣法原本具有兵法上敵我雙方競技鬥法的意味，運用於宗教性的儀式上，卻被演繹成具有法力的神祇率領其部屬與無形的鬼魅邪祟相互對伏的象徵性意義；同時這些陣法的操演也有對參拜的主神表達敬意的蘊含。也因為陣頭多是在各廟埕上表演，無形中就具有濃厚的競技意味，所以對於陣頭的造型到特殊陣法的訓練、傳承與創造，不論是源自師父的傳授或是神祇的降身指導，皆是各角頭廟宇或鸞堂所珍視且引以為傲的。

共明堂五毒大神的「踏七星」陣法

❖王駕出巡，分區繞境

東港的迎王繞境活動，主要是由負有代天巡狩任務的大千歲等蒞境進行視察，「一方面對於善男信女的言行一致與否，加以核驗、獎懲；而另一方面則是對於魑魅魍魎、疹疫妖災，進行徹底地掃蕩、掃除，以撫靖境內。為了綏靖的聲威，除千歲所統領的兵將，其他的神轎、陣頭也都熱烈前來參加繞境，以助威勢。因此繞境所至，神轎在神將、陣頭等的護衛之下，鑼鼓喧天，鞭炮競放，聲勢浩壯，神威赫赫。而且隊伍長列，綿延數里，按照每天規定的路線巡繞於各角頭廟、堂，穿行於各區域街巷，類似的巡繞掃蕩實具有濃厚的驅祟、靖安的儀式意義。」（李豐楙 1993b:94-98）

王駕出巡時諸總理將千歲爺令牌請出，準備出發繞境。

王駕出巡繞境，在千歲爺令牌請出之後，內司隨即將代天府大門封閉。

奉置於神轎之內的大千歲正、副令。

有關參與迎王隊伍的排列順序與繞境路線，東隆宮的指揮科執事人員早已事先安排妥當，丁丑年為避免大千歲延遲返回代天府，而首開先例將各廟宇的神轎與陣頭隊伍分開，分為甲隊與乙隊，而甲隊之前則為地主廟東隆宮的溫王隊、新厝仔角的神農宮（伏羲、神農、燧人）、莊母新街新隆宮（朱府千歲）、田中中隆宮（池府千歲）、恆春恆隆壇（溫府千歲）、東港三大公廟之一福安宮（福德正神）、及另一公廟朝隆宮（天上聖母）等七隊神轎。整個隊伍即由地主廟東隆宮的溫王隊在前帶隊，其他六個隊伍不用參與抽籤排隊則是各有不同的理由，東港新厝仔角的神農宮據說是因為該廟主神是遠古的三皇，故特別尊崇而不用參與抽籤；新隆宮則因地屬莊母新街一帶，或傳為溫王出祖地，為不忘本而免抽籤；而田中村的中隆宮和恆春的恆隆壇，據說是自古以來他們在交通不便的環境下，仍不遠千里的前來參與東港迎王活動，地主廟在感戴之下特別禮遇而使其享有免抽籤的特權；接著福安宮和朝隆宮則是與東隆宮同為東港三大公廟，故而特別禮遇之而免於抽籤。

在溫王隊部份則為砲首、先鋒官一位（擔豬腳）、吹班、班頭、兩位監斬官、崙仔頂副總理、溫王轎。甲隊和乙隊中間則為顧問、王馬、頂中街中軍府隊（著白衣）、下中街五千歲隊（著蓮藕色衣）、埔仔角四千歲隊（著綠衣）、頂頭角三千歲隊（著黑衣）、安海街二千歲隊（著粉紅衣）、下頭角宋江陣、下頭角大千歲隊（著黃衣）等七角頭轎班所共同負責的隊伍。

王駕出巡繞境隊伍由溫王神轎前導

王駕出巡繞境各神轎隊伍由大千歲王駕壓陣，其後才為各陣頭。

在東港迎王平安祭典期間，陣頭主要是參與第一天恭迎代天巡狩的五位千歲爺共同駕臨的「請王駕」（「請水」）繞境活動，以及後面三到四天不等的街區繞境活動，尤其以第一天最為熱鬧，因為本地與外地陣頭參與的最多。其餘的王駕出巡區域以丁丑正科為例，第二天繞行南區，第三天繞行北區，第四天繞行中區，第五天繞行農區，所以陣頭共有五天的繞境拜廟活動。迎王繞境街區部份，向來會將隊伍時常經過的中區排在後面，至於南北兩區的先後順序則每科輪流，而丁丑正科恰好輪到應該先巡南區。加上一科前恢復繞行農區的傳統後，便需再增加一天的繞境活動。

這些路線的安排涵蓋了東港主要的七大角頭區域與境內的大小角頭廟與鸞堂，以及其他農村地區的主要庄廟。每當繞境神轎隊伍與陣頭，行經大小廟壇前時，皆會視交陪關係與廟埕大小而以不同陣法來參拜廟宇，這是民間廟會活動中送往迎來的基本禮儀，並且也是東港迎王繞境活動中各類陣頭能夠盡情表演的重要時刻，這是民眾在迎王活動中體驗熱鬧氣氛的最好機會。

眾多陣頭的分區繞境，主要是配合代天巡狩的大千歲等之繞境活動，除了增壯大千歲的威儀外，沿途由具有神將開臉或威儀特大的宋江陣等陣頭參與出巡繞境，皆可為地方虔誠的信眾與百姓改運淨宅，帶來驅除邪祟、祈使合境平安的宗教性需求。而大千歲每三年一科駕臨東港，即屬「週期性的代天巡狩，也就是奉玉旨巡察境內，也幫忙溫王一次又一次重新潔淨境內。」（李豐楙 1993b:94）

◎第一天請王駕（請水）需經牲母新街

所有的隊伍除了七大角頭的轎班需於東隆宮前集合外，其他神轎與陣頭則於請王駕當日，自行於

中午時前往向來請王駕的地點等候，亦即鎮海里鎮海宮前的鎮海公園海邊。等到千歲爺駕到後，所有的隊伍才依序整隊前往莊母一帶，向該地新街地主廟新隆宮（主神朱府千歲，陪祀有溫府千歲）參拜，而後帶隊進入東港街內，返回東隆宮前，準備是夜過火入廟安座。（參見附件的路線圖）

請水之後繞境隊伍經過新街「新隆宮」

請水後，隊伍必須先繞經莊母的用意曾有數種說法：一是傳說新街一帶是莊母，也是溫府千歲來東港開基發揮的祖地，後來溫府千歲指示要到現在安海街的新地理發揮，所以才發展成目前的東隆宮。為了不忘祖地，所以每逢請王駕起來未入廟安座前，皆需先來新街新隆宮向地主廟參拜。二是傳說新街一帶（指海岸線未崩塌前，現為新建聚落），在日據時期仍是商船靠岸之處，許多富有的郊商在此地發展，昔日迎王活動因交通不便，原本只有繞境兩天而已，某一年迎王活動時，該科大總理募款時因為經費籌組困難，而向新街一帶的郊商商量，結果新街的郊商以迎王請水後，需先到新街繞境為條件，自此才形成此例。

⊙ 第二天繞境南區

南區是東港鎮後寮溪以南的所有區域，以及北寮溪以北靠漁港的一部份，包括東港街七大角頭中的下頭角、崙仔頂角、安海街，以及非七大角頭的嘉蓮里等，主要屬於漁業區、部份新興住宅區和少數商業區。繞境途中會經過且需參拜的廟宇依序包括：下頭角的聖德宮（姚府四千歲）、東福殿城隍廟（城隍尊神境主公）、東聖宮（朱府千歲）、共明堂（邢府千歲）、震靈宮（朱府千歲）、德隆宮（高府千歲）、震隆宮（朱府千歲）、共心堂（邢府千歲）；接著進入崙仔頂角的鎮海宮（七府代巡蘇府千歲）、忠烈宮（延平郡王，信眾主要為下頭角人）、三姓祠（傅、石、馬三姓公）、萬德堂（萬善爺公）；接著先後行經嘉蓮里的兩間後壚嘉蓮宮（大清府松王爺）和汕尾嘉蓮宮（朱府千歲）、慈峰宮（朱府千歲）、下頭角的明善堂（濟公活佛）、靈帝殿（何府千歲）；行經安海街及東港鎮的公廟福安宮（福德正神）、福安堂（福德正神）、同安堂（吳府千歲）、溫府正修堂（溫府千歲）、終點是東隆宮（溫府千歲）。（參見附件的路線圖）

王駕出巡繞境南區各神轎參拜崙仔頂鎮海宮

⊙第三天繞境北區

北區繞境範圍主要是包括漁會一帶的新生地、新街、內關帝、埔仔角等街道，其中內關帝較接近農區，而漁會一帶的新生地則是東港相當熱鬧的漁市場交易區、冰廠，以及東港與小琉球的間觀光船的接駁處，其餘則是商街與住宅區。繞境途中會經過且需參拜的廟宇依序包括：位於新生地的朝隆聖堂（天上聖母）、新街新隆宮（朱府千歲、玄天上帝）、內關帝保安寺（觀音佛祖）、埔仔角與善堂（三興殿三恩主、天上聖母）、天鳳宮（天上三聖母）、鎮南宮（李府千歲）、最後經明德堂（菜堂，不參拜）而入東隆宮（溫府千歲）。（參見附件的路線圖）

王駕出巡繞境北區，陣頭參拜朝隆宮。

⊙第四繞境中區

北區繞境範圍主要是包括安海街、下中街、頂中街、頂頭角、新厝仔角、埔仔角、船仔頭等地，這些地區主要為商業街和住宅區的特色。繞境途中會經過且需參拜的廟宇依序包括：安海街共和堂（邢府千歲）、碧靈堂（徐府三千歲）、東南宮（劉部堂，劉府千歲）、下中街及東港鎮公廟朝隆宮（天上聖母）、頂中街共善堂（邢府千歲、進水宮金府千歲）、頂頭角東隆壇（江府千歲）、新厝仔角神農宮（伏羲、神農、燧人氏三皇）、埔仔角鎮靈宮（文衡帝君）、隱善堂（濟公活佛）、船仔頭福安宮（福德正神）、安海街及東港鎮公廟福安宮（福德正神）、香吉堂（田府元帥）、最後回東隆宮（溫府千歲）。（參見附件的路線圖）

王駕出巡繞境中區，隊伍經過東港漁港碼頭

⊙第五天繞境農區

這是陣頭參與迎王繞境的最後一天，行經範圍主要是農業區的大潭、下廍、三西和、興農社區（海坪、本司街）一帶，由於需行經農作區域，在寬廣的綠色空間上，成排成列的陣頭逶迤而行，形成視覺上強烈的對比，這是與在鎮內的街道景象呈現完全不同的美感效果，這些居民所種植的大概是稻

王駕出巡繞境農區，隊伍迤邐於田野道路之間。

子、豆類、香瓜、椰子等，表現著豐饒的農村景象。這一日繞境途中會經過且需參拜的廟宇依序包括：大潭里保安宮（保生大帝）、保安堂（玄天上帝）、保安玉天宮、下廍里超峰寺（觀音佛祖）、建安宮（清水祖師）、三西和聖母堂（玉皇上帝、王母娘娘、天上聖母）、三西和三隆宮（李府王爺）、與農里東興宮（朱府千歲）、九龍宮（司命真君灶王公）、最後返回東隆宮（溫府千歲）。（參見附件的路線圖）

王駕出巡時各廟堂皆會在正門前方鋪設紅毯，上置金紙以恭迎大千歲王駕。

當繞境隊伍依路線巡經東港各區之大小宮廟、鸞堂時，該地主廟的陣頭便會先行折回本廟，以便迎接即將到來的大千歲及各隊前來參拜的神轎與陣頭；而地主廟的執事人員皆會準備相當多的鞭炮與煙火、金紙、香枝、淨香等來迎接，特別是當大千歲來臨時，鞭炮與煙火的施放更加精彩；並且各廟堂皆會在廟宇正門前鋪設一條紅毯，上置許多金紙，以示歡迎大千歲的聖駕蒞臨該廟，以與主神相敘，而持淨香的鸞生更會特別起駕跪地恭迎王駕與恭送王駕。此外特別會受到信眾禮遇的便是身馱王印的王馬了，執事人員會特別為王馬準備糧食與飲水，糧食包括馬草、紅蘿蔔絲、馬鈴薯絲等，有時王馬也會賞光地吃著廟堂執事者所準備且跪地恭獻的糧食與飲水，這也令該廟堂的執事者非常喜悅。

王駕出巡時許多廟堂亦會準備「馬草水」，恭獻給王馬食用。

在迎王繞境期間，各廟堂若遇到友好的交陪廟前來參拜廟宇主神時，也會由鸞生持淨香之香爐迎接，或以神轎相迎送，亦有特地獻上香枝做為回拜之禮的；而更慎重者則會準備一箱箱的飲料、香菸、或紅綢布，獻給前來參拜的神轎主神和陣頭神將等。如此送往迎來的場合，在在表現出各角頭廟壇間在長久互動後，所共同凝聚出來的宗教性信仰情感與友誼，不論是否為同一主祀神，人與人間或神與神間，所建立的友誼皆可在這種宗教性的廟會活動中具體展現與凝聚。整個東港鎮各角落的神祇與其外地交陪廟的神祇與信眾，就因這種週期性的繞境活動與儀式反覆進行，終而凝聚成一種週期性的神聖關係網絡，長期以來使彼此的關係能夠維續不墜。此外在繞境期間，每當神轎獲神將團通過時，民眾也常會沿途跪地排成長列，祈求神轎和神將團為他們改運祈福。這也是陣頭繞境為地方善信除祟宗教功能的彰顯。

東港地區這類充滿民俗傳承的陣頭參與民間廟會的慶典活動，可以帶動慶典的熱鬧活動而達於觀賞情境的高潮，然而近年來參與東港迎王繞境活動的陣頭類型卻有逐漸減少的趨勢，其原因涉及主辦每科迎王活動的地主廟東隆宮之執事人員的觀念與態度之影響，由於當地與遠地各廟宇鑑於東隆宮溫府千歲的神威顯赫，加上對值年大千歲蒞境所帶來的合境平安之期許，或因能參與迎王繞境活動之盛事而歡欣鼓舞，所以大家莫不紛紛放下日常手邊的工作，希望可以踴躍參加報名這一非常時期的繞境活動。

由於多達上百陣的大小神轎與陣頭共同穿梭於東港鎮內大街小巷，並陸續向行經的地主廟壇一一參拜的話，往往耗時冗長，自上午九點出發，往往要到半夜尾陣才回到東隆宮前，由於東隆宮方面認為陣頭參拜廟宇的表演，拖延了繞境的隊伍與時間，因而決議分成無陣頭的甲隊和有陣頭的乙隊，且甲隊排在前面，乙隊排在後面，同時拒絕有出事或不受廟方管制的陣頭報名，加上東隆宮主事者的行事作風與經費運用多少也造成部份地方人士的議論，這些因素乃是逐漸導致參與迎王活動的陣頭類型減少的原因。所幸因經費分擔產生誤解而曾經停止繞境三科的農區，經協商後於民國八十三年恢復繞境的傳統。

各廟壇陣頭的組織參與迎王繞境活動，正可展現出東港境域中，次級廟堂積極參與地方公廟的廟會盛典之交陪關係，亦即顯示不同社群間的信眾如何透過盛大的迎王活動，共同凝聚在一起。藉由此類力量促使信眾對溫府千歲加強其信仰，並恭迎代天巡狩的千歲爺蒞境視察，如此結合其他次級境域的神祇，齊心協力配合千歲爺奉玉旨巡狩，在宗教信仰上共同完成東港境域的除祟與潔淨，而在節慶生活上，則是期使百姓、信眾在日常家居生活之外獲致另一異質性的工作與休閒生活，如此就能夠因之獲得週期性的「合境平安」，這是所有民眾所共同的宗教性期許。

其實由民眾自行籌組的各式陣頭，往往保留了相當多的傳統民俗文化，包括武術、兵器、法器、陣法、腳步、服飾、臉譜、音樂等等，這也是當地許多居民，包括老、中、青三代，共同因應宗教活動而自動自發保存下來的文化財，讓信眾可以透過舉鎮狂熱的宗教信仰活動，親身體驗這種可貴的文化財之創造性與藝術性。繞境途中所行經的廟宇之廟埕廣場，便是這種宗教民俗陣頭可以盡情展演的劇場，圍觀的群眾便是現成的觀眾，熾烈的鞭炮聲與衝向天幕的煙火便是最佳的掌聲與布幕。一場宗教盛宴的洗禮，往往讓表演者與觀賞者在此神聖的宗教性情境下，身心皆達到非常高亢激昂的狀態，大有異於「平常」閒淡的非廟會期，而民間所潛藏著的旺盛的宗教活動力，也都在「非常」時期的迎王期間得以盡情抒發出來。

綜合而言，東港居民經常週期性的在歷經「平常」的工作與一般性休閒生活的狀態後，期待每三年一次的迎王慶典的屆臨，在這段「非常」性神聖的宗教性休閒期內，盡情地參與彷如嘉年華會的民俗儀式之遊戲中，使得繁忙的日常工作與壓力等所累積的情緒，在此種神聖的宗教性餘暇時刻得以完整地抒發，在身心極盡狂熱的投入後，彷如重生般提昇其身心，借以重新回歸到「日常」的工作崗位和生活次序中。所以從類似東港一地王駕繞境的慶典歡會，可以體會古聖孔子所說的「一張一弛」的文化哲學，正是將「工作與休閒」巧妙的設計，具體表現為「常與非常」的文化結構。

⊙本篇作者／李秀娥

王駕出巡時之大千歲神轎隊伍

東港東隆宮丁丑正科平安祭典繞境南區路線圖

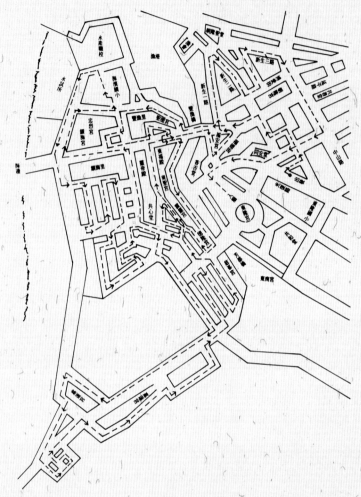

財團法人東港東隆宮
丁丑正科平安祭典
繞境南區路線
中華民國86年 國曆十月三十日（星期四）
農曆九月廿九日

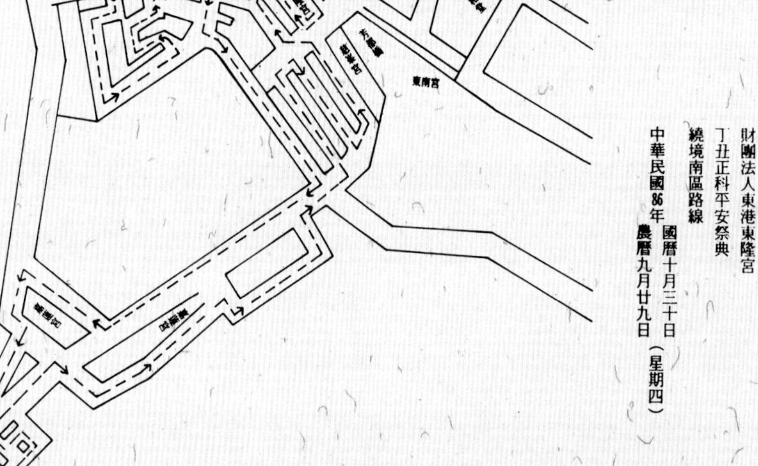

東港東隆宮丁丑正科平安祭典繞境北區路線圖

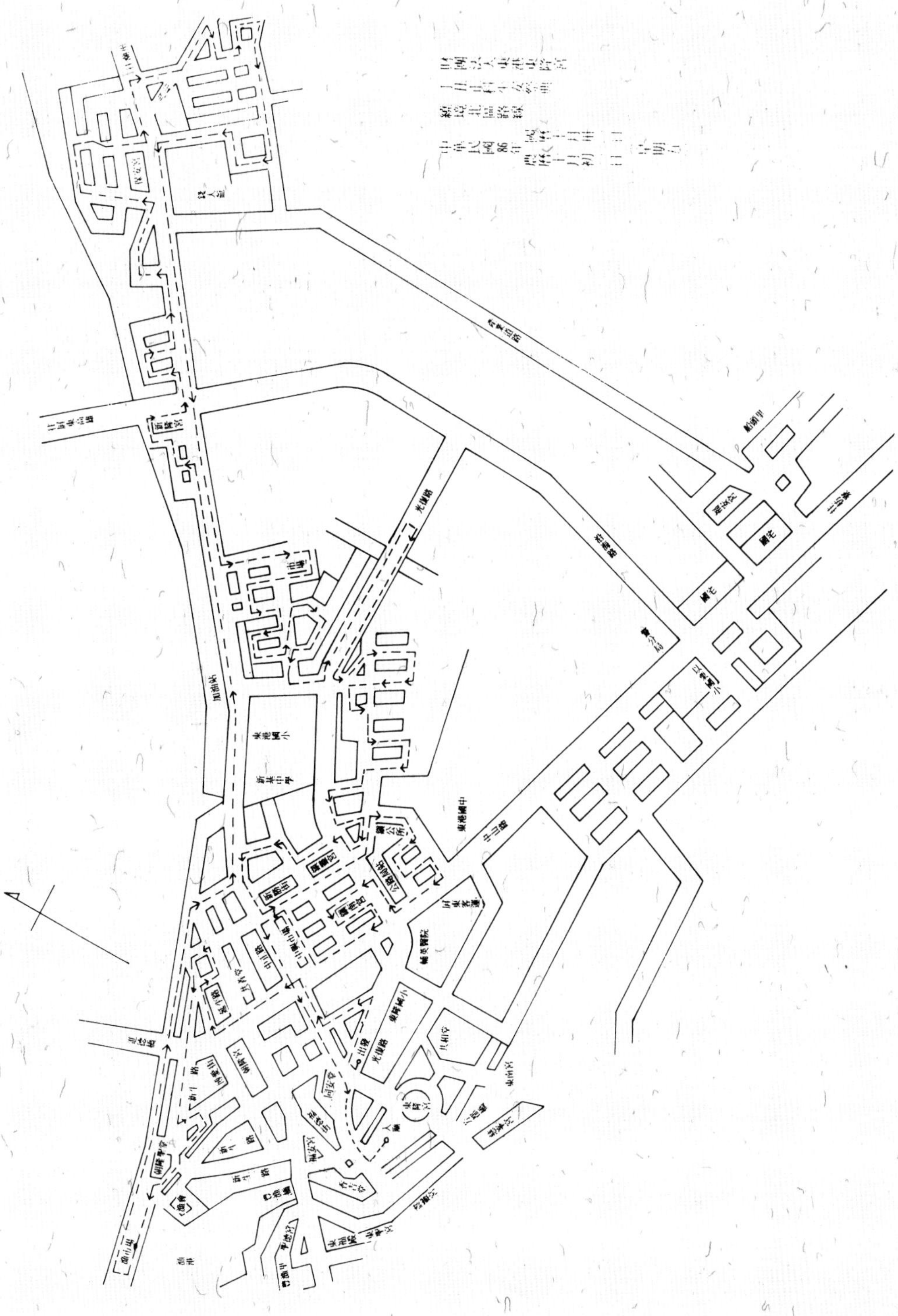

東港東隆宮丁丑正科平安祭典繞境中區路線圖

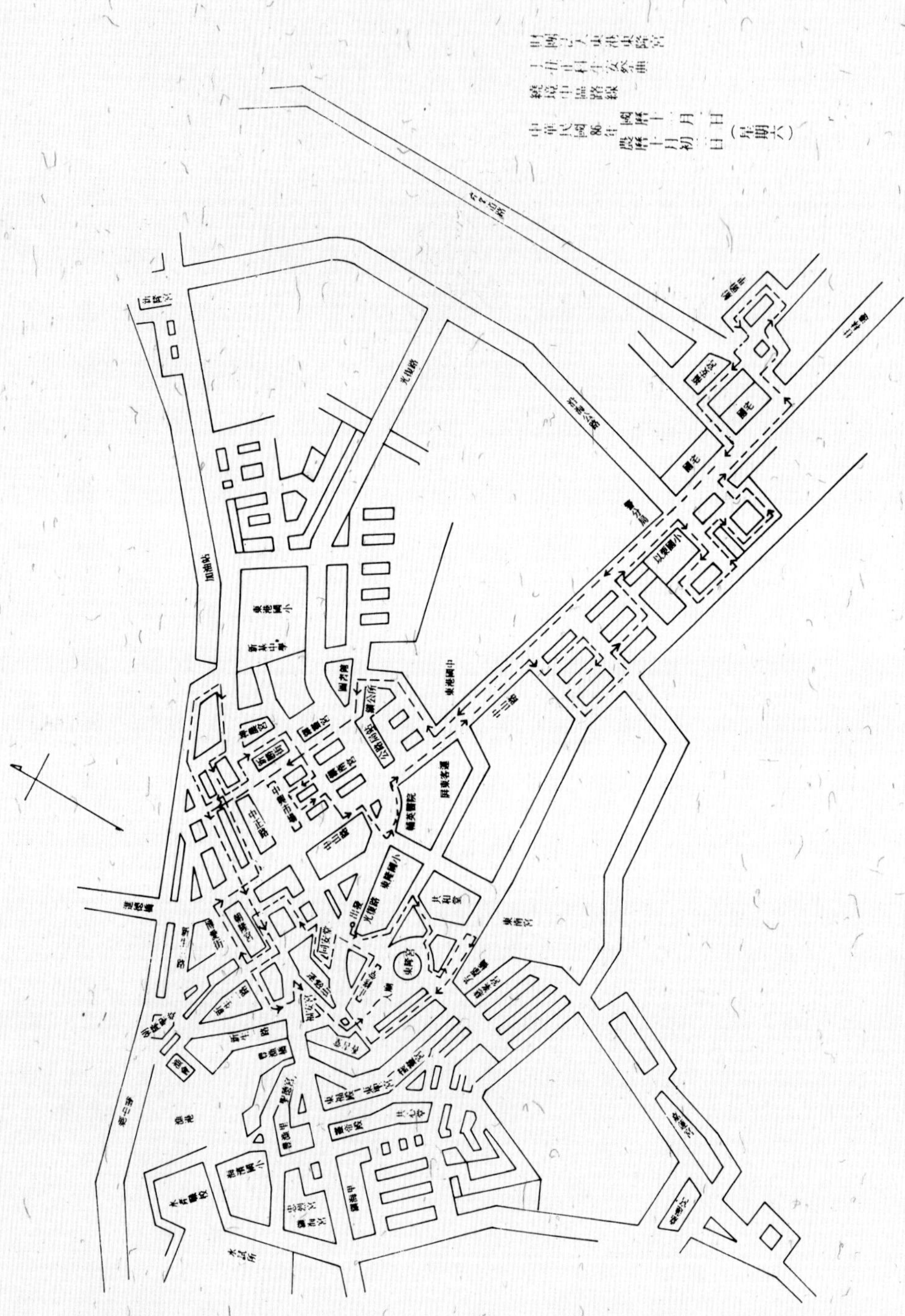

東港東隆宮丁丑正科平安祭典繞境農區路線圖

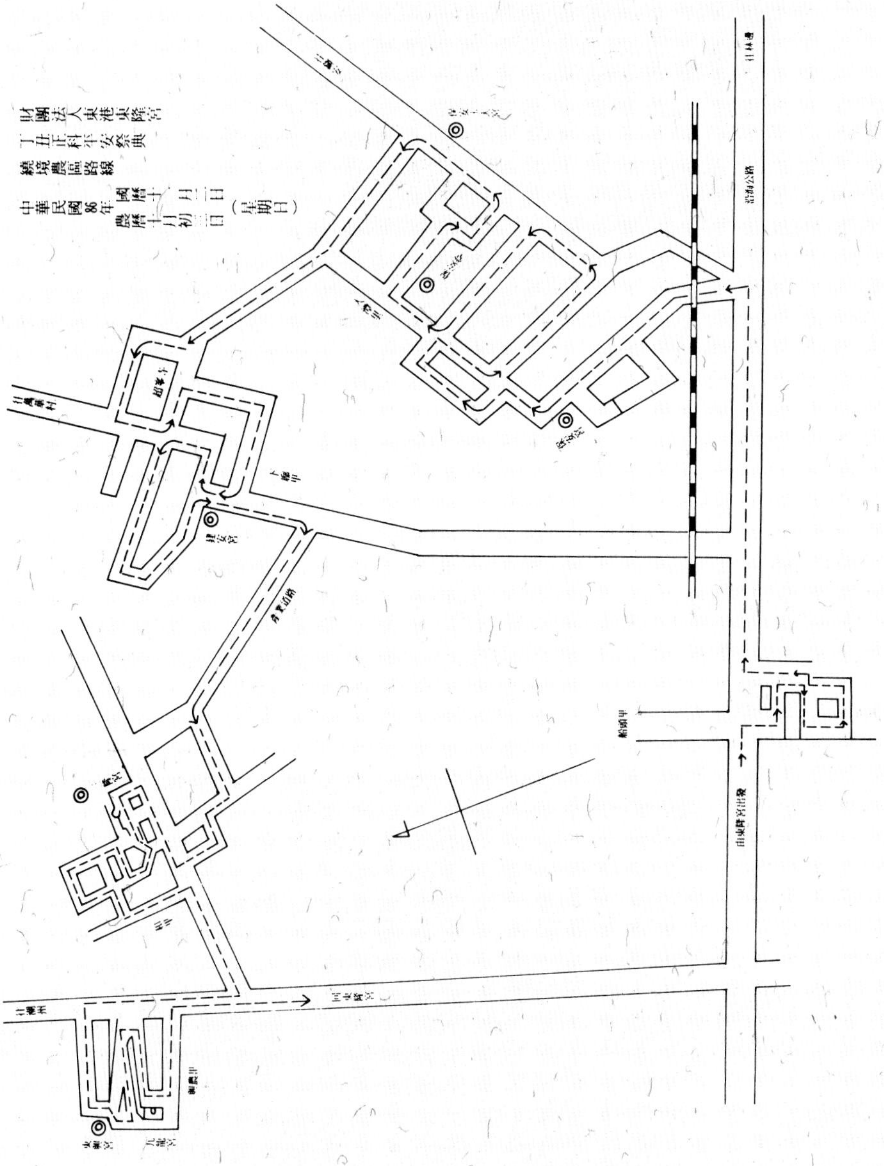

財團法人東港東隆宮
丁丑正科平安祭典
繞境農區路線
中華民國86年 國曆十一月二日
農曆十月初三日（星期日）

〔參〕改運解罪篇

在余大千歲等五位千歲巡狩期間，基於千歲爺所負的職能即是「獎善懲惡」，驅除邪祟。所以一進入王府安座之後，就在「出榜安民」的榜文中，警示陰陽兩界，各安其分。在這段期間不論在地或外地的信眾，都會紛紛前來，或許願、還願或祈求消災解厄，從個人到一家的歹運或運途不順，都可經由諸般的方式而得以消解，其中較受注目的就是中軍府前的「祭改」、王駕繞境時隨從前後的還願者、王船繞境時各家戶使用替身的「改運」。對於無形界也有一些措施，是「代天巡狩」期間比較奇特的儀式：其中有每夜必須例行的「查夜」，還有一種「放告」，台南地區也是每日在午時必行的，本地則是在千歲爺離境的前一日子時舉行，時間極短。這兩種在暗夜才舉行的巡查與放告，乃是針對陰界、無形界，故保有相當神秘的行事風格。類此幽明兩界的改運、告狀，都是緣於千歲爺威嚴的神格，較諸陽間的巡按，多了一種解除陰幽世界的不安、不平的宗教意義。其間涉及罪的解除、運的改變，正是善男信女在信仰與心理上，經由信仰行為以解除其不安與危機，乃是祭典期間特具宗教心理或民俗醫療意義的儀式。

【一】令旗祭改，替身解厄

❖王爺中軍，班頭祭改

平安祭典期間，中軍府前祭改的信眾絡繹不絕。

在民間常行的除厄改運儀式，乃是經由神明不可思議之力進行解除，王爺廟中被崇祀的王爺神威顯赫，故最得善信的信任。東隆宮的溫府王爺與值年值科中軍，即以其嚴威執行祭改，為善信進行「民俗醫療」，特別是在祭典期間，中軍府前祭改是許多改運者所希求的。祭改者是本地及特地前來改運者，而執行祭改者並非職業性法師，而是由許願加入振武堂內服務的班頭所執行。原本祭改一事只是由中軍府所職司，後來信眾認為溫府千歲很靈顯，希望就在王爺前祭改，所以宮內負責祭改的凡有兩處：一是溫府千歲，一是中軍府。欲改運之人在參拜時將需要稟明溫府千歲或中軍府，然後到班頭祭改處報出本姓後，一律以令旗祭改。值科中軍則多在迎王前一年才奉旨降臨東港。祭改的形式大致可區分為四類：1.小改，2.大改，3.掌嘴，4.改車。

小改　凡要小改者不需事先擲筊稟報王爺，只要前往想要祭改的神位前（如中軍府或溫府千歲），請班頭為他們執行儀式即可。不論男女老少一律雙膝跪在神前，若腿不能跪者則可站立，倘若本人不能前來，亦可以衣服替代。首先由振武堂的班頭持好該神令旗，對信眾問名本姓，再依信眾的性別、年齡判斷稟報神明時的稱謂，如某弟子、某信女、某小兒。班頭將令旗過香爐淨一下後，便說：「啟稟中軍某弟子在改」，並於該名需要祭改的信眾身前以令旗由上而下劃十八下，再往身後劃十八下，即有為信眾布下三十六天罡，七十二地煞以驅除邪祟之意，該數量是早期經請示神明後固定的祭改數字。接著放在頭上劃二、三下，再移到胸前長劃一下，再轉到背部按壓長劃三下，同時「稟中軍停改」，以手示意信眾可起身，表示完成祭改儀式，之後信眾即於一旁的油錢箱隨意添油香錢，以示感謝之意。

「小改」時，班頭持令旗稟中軍爺受改信眾姓名之後即在信眾身軀前後劃動。

大改　凡要大改者，皆需事先請示王爺或中軍爺，以及需要接受多少數量的鞭打，信眾擲筊請示時以一杯為準，每一次需加二十下。鞭打的刑具凡有大板、二板、藤條、紅鞭與黑鞭五種，刑具中，每打一大板代表一百下，其餘刑具（藤條除外）每打一下皆代表十下，藤條則每打一下代表一下。且依年齡、性別、婚姻狀態而分別處理，如未成年的小兒（指十六歲以下，不論男、女）一律以跪地式藤條處置，每次擲筊以十下為基礎，每次增加兩下；成年的男子一律以五體投地式及大、二板處置；未婚女子則

跪地以紅鞭處置；已婚婦女則跪地以黑鞭處置，成人每次擲筊以一百下為基礎，每次增加二十下。

以成年男子「大改」為例，班頭問名本姓後，要該名信眾全身趴伏於草席上，並由四名班頭分別按扶四肢，接著由執行的班頭喊道：「稟中軍某弟子開打」，並由該名班頭執板依數鞭打，打完後，則喊「稟中軍停打」。接著要該名信眾起身跪著，再以令旗於身前劃十八下，再轉身後劃十八下，頭上劃幾下，再以令旗前劃三下，後劃四下，並將令旗放在事主的嘴前，請他大呵一口氣，班頭再跺腳一步，以示將煞氣震走，再燒化一道令符，以令符點燃後繞其頭部，為其淨身驅除邪祟。最後並說：「改改乎你平安沒歹事！」便完成整個大改的儀式，而信眾則自由敬獻油香錢。

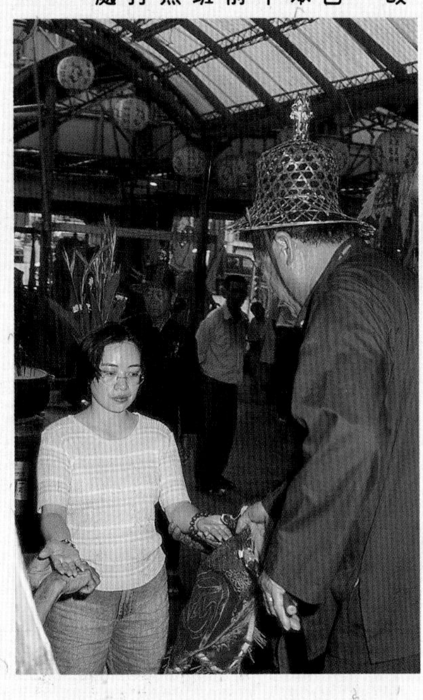

「大改」時，女性已婚信眾跪於中軍府前，由班頭以黑鞭鞭打手心處置。

男性信眾「大改」時，趴於中軍府前，以板杯作責杖臀部處置。

掌嘴

這是當信眾請示神明後，發現是因無心說錯話而需掌嘴時才舉行的祭改方式。小兒、成年男子一律跪地以藤條執行；而未婚女子跪地以紅鞭執行；已婚女子則跪地以黑鞭執行。成人每打一下代表十下，小兒每打一下代表一下，由班頭手持令旗及刑具，一起為信眾執行此項儀式，一般以掌嘴的方式祭改者較少。

改車

當信眾採購新車後，為求行車平安順利，多會前來東隆宮，請求中軍府或溫府千歲為之祭改。班頭分別點燃七道令符，依序以令符祭改車前、車後、車內，以及四個車輪；再以紅令旗於車子的前、後各揮十八下，再揮一下車內，以示清淨車子，驅除邪祟的侵犯。再於新車內繫上東隆宮特製的小紅綢與平安符，並恭祝車主「行車平安、開車大發財」。

便完成整個「改車」的儀式，而車主便以紅包包著感謝的油香錢交給班頭，然後轉身入車內駕駛車子離開，同時由另一位班頭點燃鞭炮恭送車主緩緩離去。這是近年來買車的人增多後，逐漸出現的祭改方式，一般在新年期間、舉行過七星橋、改運就有這種祭改儀式，乃是由人而及於車。東港在地自是以千歲爺來巡期間，中軍爺所職司而班頭所執行，最得善信的信任。

班頭為信眾新購車輛作「改車」情形

❖ 王船繞境，替身改運

在中軍府前以及繞境時所進行的祭改，是由民眾自覺運途不佳或身體欠安，就會歸於有劫有厄，惡運纏身，故自願前來解厄、解罪。相較於此則王船繞境時的載走替身，則是屬於一種家庭、家族或集體的改運，為東港在地發展的一大特色。在日據初《安平縣雜記》曾載：「王船出海，先一日殺生，收殺五毒諸血於木桶內，名曰千斤擔，當擇一好氣運之人擔出城外，與王船同時燒化。」這是「逐疫」的一部分，殺生取五毒血即象徵王爺驅走厄運，可見祭改的形式雖異，其精神則是一致，都是借由千歲爺所乘的王船押走疫鬼厄運，在王船繞境的「鬧熱」情境中，隱藏有較深沈的解除意義。

一般對於東港壯麗的木造王船，在巡繞街道時所呈現的壯觀，襯托著服色各異的七角頭轎班分別扛抬著王船神器，總是有種炫耀、新奇的滿足感。其實從東港改作木船以來，王船組成員之以「王船」為榮，確是足以顯示其技藝之美；不過在地信眾擺設香案以迎王船的心境，則是較保守地傳承古人的遺意，從清香素果與小桌案上所擺設的供品，正是表現祭拜的本意：一方面在香案上敬獻清香、四果，甚至備有馬草水以及金銀紙（九金、白錢、中銀、改年經），以祈謝千歲爺及王馬；另一方面則是小桌案上用簸籮所盛放的「替身」及相關的供品

。這些替身的製作，在早期多由家人自行用白紙剪好再畫上臉面，現在多在店仔頭販售，形狀與一般法壇或神廟的相近，分作男、女的人形，家中丁口有多少就備妥多少軀；有些較考究的還要用草為軀使紙像黏貼其上，每軀紙像上再綁上香枝，就成為典型的「替身」模樣。當王船自遠而近，就在香案點香燃燭時，也一併點燃香枝祭拜。

遷船時，信眾依家中人口數在香案旁陳設綁於金銀紙上的「替身」，祈求王船經過後能將厄運由替身一併帶走。

「替身」和香枝平放在敢籮上，如果家人在外未歸，有時還將衣服一併置放以為身代。家中的老人家在燒香等候王船，等王船前來並遠去的同時，就集合一家大小，由大人手持替身與香枝在身前身後比劃，其次數前三後七，表示安三魂七魄；也有說是按年齡多少即劃多少下，表示消除年災月厄以去歹運，也就是歹運去、好運來。家中大小都要一一改運，如果不在家中就用衣服身代，這是全家祭改的方法。在王船近前時才進行，就表示厄運將隨王船而被送走。全鎮鎮民在祭改後的替身，自是無法真的送上船上，而是將它送到廟前集中，等到送王船時一起送到海邊火化。所以王船巡繞「境」內時，都儘可能遍及七角頭的主要街道而不使遺漏，表示境內所有信眾的厄運全數送走。

王船經過後，信眾即以「替身」在家人身體前後劃動，以期將厄運帶走。

王船繞境時不在的家人，即以衣服身代祭改。

類此送替身以消災解厄的方法，乃是千歲爺巡狩時為各家戶所行的解除法，就如同早期台南的「

千斤擔」習俗，收毒送走，表示地方人的厄運也一併擔走送走。而替身即是典型的身代法術，依據象徵律以草人、紙人為代，較為考究的紅頭法，甚至連使用多少根草都有一定；而紙人的男女、老少之形，有時也寫上生辰八字，用出生時間以代已身。目前東港是由小店販售，而各家戶也只是買後擺放祭拜而已，自是無法完全出之以專業性的紅頭法，不過也因為是民俗性的簡易法，自家人都能按照地方習俗方便行之。其實重要的是習俗後的民俗信仰意義，在千歲爺巡狩時，除能押走一干疫鬼邪祟外，也能將家人的厄運送走，送「替身」正是解除法術中的簡易法術，對於一家之人、合境之人進行集體的「解厄」，讓王船繞境的真實意義借由這一儀式而得以保存下來。

所有祭改用的「替身」由信眾自行送到代天府前，集中運至送王地點待與王船一起火化。

【二】王駕巡繞，信眾祭改

❖扮犯解罪，服役還願

由於王爺在代天巡狩期間，對於人之善惡具有獎懲的任務，其審判的標準就在所已犯所未犯的「罪」、「過」，這種罪過並非完全是人間律法上的罪，而是在宗教信仰上所認可的：它涉及人內心的隱私、或是家族所共同承擔的罪孽，甚或是前代所累積的。這種罪的承擔與承負，輕則身心不安、運途不順，重則是家庭、家族的家運不繼，因而如何解除就需採用宗教信仰形式。這是經由「許願——還願」的程序進行的，從媽祖出巡的隨香到王爺出巡的各種解罪還願行為，都是同一「民俗醫療」式的習俗。東港迎王期間，只要王爺一出巡就會出現諸多「扮犯」的情況，表現出王爺廟特別多的民俗信仰現象。這一類扮犯在清代相關的習俗中也有記載，中國各地即在有些地方可以發現：諸如圖像或記載，由此可知「扮犯」是一種流傳已久的解罪形式。

在東港的巡繞隊伍中，類似扮犯的裝扮，根據其性質可分為四類：

扮「馬伕」者身穿黑衣黑褲，手持馬鞭跟隨王馬前行。

王駕出巡時，「掃路」者下身繫黑裙，手拿掃帚在神轎前清潔路面以迎迓聖駕。

掃路 又稱為「天地掃」，由還願者向販賣部或其他小店購買新掃帚一支，掃路者繫著黑裙，自願在溫府千歲、大千歲或中軍爺神轎前，先行掃地潔淨路面以迎聖駕。

馬伕 又稱「看馬」，身穿黑衣黑褲，手持向販賣部等所購買的馬鞭，隨侍在王馬旁，自願為王爺服行看馬之役；有時也可見為王馬「挑馬草水」的，也是自願為役的。

隨香 這是人數較多的一群，繫著黑裙，手持著香跟隨在千歲爺神轎後，走走停停，一連數回，以還所許之願。

扛枷 在典型的扮犯中以此為較受注目，身著黑衣服或只著常服，而在頭上扛著刑枷：凡有刀枷（竹製三角刀形，綁著紅線）、鐵枷（竹、紙所糊，四方型）、鯉魚枷（雙鯉魚型）；另外以前還有「腳鍊手銬」，是較重之刑，目前已較少見。扛枷者走在溫王爺神轎前，以示諸眾。

隨香者人數眾多，手持大香跟隨於千歲爺神轎之後前行。

扮犯中以「扛枷」者較為典型，常見的枷有四方形的「鐵枷」與雙鯉魚形的「鯉魚枷」。

扮犯者不論輕重，都是緣於身體欠安、運途多舛，如是小孩則由父母等許願，通常是由自己而在溫府千歲面前許願、擲筊。決定服何種刑罰及所枷的輕重；凡能如所願，則在千歲爺來巡時，連走三科；然後在王爺前擲筊，如蒙許可即可免除，否則就再走三科。然後稟告王爺，才可以算是已還所願。在許願之後還依約前來還願，是要書寫「手本」，如姓名之類；如是枷具，則在自承「犯人某」之外，還需寫明枷之輕重，表示如約扛載其刑具。

扛枷扮犯者於遊行結束後，需至中軍府前由班頭代為取下，將枷集中火化以解化罪孽。

由於扮犯者所服輕重不等的刑罰，乃是將生命中諸多身心、命運之不順遂，認為是一種神譴，為所已犯所未犯諸罪的懲罰，這種儒家所觸及的過感，在道教與民眾信仰中則被深化為一種罪感，凡不可解釋或是內心的深沈負擔，都可採取宗教信仰上的「罪」加以解釋，因而凡已身或父母、子女等至親的久病不癒或難以撫養，基於家族（家庭）共同體的信念，甚或是家族命運延續體的理念，至親之人都可代之許願，以求冥冥中神威顯赫的王爺主持中正，讓無可名狀但又可感應得之的「罪——罰」，得以獲致較公平的化解。類此解罪的儀式行為，之所以在千歲爺代天巡狩期間一再重覆出現，就在於千歲爺所職司的正是代表天（天公、天帝）之嚴威，其不可思議之力可以解除這種冤結、罪孽。所以一直要到遊行後在中軍府前跪拜，而後由班頭代之取下枷鎖並集中焚化，也正是解化的儀式動作。

在中國社會中，除了有形界的道德倫理或法律刑罰，基於感應的信念，無形界的罪罰其實才是人心深處更深沈的罪感，特別是在「家族主義」社會中，個人與家族之密切關係，既是延續體也是共同體，所以共同承擔乃是一種基本信念。此外在傳統社會，犯罪感之無可表達、不便表達，常成為潛意識中的陰暗力量，而以諸多象徵方式錯綜複雜地表現出來，這一情況就是發展到現代社會，也依舊無法經由現代醫療體制獲得解決，因為在傳統文化中有許多人至今仍無法完全相信心理醫生。因此類似東港王爺就成為一種可以「信仰」的對象，只要虔誠地在溫王爺之前許願，就如同契約關係一樣，有驗就需還，其誠信關係完全建立在人神之間的感應。由於這種契約不是面對「人」（醫生）而是高大威嚴的「神」，其隱秘性自是不必言宣的，但償還

與否又是在神前無可抵賴的，也就是具有絕對的信用。不過關鍵所在則是在還願時，就要在神的證盟之下，完全公開地出現在隊伍行列中，讓自己公然「扮犯」出場，卻又不必在法官、見證人之前完全洩密，如此這般完成了罪罰的公開與解除，重覆三科，長達九年，或是十八年，刑期不可謂不長。

舊文獻或吳朝進所使用的「扮犯」二字，本身就兼有嚴肅與遊戲的弔詭，簡單裝扮的服飾、道具之下，即是要在巡繞行列中「表演」，卻又無一定的「觀眾」，因為這是儀式性的演出，人人具是表演者又是相互觀看者，演出時既有神聖性的嚴肅，又有儀式劇的遊戲本質。也就因為裝扮而有模擬化裝的效果，出現在自然而真實的儀式情境中，就減少了在舞臺上的「作戲」之感。諸如此類罪罰的扮演與解罪的心理治療法，只有出現在遊行行列中才能如此逼真自然。從遊戲的本質言，經由公開的演出始能比較有效地解除，而在神前、在大眾的喧嘩前，卻又有種狀膽而無畏的大地劇場功能。這種解罪是古老的信仰，至少在道教早期的「塗炭齋」法中，就採取以炭塗其身面、自縛其身並拍打其頰等，即為自罰以「首過」，「上章」以解免，成為借由宗教形式所作的「告解」，奉道者即以這種齋法既自力又他力地「潔淨」身心。東港及其他地區迎王儀式中的扮犯，其實即是同一機制的信仰文化遺跡，這種無言的「還願」正是民間社會不可或缺的道德機制，既神聖又世俗地存在於信仰習俗中（李豐楙 1997）。

❖ 神轎神將，改運除祟

在王駕出巡繞境期間，民眾祈求改運的情景隨時可見，乃是諸多善信有意前來參與的信仰習俗，一些持香膜拜的善男信女攜帶子女，通常是自己運道不佳或子女身田欠安之類，持香守候在繞境的街道上，等神轎及神將團靠近時，就成排地持香跪在馬路中央靜靜等著。而繞境陣頭一到，就會依照慣例為之祭改，如果是神轎，轎班就將重量不輕的大轎特意抬高，讓諸善信完成「鑽轎腳」以改運的儀式，通常在別處的情況，是由善信一個接一個地趴在地上，讓神轎通過，本地則是集體跪成一排。而神將團如城隍駕前諸家司或家將團等，專司緝捕凶頑邪祟的陣頭，就會將手中的法器由信眾背上拂過，或將法器高高舉起架在中間，通過跪著以祭改者身上；有時擔刑具的刑具爺會特意振響刑具，在祭改者的面前一進一退，為之驅除身上的煞氣；甚至連起乩的乩童也可持手中的五寶，應信眾之求為之驅祟。整個巡繞過程中，要求祭改的善男信女，老

少俱有，臉上流露出虔敬的神情，在街上公開接受改運。

王駕出巡繞境時，隨時都有信眾成牌跪於街道上，讓神轎由其身上通過以祈改運。

各種具有緝捕邪祟職司的神將團陣頭，當街為信眾驅祟改運，是王駕出巡繞境時常見的情景。

由於千歲爺出巡，本地或外來的陣頭參與者眾，特別是近年來，一些驅邪性的陣頭較多，成為東港繞境的陣頭特色。而如此眾多的信眾前來，或多或少是基於對於巡狩千歲爺的許願信念，必有所求而特意前來。由於國人在遭遇生命困境的情況下，諸如運氣不佳歹事連連、家事不合風波時生、身體欠安久醫無效，或是身心處於困頓的人生關卡中，臺灣既缺少足夠精神治療，而民眾也尚未建立在這種情況下「找精神醫師解決心理病」的習慣，這是緣於國人生性保守，比較缺少在醫生或神職人員之前就完全信任地「吐出」內心壓抑的情緒。而有些人生所遭遇的歹事也不大不小，不必如此大費周章「去看醫生」，因而民俗療法就依然大行，到神壇問事醫病，或到王爺出巡的儀式情境中，諸善信既是看熱鬧的，卻也可以是參與者，借由在眾多群眾前的「表演」，其氣氛自然，在引起注意與不受注意之間，比較自在地進行「改運」，形成借由神的不可思議的法力解決其身心的罪惡感，這種解罪法既自力又他力，既是個人又是集體，乃能形成微妙的解除潛意識壓抑的心理治療功能。

類似東港的王駕繞境期間，諸般民俗性的「醫療」方式，從個別到集體的都在自然地「演出」，任何看熱鬧的都可融入其中（除了有意找研究材料的學者），只要願意都可在自然自在的情況下，被一種氣氛感動而參加。這一種情形與許願後的還願，可以重疊也可以當科才決定前來。由於是民俗性

力量的強力支持，特別是一家人或一群人前來，在大家鼓勵之下一起持香跪在地上，既是嚴肅又是遊戲：嚴肅的是持香下跪，等待神將團威嚴前來所象徵的法力，因而全體身心集中精神期望解除；而在下跪與解除的動作中，求術者與施法者其實都是按「遊戲規則」在演出自己，各盡其本身的角色功能，誰也不問誰。類似嚴肅與遊戲者一體的儀式情境，乃是集體參與而共同演出的，它與看戲、看表演仍有本質的差異，就是演出與情境與表演者完全融為一體，只有如此庶民大眾才能將平常生活中的「面具」解下，把過渡嚴肅的「包裝」：身分、地位之類通通放下，進入非比非此、角色模糊的「中介狀態」：無姓無名、無身分無角色、曖昧中立……，這是使人不必顧慮旁人在「看」而自己在「演」的儀式氣氛，就如同朝聖或進香一樣，在「非常」的時間空間中，讓那個「現實的我」消失而自然呈現「其實的我」——一個軟弱、無助、無力的挫折者，這時才敞開其封閉的心，讓心中被壓抑或不願公開讓人知道的「秘密」，在神轎中的千歲爺前、在神將團所代表的司法之神前，自在地懺悔、告解，使那些意識或潛意識中的陰暗獲致解除。這是每次迎王期間到處可見的解罪「表演」，由於千百年來信仰文化的強力支持，只要有迎神賽會就自然地發展，如此這般地進行臺灣式的告解，只要這些行為能繼續存在，臺灣社會就自然存在一種「自療」與「他療」的醫療機制，這是現代「科學」（醫學）必須承認的真實。

【三】查夜搜捕，陰幽放告

在迎王期間對於無形界的恩威並濟，就是每夜的「查夜」與末日前一夜的「放告」，一方面對於疫鬼、邪祟進行密而不漏的查緝，另一方面則是讓冤曲的怨魂孤幽有告狀解罪的機會。在福州的送瘟習俗中，一有瘟部醮就有「查夜」以搜捕疫鬼，乃是五靈公的職司（史貽輝 1965），臺灣的瘟醮也通行這種儀式。至於「放告」則視各地情況而有差異，台南一帶是將其當作王爺蒞境的重要職司，每日近午都要鄭重地由內司排班舉行，以解無形界的冤情。東港則是採取神秘其事的方式行之，時間在深夜，且次數僅只一次，時間又極短，確是頗具地方色彩的習俗，凡此都關涉在地人對其儀式意義的理解問題。

「請水」之前在廟埕上就設有兩座查夜用的亭子，以往曾設於旗杆邊，近數科則是在靠近德修橋兩旁稍遠處，以不超過德修橋為界。左為更鑼亭，右為更鼓亭，從「王府安座」後千歲爺進駐，就由班頭中分出一支人數不等的人力負責，由於長夜輪班守夜比較辛苦，通常只有十數人輪班看守。輪值時要在兩座亭內等候，等時辰一到時，即需按照舊來相傳的方法敲鑼打鼓，形成本地的特色。

根據傳承的習俗，第一日請水，以五王安座後的時刻為準，開始打前後五更；末日送王時通常在子時後，故要較密集地在子時前打完全部更鼓：八點開始，十二點轉更，二點以前打完五更。平常較正常的打法程序如下：

安更 首先打鼓八下，以象「風調雨順、國泰民安」；接下「催鼓」、拜香、燒香放炮，凡放三粒大炮、三粒連炮，此即「安更」，表示入晚開始守更鼓，有形無形均需遵行不渝。

打五更鼓 古制的五更較長，現時則按八點到十二點，一小時為一更的打法，剛好「五更」：以一更為例，在一鼓之後再打二鑼，前者短後者長且中間略隔數秒，如此一短二長，逢更遞增，到十二點五更時，就是五鼓六鑼，其長短譜在班頭傳承中自有其內傳的規矩。

轉更 晚上十二點，打完五更鼓之後隨即「轉更」，方式如同「安更」，十二點後至晨五點，再依時打完另一輪五更鼓。

安更 早上五點，即古之卯時，打完五更鼓後隨即安更。然後班頭就出府前作紙，內司準備祀王。

千歲爺安座之後，即由班頭輪流在「更鼓亭」中值班打更，圖為更亭。

鼓亭

打更鼓乃是古人夜間依更戒嚴巡查的古俗，至今猶存於迎王祭典期間，由於鑼鼓響亮，聲傳遠近，故也有震達幽明之效。舊例都由溫府千歲指示在轉更前後「查夜」，至今猶是沿襲古例，一打更鼓之後，使守夜的班頭不敢懈怠，即需遵奉指示巡查，其行列排序通常是：王爺燈一對，由溫王轎班負責；次為班頭燈，通常十數人列隊，由大班頭持圓形燈（上寫查夜二字）領隊；次為內司，一人手持令旗和四角形查夜燈，一人手持手令；最後則是溫王角頭的副總理走在溫王大轎之前。查夜所及之境通常要遠及七角頭的一部分，特別是大千歲被請到嘉蓮里的次夜，查夜時也要遠到該里。這些燈夜夜提出以照明，直到送王之夜，才排在班頭前一起送出，等王船安置妥當之後，即由班頭一起送上王船上俟時火化。而鑼、鼓也由班頭收妥，等下科使用。

打更與查夜的差事，也是王府內班頭與內司之所司，鑼鼓依前後五更按時刻敲打，乃是警醒陰陽二界，千歲爺巡狩期間，凡有形無形均需一體遵行，不得輕忽其事，如同戒嚴。而「查夜」則是王爺夜巡，班頭隨從警蹕，並搜捕疫鬼邪祟，使四境平安無事，當查夜燈所至之處，一切邪祟匿形，東港鎮的四境之民也因之獲致安祥之感。這是針對無形界所進行的綏靖，也是基於「潔淨」原則所行的儀式，而這種打更、查夜恐怕也是舊日生活中極少數能以這種方式至今遺存的遺跡，讓今人在目睹查夜隊伍遠去而沒入暗夜時，在漸行漸遠的查夜燈及打鑼聲中，深深感受民俗所保存的信仰遺意。

平安祭典期間溫王爺每天必須「查夜」，以搜捕境內疫鬼邪祟。

另一模擬巡按接受地方人士申告的「放告」，東港的內司所保存的神秘形式，由於是在千歲爺離境前一日的夜間子時（十一點）舉行。所以一般情況都並未予特別注意，其實在迎王習俗中乃是一項符合幽明並濟的儀式，這是千歲爺需代天帝為陰幽申明冤曲之故，才能使境內陰陽兩界俱得一片清明。整個儀式由內司傳承，故也按照本地內司的理解

保持古老的禁忌：就是陰幽世界到底有多少冤曲不解之事，即為陽間之人所難以盡知，故在千歲爺巡狩其間不宜多次及長時間讓陰幽申告，否則申告者眾也難處理。基於這一惶恐、敬畏的認知，內司一直對於「放告」採取戒慎的態度，務必在離境前一夜始能舉行乙次，相較於其他地方，也算是東港迎王祭典諸多儀式中比較殊異的一個。

在農曆十月初五的夜子時，內司也依例在千歲爺案前敬稟其事，仍先「升炮」後「擂鼓鳴鐘」，鐘鼓齊鳴之後，府外排班的班頭在「班進」、「搖堂」的唱號時，威武地連聲應「呵」，以示王府的威儀。這時內司即持令旗跪在案前，高唱「請千歲升堂高座」，稍後等余大千歲升堂，高座於上，就開始準備接受陰幽界內一切冤魂申告。故在「稟　千歲　放告」的稟告之後，內司隨即發口號「放告」，外面在答「放告」時，即由內司將上寫「放告」二字的放告牌，由府內迅速置於府門中央半嚮，隨即又迅速由另一位內司取入府內，完成行申告之舉。接下內司又跪「稟　千歲　行文」，外面一位答以「行文」，即將另一塊牌上寫「行文」的那面，依同一快速動作，在放置後收回府門內。這時另一塊牌上反面寫「參謁」的，已由府門內司備妥，在跪「稟　千歲　參謁」後，外面答以「參謁」，並將參謁二字面朝外，以示接受無形界的參謁。最後即是跪稟千歲「免事」，外面應答「免事」，將免事牌放在府門正中，並迅即收回。整個放告就告結束。

在整個內司熟練進行的「放告」儀式中，主要是兩塊牌：其一面書寫「放告」與「參謁」，另一塊則上寫「行文」與「免事」，剛好方便內司在裡外通傳放置時使用。從內司嚴肅而戒慎的表情與動作，可以體會其有意保存平安祭典「敬畏特甚」的古老傳統。由於民間深信一個地方的「合境平安」與否，是與該境域的幽明兩界均得安泰有關，這種無形世界通常是因意外的非自然事件、非正常死亡，才使得冤魂、孤幽無從申訴，因而累積了幽怨之氣，它也使境內不得安寧。這一情況就有如民眾有冤情不雪，當地執事者無從為之申冤，才有待公正的巡按能夠申雪其情。由於通俗小說、戲劇常演述此類動人的故事，故在代天巡狩的迎王祭典中，即模擬其狀以示千歲爺的公正嚴明。

基本上在王爺廟的信仰中，民眾將其集體的希求公正、公平的心理，折射地反映於類似「放告」的儀式、神話中。如果神話與儀式是一體的兩面，神話用語言敘述解釋儀式行為，而儀式性的戲劇化動作則是表演、加強了神話意義。那麼類如「放告

」中集體心理的不安與不平，都顯示傳統社會的廣土眾民對於當政的官吏所蘊含的情緒。在演劇中巡按大人之申明陳年冤情，所塑造的即是「清官」的形象；然則每科重覆演出的放告儀式，不也正是民間藉由信仰行事以宣洩集體情緒的象徵動作？時至今日的民主社會，民眾猶不忘情於重塑清明的巡按：日斷陽事，夜斷陰事，如此在「放告」的戒慎其儀式中，應也隱微地傳承了這種期望清平官吏的願望吧！

在東港的迎王期間，不論是民眾個人或集體的祈求祭改，抑是無形界的雪除冤曲，或是在還願行為中，默默地還清其罪，幾乎是貫串出現於府前的申訴、巡查的攔路告狀，東港在地也曾流傳一些傳奇事跡，以神話敘述合理化其重覆演出的儀式。在這些行為中表面雖似不相聯繫，實則內在潛藏著自存的邏輯、義理，就是在宗教行為中深刻表現「罪與解罪」、「冤與解冤」，這種深沈的罪感、過感與不安、不平，借由人與神的關係象徵地表現而出，如果東港一地的三座公廟，既有朝隆宮的媽祖是大慈大悲的慈母原型，則東隆宮的王爺被一再塑造為公正嚴明、獎善懲惡，正是一種嚴父原型。民眾的集體心理需求就如同人之成長，既需慈母亦需嚴父，特別是早期移民的疫病，除了衛生醫療的技術問題，其實更是一種罪過意識的深沈投射，在中國社會的集體主義下，一家以至一地即是命運共同之所繫，故也需要集體參與的信仰儀式，始能凝聚整合其心靈，這是迎王祭典之所以需要三年一科重覆進行的緣故。

東港之持續維持迎王祭典，在越辦規模越大的活動中，參與的已不再只是在地人，而是所有信仰王爺的善男信女，不辭距離之遠而自願前來，其動力即是基於神明的盟約與需求。在請水之後，中軍府前即有不斷接受祭改的人群，也在王駕出巡時有不少善信跪伏於地，接受家將、家司的祭改；至於查夜與放告的嚴肅行為，都是在儀式行為中兼含有嚴肅與遊戲，只是在這種神話信仰的有力支持下，才能使祇求者與施行者共同體認：這些動作乃是基於一套不容置疑的邏輯，自成一套文化心理結構。如此則在遊戲式的遊藝動作之下，才會藏有神聖性的嚴肅，這一豐富而自然的力量正是支持東港迎王祭典的主力，縱使在即將進入二十一世紀的現代社會，有智慧者也無從代替以新形式，並完全改變其中的複雜機制，這是在那些簡單的象徵動作之下，含藏有豐富而複雜的文化心理結構。

⊙本篇作者／李豐楙

［肆］祀宴王爺篇

在迎王蒞境巡狩期間，本地人所表現的敬畏就有一連串款待王爺的飲宴、演劇，這是崇祀神明的儀式性行為，同時也是舊日民間非常性的娛樂、休閒，其實就是社會學家所說的宗教性餘暇的文化遺跡。《禮記》曾記載子路觀蜡（冬社祭），見到「一國之人皆若狂」——應該就是當時「迎神賽會」的飲宴、娛樂的具體表現。在師生的精采對話中，對於這種節慶歡會，孔子認為是：「一張一弛，文武之道也」。在鬆弛的休閒情緒中，從敬謹以祀神到祭祀全體一起進食或分食，最後百姓一體進行世俗化的飲宴歡會，從古之社祭衍變為今之迎神賽會，形式雖異而其中所蘊含的祀神共樂的精神卻一直延續下來，東港人也充分體現了中國式傳統節慶的慶典特質。

從王爺降駕蒞臨東港的當日到「送王」之前，最能表現出東港人款待的崇奉行為的，也就是各種大小飲宴與戲曲雜弄。根據資於事人以事神的原則，對於代天巡狩的大千歲等進行了一連串的敬獻，而敬戲者乃是從整個東港地區分別按照當地人士的身分地位而平均、合理地分配。這些敬祀神明的盛典：凡有祀王、宴王時七角頭所選出的頭人代表；有敬王由祭典委員會各組及七角頭轎班分別奉獻；至於全鎮居民則可在府外或家門口排香案致敬。《專輯》特別刊出「祀王程序表」，讓社會各界人士分次進獻飲食，以之侍候神祇表達誠敬之意，整個程序的安排有條不紊，井然有序。這種奉祀者與王爺之間的神人關係，乃是借用祭祀的制度表達出來，而整個祭祀完全由地方頭人自行處理，確是保存了古代社祭的遺風，也可說是儒家所倡導的祭禮在地方演化之後所留存的禮儀文化現象。

【一】敬祀王爺，晨昏侍宴

在祭祀、宴請王爺的款宴活動中，以「祀王」的典禮次數最多，其祭祀時間與程序在牆上貼有一張紅紙，公告周知，以便所有參拜者照表行事。一般說來除了首日的「敬王」禮儀，因繞境後入廟安座的時間較晚，才決定於諸千歲安座後敬祀王爺，其餘九月二十九到十月初五日都預訂於早上五時祀王，而晚上則在八時入廟安座後再舉行。也就是十二時辰中的卯、戌二時，特別是卯時就如同帝制時代應卯時朝臣要朝謁帝王一樣，所以各角頭的頭人代表此時朝覲、敬祀乃是符合古禮的。而以往舊例下午祀王是在入暝的酉時時刻，現在則因參與繞境的隊伍增多、路線加長，等千歲爺駕歸王府時都已過了酉時，所以程序表上都註明「預定下午八時入廟安座、祀王」。實際時間自是還會按實際情況而有所遷延，但是古例此類卯、酉二時的規定則是神聖、神秘時刻，古人在與神事有關時都特別講究時辰，因其比較易於獲得神秘的感應與效能。

千歲爺入府安座祀王之前，都要先進行「作紙」儀式，目的在通知王爺所帶來的兵馬，點兵與用餐。

祀王儀式由大總理主祭，各角頭副總理與祭。

朝夕祀王前都要先進行「作紙」的儀式，班頭三人：一人在王府前手持一卷天金內摺雲馬、總馬的紙錢，其旁兩人，一人持三枝香，另一則持紙錢等候；另外尚有兩人其一在旁打通鼓、一人打鑼，此時中間一位班頭即在鼓聲中焚化紙錢，前後凡有五次，據解說即是通知王爺所帶來的兵馬，早、晚點兵及進用餐點。先在王府前「作紙」畢，才又移到中軍府前、溫府千歲行臺前及王船前，各進行一次，好讓各單位的班兵一一點召進餐。而王府之內的祀宴之禮則由司儀（舊稱通贊）一人掌握所有的程序，全體內司配合其職司使祀宴禮儀順利進行，各角頭所選出的總理等則都要穿著長袍馬掛的清式禮服參加祭拜，而由大總理一人代表擔任祭獻。

祀宴千歲爺後，即移到中軍府前祭獻。

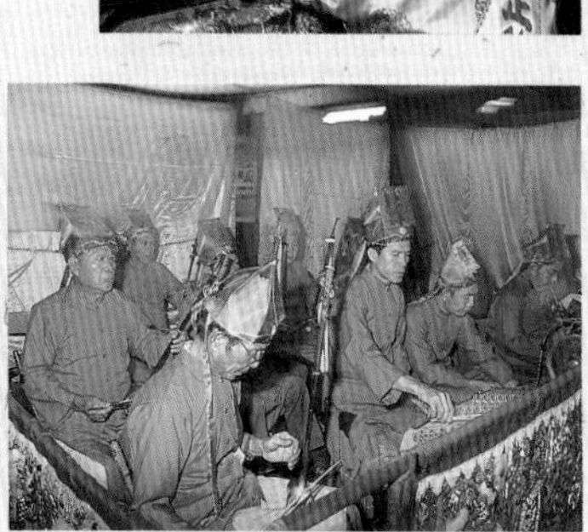
祀王儀式在神樂團奏樂聲中進行

整個祀宴禮儀完整地保存了供獻禮的規矩，乃是由當地以往的秀才一類讀書人傳承而來的三獻禮，經由內司即振文堂的傳續，所有的供獻品則是在王府左側「茶房」內備辦。由司儀請出座上振文堂的令旗後，即按照古（清）禮敬謹地行禮如儀，其程序是內司先要「請千歲盥洗」，盥洗之後再「請千歲升堂高座」；等升堂之後內司即唱禮「升炮」，連放三聲；再高唱「班進搖堂」，此時王府前的班頭即在大班頭的指揮下進行排班：例由大班頭先跪「稟千歲」，而排班的班頭各有所司，較內的兩對四人，分站左右，各持板杯；再來一或兩對，則是持竹杯。在大班頭稟過之後，就用正音唱「謹奧（軍牢）搭（到）位進來」，班頭就持棍前伏再起，凡三次。畢，再持棍站好，然後喊「謹奧（軍牢）轉開」，就將板杯、竹杯翻轉向外；等唱「謹奧（軍牢）出棍」後，就將軍棍收齊交點於中；最後齊唱「威」、「武」三次，即持棍站好立正，顯現王府前的威儀。畢，即「擂鼓鳴鐘」各三響；此時左側神樂團在掀簾等候後也開始「奏樂」。由內司唱禮，然後主祭者就位、陪祭者就位，開始進行進香、上香的獻香禮，然後行拜禮，即跪下行三跪九叩首禮，以三次為節；等「滿叩首」後，內司高唱「樂止」，神樂團暫停奏樂；然後唱「侑食」，就隆重地進行如下的供獻禮：

(一)進茶、獻茶

(二)進糕、獻糕

(三)進四果、獻四果

(四)進果品、獻果品

(五)進水果、獻水果（凡三次）

(六)進檳榔、獻檳榔

(七)進水煙、獻水煙

(八)進煙筒、獻煙筒（水煙筒）

八次進獻後內司即唱「侑食止」，完成了整個祀宴王爺的供獻，最後再一次「奏樂」後，由大總理等三跪九叩首，於「樂止」之後，整個祀宴才「禮備」完成。

類此敬祀之禮就是恭請千歲爺進食，凡有五位千歲，每一種祭獻物也是一式五份；獻畢後再移到中軍府敬祀中軍爺，再到溫王府行臺進獻，最後再到王船寮前進獻，也都是行禮如儀。進獻之物茶房所備辦的的多以清素為主，凡有涼糕（糕品）、水果（蘋果、橘子、葡萄等時新水果）；其次就是表現熱帶土產的檳榔，這類以本地土特產敬獻的方式符合招待來訪貴賓的習俗，為一種貢物習慣的遺存；又有水煙及煙筒，也是清式宴席在飲食之後抽一筒水煙的敬客之道，這些禮儀及祭獻物大體保存了清式禮儀的文化遺跡。

祀完中軍府之後，再到溫王行臺祭獻。

最後到王船寮前祭獻王船公之後，整個祀王程序才告結束。

請神明飲宴即為食物的供獻，茶與酒先行進獻，就有歡飲開胃之意；而糕品、水果等清淡之物，先唱「進」再唱「獻」，即有呈進、獻食之意。所以大總理由內司（目前稱為禮生）的手中接到朱盤後，要舉案過眉才能表示敬獻以勸用的誠意；然後再由另一位內司接過，傳遞到五王爺的座位面前，讓王爺細細品嚐。飲宴時有神樂隊的音樂伴奏，「奏樂」時即以細樂為主，徐緩而悠揚，所有的總理等人即為侍宴者，侍候王爺飲宴：先飲用茶、茶點，再進用水果；然後一嚐本地特產的檳榔，最後抽上一口水煙，務使王爺盡歡，賓主同樂。

侍候王爺的飲宴品凡有：茶、茶點、水果、檳榔、水煙、旱煙等。

所有經神飲宴過的食物，祭獻的頭人都可大家分而享之，也分享了神所賜的福氣。在中國傳統的祭祀制度裏，每人都要爭取與神接近的機會，經由奉獻與分福而祈求神明較多的保祐，這是典型的「報」意識的反映：神即接受了供獻者的祭獻，也就要相對地回報賜福給他們。而這些參與主祭、陪祭的頭人本就是地方上各角頭內有頭有臉、福壽雙全者，也就自認為比較享有接受神的賜福的優先權。所以自古以來祭祀權的擁有，在政治、社會意義上也就反映出社會組織的分層，因此祭祀組織常是另一形式的「社會」組織。

基於與神接近者即為權勢的象徵，故每一個地方都必須採取合理的分配，不能只是由少數人獨享

。東港地區表現這類分配習俗的，有廿九日按傳統由嘉蓮宮來迎請王爺前往過夜，這是由於本地人曾流傳：嘉蓮里附近的港灣曾經是嘉慶君敕賜港名的殊榮，其實應是具體反映該一舊港曾是東港早期船運往來進出的港口。所以王爺需在蒞境後（今科為九月廿九日）即被迎請到嘉蓮宮過夜，接受當地頭人的「祀王」，也就是享有向千歲進獻祭物，獲得千歲爺賜福的機會，他們也採用同一祀王的禮儀。東隆宮原先特別另造兩支大千歲的副令，本意是讓南州及嘉蓮里只要請副令前往即可，但嘉蓮里當地人仍執意一定要迎請大千歲的正令，認為這樣才有誠意，由此可知國人、尤其民間社會仍保存服事神明以獲壽福的傳統祭祀觀。

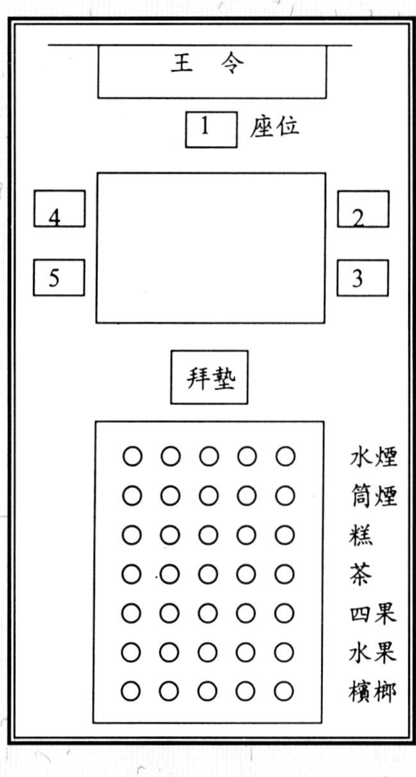

東港東隆宮丁丑正科平安祭典祀王排場示意圖。

總之，祀王程序表所排列的祀王次序，其實也就是東港鎮民所要爭取的，早晚進宴以親近神明的機會，這是神聖而光榮的職務，它反映整個祭典組織中的社會秩序，乃是由社會資源、文化資源所累積表現的身分地位，將人間世的秩序借由宗教祭典的形式表現出來，出場的先後、排列的位置均明確而不容混淆，這是典型的社會角色表演：先是大總理登場；次為副總理、次為內外總理、參事；又次為顧問、內司、班頭、神樂團。他們分別代表了各自的角頭、及在府內、外自願奉事神明者，因此也就享有優先進獻的權利與機會，也可以分享較多神明所賜的福分，此中的動作表演及演出場所，有種神聖性的嚴肅，閒雜人等一律不得進入以免瀆聖。但從遊戲的表演觀點言，所有的演出、道具又是在一種虛擬的情境中進行，「行禮如儀」的行動後乃是專心一志地在遊戲，一種神聖性遊戲，儀式在此即完美地結合了嚴肅與遊戲於一、消融了神聖與世俗，「吃喝玩樂」在祀王禮儀中成為儀式性的行為。乃是保守了祭禮的文化遺跡。

【二】王船法會，角頭入獻

在整個祭典中也會安排讓不同的團體與個人進王府奉獻，也就讓各角頭及委員會各組的成員都有

敬祀王爺的機會，從社會行為言，就是按其對於社區內公共事務的「熱心公益」的程度，分別得到千歲爺的獎賞。所以從請王後連續三天由各角頭代表進入王府服事，至於各角頭的轎班在迎王期間，虔誠地按照所分配的任務，只要王爺一出巡就要前呼後擁的護轎，因此他們也有進王府敬獻的機會，可見整個祭典中凡出過力的自是也可以享有面謁祭獻的榮譽。所以特別在兩天的「王船法會」期間，府外的王船正在進行一連串的祭獻時，而府內則開放讓各角頭的轎班分批入府進行「三獻禮」：初四日上午有下頭角、安海街、頂頭角；下午有埔仔角、下中街、頂中街；晚上七時則是祭典委員會、總務科、設計科、典務科、指揮科；初五日上午八時至十時，由崙仔頂轎班及王船組參拜敬王，都是回報其辛勞也是賜予榮耀。由於七角頭在敬王時，人數較齊全，因而常利用「敬王」畢，就在千歲爺前擲杯選出下科的新爐主。

角頭轎班的「敬王」仍由內司派出司儀者一人負責典禮的程序，其祭獻程序的前一部分大體遵照「祀王」之禮，不過由於各角頭都各自準備有禮物，所以在完成第一段的進獻煙筒後，就會有「讀祝生就位」，在「進祝文」後再跪下「恭讀祝文」，向王爺詳盡報告是那一角頭前來獻禮；同時他們也各自供獻其擔來的禮物，它與王府內的祀宴所備辦的稍有不同之處。在三獻禮中即是由各角頭前來禮敬千歲，其禮儀程序及備辦祭品也就比較具有民俗性的喜慶氣氛，在讀祝文時，全體「俯伏」，在一聲「平身」後才又起立，並行三跪九叩禮，即轉入另一段供獻儀，首先仍由各角頭的轎班爐主再度「進香、上香、拜、跪」，再行一次三跪九叩禮，在「侑食」後，即進行進獻：

初進爵（或酌）、初獻爵

進五齋、獻五齋

再進爵、再獻爵

進山珍、獻山珍

進海味、獻海味

三進爵、三獻爵

進牲禮、獻牲禮

在「侑食止」後，完成二獻禮後，就進入第三階段供獻之儀，也依例三跪九叩禮，再一次進香、上香後再三跪九叩，在「侑食」後，即進行三獻：

進壽龜、獻壽龜

進金帛、獻金帛

同樣在「侑食止」後全體行三跪九叩禮，即告「禮成」。此時由司帛者捧帛，司祝者捧祝，焚財帛者望燎，最後三拜之後「班退」，完成整個三獻禮。

王船法會期間，輪流由各角頭轎班敬王。

角頭敬王儀式大體遵照祀王禮儀，先行「進祝文」。

在「宴王」之前，王府內茶房所備辦的都是以素（齋）為主；而各角頭則比較自由地帶來酒與牲禮，才有進酒之禮（初獻、亞獻、三獻爵），並出現有「血食」（三牲或五牲）；此外也會備有祝壽的民俗食物，諸如紅龜、壽桃等，以便讓神明享用後，帶回分食以祈福壽。兩天的「敬王」祭典，都表現出葷素俱有的盛宴，成為一種有趣的複合形式。根據典務科科長蔡明瑞的說法，這些「敬王」的祭獻物乃是由各角頭所備辦，不過大體仍能遵守三獻禮的程序。

在宗教習俗的過渡儀式及其意義上，從「請王」開始，王府內所敬獻的一律素宴，乃是潔淨、齋潔之意。到了「王船法會」期間，前來府內敬獻的才逐漸加入三牲九醴，表示角頭信眾所熱烈表現的誠敬之意，其中所增加的民俗性祭物，特別是逐漸有葷的生的飲宴食物，就已逐漸呈現出從素到葷的過渡階段。所以等到送王之夜「宴王」所奉獻的山珍海味、水陸雜陳，也就進入全葷的血食之祭。類此從葷到素到葷的供獻物，其實也就是逐漸從俗入聖從聖返俗的程序，在東港的祭典習俗中，應是保存有一種古代祭禮的遺意，民間只是依照傳承而表現出來，故直至今日仍能符合不同階段的敬神禮儀的原意。

從祭典所安排的首次「祀王」開始，直到「宴王」結束，在王府內外安排有「吃喝」的飲宴祭儀，而有關「玩樂」的儀式性表演，除了陣頭遊藝之外，就是府前的戲臺上一直有連臺好戲的搬演。按照中國祭祀演劇的傳統：內壇祭祀開始時，戲臺也就在同一時刻開始扮仙，先演出各種吉祥戲、慶賀戲，然後再演出世俗的劇目。這是中國各地與祭祀有關慶神戲的通例，成為維繫地方戲命脈的主要方式。方志中一再提及的「醮畢，盛席演戲」（諸羅縣志）、「末日盛設筵席演劇，名曰請王」（臺灣府志），當時的經濟條件較差，需要「斂金於境內

，演戲以慶」（同上），似乎只能在末日才能演出。不過從社祭的傳統言，社戲即是在社神之祭中所搬演的敬神戲，由於祀王「宴王」是大饗宴，宴請王爺享用大宴，連其部從也依時「作紙」後進餐，也會請祂們看戲，這是符合祭祀的原則。東港地方上的經濟情況較佳，從一開始的「祀王」演戲，直至今日四縣分同鄉會之外，各界的酬神演戲可連續演出七天八夜，並非只在末日才演。這是東港社會經濟能力較佳的表現，形成本地的地方傳統，依例四縣分人可以優先請戲班演出，長久傳下來的習慣，除了形成了本地敬王即需演戲的傳統，也在演戲次序上保存了開發史的歷史遺跡。

平安祭典期間，王府戲臺的祀王演戲連續演出七天八夜；戲臺上方所懸掛的「三十六省分燈」，將在送王時懸掛於王船兩側。

祀王、敬王期間還有另一項娛神樂神的表演，就是神將、陣頭，以及涼傘等雜技的表演，其主要功能固然是為了捕除不祥，但通常還兼具有另種一技藝性表演的性質，所以通常在隊伍到達王府前的廣場時，擎涼傘的要走四門、神將團要排出陣勢，如是文陣也要演奏，大鼓陣也要擊打鑼鼓。類此雜技性團體的表演與演戲一樣，既是娛神也是娛人，既是神聖性的溝通、崇奉行為，也是世俗性的觀賞、娛樂。日日如此，特別在繞境的末日就一批批返回府前，使出渾身的精湛功夫，入夜後特多圍觀者，甚至時至深夜觀者漸稀時，神將團卻仍個個演出賣力，神妙至極，因他們是為諸千歲而演出的。由此可見臺灣民間祀神的演戲、雜技，至今仍遺存有古社戲的遺意，不完全只是世俗性的演戲與看戲關係而已。

而對於不能進入王府的信眾，祭典委員會也根據傳統而有不同的安排：由於丁丑科配合東隆宮的建醮，家家戶戶都遵照廟方的指示，需在門口擺設香案，供鮮花素果。因此迎王祭典一開始，也就繼續擺設，每天早晚一瓣心香祈告王爺；而比較重要的當然是分區繞境遊行時，更要獻上豐盛的祭品，也就是先請神饌，然後當晚才是全體一起進食，包括自家全體，連出外人都要回家團聚，並宴請親朋戚友來吃拜拜。目前臺灣的飲食文化，在節慶祭典的飲宴上，已多少由神聖性的共食共樂轉化為世俗性，但在基本意義上，「非常」期間「呷拜拜」仍是具有神明宴的諸多遺意，與一般「平常」日子的家常飲宴有不同的情境，這是節慶飲食的非日常性、神聖性的文化遺意。至於一般的進香客，遠道而來則可在府前的供桌上供獻祭拜，除了自家攜帶的供品外，又可購買廟方香亭所販賣的米包等，祭拜後可以帶回家中，全家一起分食分福「呷平安」。所以民眾的祭拜雖則祭品較為簡單，但在表達一心的誠敬上則是一致的，連祈求食後獲福的神聖經驗也一樣，並不因之減少人與諸千歲的崇奉關係。只是在人類所制定的禮制上，「位階」意識如化石式地遺存，基於宗教祭典中人對於他界的保守性，故從祭祀、也就是從神明祀宴關係的親疏差序上，至今也仍可看出當地社會的分層關係。

一般說來，祭典是東港全體鎮民的大事，府內敬祀王爺，行禮如儀，固然是角頭各種頭人代表大家前來表達敬意；但同時在他們的家中也仍要依規定排香案、供牲禮，然後全家大小、親朋好友一起飲宴狂會。可說整個祀宴從在府內或家門口敬謹祀神；然後在家中宴席上獲享神明的賜福，分食分福，其中自是有區別於「平常」日子的飲宴之處，節慶歡會的狂文化特質，乃是經由儀式性的「吃喝玩樂」，模糊了嚴肅與遊戲，將平常的道德嚴肅轉化為祀王時的宗教性嚴肅，然後連續的是儀式性的享樂，儀式演劇、遊藝的嘉年華功能，真實地將人從「嚴肅」中釋放，比較無關心、無厲害地表現自我的本性，暫時擱置平常的工作、道德、生活飲宴方式，也就是「張」後之「弛」，一種完全合理的「或狂」狀態，經由祭典期間的非日常性，在農業社會裏類此被允許的縱放於飲酒、作樂，正是古社祭的遺風，至今仍能完好遺存於迎王期間的東港。

平安祭典期間，東港信眾多在家門口擺設香案，以鮮花素果供獻千歲爺。

東港東隆宮丁丑正科平安祭典祀王程序表

日期	祀王程序
國曆十月廿九日 農曆九月廿八日 （星期三）	一、中午請　王令至請水地點，恭迎王駕繞境入廟安座祀王、放榜安民生帥旗、帥燈。 二、過神火，預定下午六時入廟安座祀王。 三、大總理敬王。
國曆十月三十日 農曆九月廿九日 （星期四）	一、上午九時王駕出巡繞境鎮內南區，預定下午八時入廟安座祀王。 二、副總理敬王後，由嘉蓮里迎請　王令過夜，並於次日五時以前恭送王令入廟。
國曆十月卅一日 農曆十月初一日 （星期五）	一、上午九時王駕出巡繞境鎮內北區，預定下午八時入廟安座祀王。 二、內外總理、參事敬王。
國曆十一月一日 農曆十月初二日 （星期六）	一、上午九時王駕出巡繞境鎮內中區，預定下午八時入廟安座祀王。 二、顧問參拜敬王。
國曆十一月二日 農曆十月初三日 （星期日）	一、上午九時王駕出巡繞境鎮內農區，預定下午八時入廟安座祀王。 二、內司、班頭、神樂團參拜敬王。
國曆十一月三日 農曆十月初四日 （星期一）	一、王船法會。 二、上午八時下頭角、安海街、頂頭角轎班參拜敬王。 三、下午二時埔仔角、下中街、頂中街轎班參拜敬王。 四、下午七時祭典委員會總務、設計科工作人員參拜敬王；下午九時典務、指揮科工作人員參拜敬王。
國曆十一月四日 農曆十月初五日 （星期二）	一、上午八時—十時由崙仔頂轎班、王船組參拜敬王。 二、中午十二時王船繞境鎮內（遷船繞境）。 三、下午六時王船入廟安座，各級班役開始添載。 四、子時（夜十一時）宴王，由大總理主祭、副總理陪祭、內外總理與祭。
國曆十一月五日 農曆十月初六日 （星期三）	一、凌晨二時恭送王駕。 ※注意：平安宴擇於農曆十月初九（星期六）下午六時三十六分在東隆宮廣場舉行，屆時再行抽籤決定下科年各角頭擔任職務。

【三】儼恪跪進，酒食宴王

迎送千歲爺的正式饗宴，就是送王前的「宴王」，這是讓方志史家印象最深的活動：陳夢林提及「醮畢，執事儼恪，跪進酒食。既畢，乃送船入水」。陳文達也說醮畢，「總以末日盛設筵席演戲，名曰請王。進酒上菜，擇一人曉事者，跪而致之。」宴畢，才添載送王。就是連澎湖的習俗，也是「以本廟之神為主，頭家皆肅衣冠，跪進酒食。」（林豪志）所有敘述時所使用的「請王」一詞，也就是東港所說的「宴王」，通常都是安排在道士擔任二至三日王醮完畢之後，準備送王之前的一段時間。雖則東港地區比較不重視王醮，但「宴王」依然是排在「末日」送王之前，即在十月初六日子時舉行。從方志的敘述中一再使用「儼恪」、「肅衣冠」；又用「跪進」、「跽進」諸詞，就可見其隆重嚴肅的情景。因為這是對於既將離境的千歲爺，比較正式的表達全體居民的內心誠意，故需誠謹、戒慎其事，生怕有所失儀，是為典型的敬畏神明的饗神宴。

東港宴王選在子時，緣於初六日凌晨要送王，當晚全員齊聚，而由大總理主祭，副總理陪祭、內外總理等與祭。稱為「宴王」者，就是敬備盛宴以歡送、餞別：其意義一方面在表達大家感謝諸位王爺的辛勞，為民主持正義、驅除邪祟：另一方面則借此飲餞的機會，以最豐盛的大饗宴對王爺示好，期望有所賜福。整個宴王的進行程序也比較具有神宴的典型程序：先在祭神前，由大總理先以水潔手，象徵性地吃食、飲啜，屬於與神共同進食的遺風。然後一道道依序送到千歲爺的面前，請神品嚐，等宴王將畢，即由王爺賜食，大總理代表接受。等接下撤饌後，按古禮是所有參與者都要共同進食，通常會選在另一場所進行享用這些供奉給神的御食、御酒的儀式。期間曾一度變通為分配攜回，這一科則為了方便，全由大總理負責備辦，也在宴後攜回自家食用。按照古禮確是具有神人共食的意義，讓大家可以共同分享神明所賜的福氣、吉祥。

平安祭典送王前一夜，舉行盛大的「宴王」儀式，以歡送、餞別代天巡狩千歲爺。

宴王排場中的「滿漢全席」盛宴

宴王儀式開始之前，內司依序各就位置。

丁丑正科平安祭典宴王大典滿漢全席示意圖

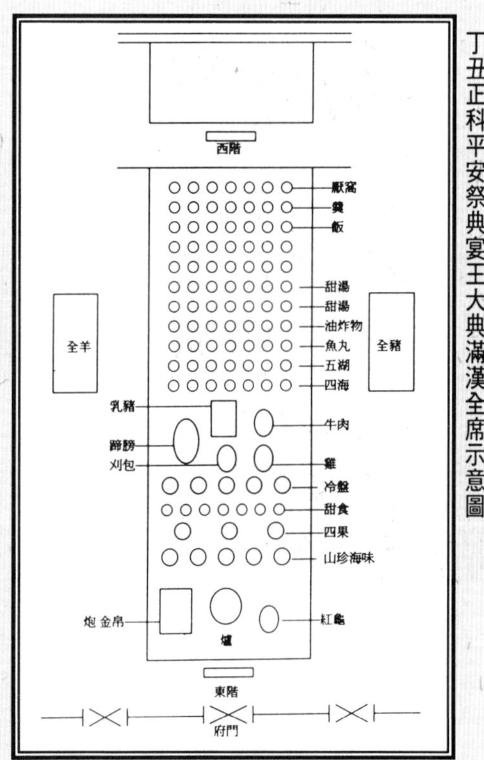

整個大宴的程序歷時頗長，參拜的人數最多，而氣氛也更嚴肅、誠謹，府內仍由內司負責祀典的進行，府外則由眾班頭扶杖護衛，裡外肅靜，此時府門先要封閉，內司熟練地將府內重新擺設為前、後兩案，前案前即為「西階」，後案前即為「東階」，前案上即是由茶房所備辦的素席；後案則上鋪粉紅紙，乃是為隆重擺設「滿漢全席」，從四十餘年前即由本地東昇餐廳的林家所接辦，近兩科則由林家主廚的徒弟吳敏雄接辦，主要仍是由林家之人幫忙，至今都師徒相傳，謹守秘密，一〇八道各有品名、作法，早已成為東港宴王筵席的一大特色。在子時前，主廚師傅就熟練地指揮進行，每人都口戴口罩，輕聲地捧著供品進入，依序排滿整個桌案，品目繁多，水陸俱備。而在滿漢全席旁，左則有生的全豬、右則為生的全羊，並設有盥浴所。整個準備事項在靜肅中完成，但見燭火高燒，煙香裊繞，確有王府盛筵的氣氛。

宴王禮節在各地的迎王祭典中，常因當地的地方傳統，在士人的儒家吉禮（祭禮）的傳承之下，各自發展出大小、規模不一的儀節，也都由少數知禮之士保有其各自的傳統，平常並不輕易傳布出去，除了是禮生團體為了保存其專業禮儀知識外，也是緣於祀宴王爺的儼恪禮節，比較需要保有一種宗教的神聖、神秘性。東港宴王歷來都是由振文堂所訓練的內司主持，代代相傳，至丁丑科青壯一代如鄭世賢、蕭志榮等人已逐漸擔綱，主持司儀的即是鄭世賢，而所有的內司人員也都已參加過數科，經驗傳承行禮老練。在內司準備的左側室，就慎重地貼出一張「宴王大典執事人員配置圖」，除了執令者和旗牌官之外，其他內司都依所編的號碼各有其位置，清楚標明宴王程序的儀式空間，乃是適應東隆宮正殿較長的空間所作的安排，像以前、後案桌前的位置作為西階和東階，就是遵照祭禮的由東階而西階所作的調整，也可見當地士人的權變得宜的所在。

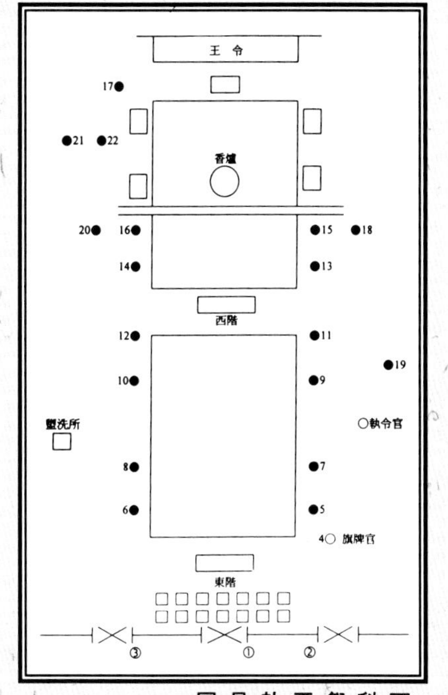

丁丑正科平安祭典宴王大典執事人員配置圖

「宴王」的盛宴在筵席上的「滿漢全席」擺妥後，執令官就先上香，之後內司魚貫入內依序各就其位置；然後大總理等準備宴王者也魚貫進入，王府內就洋溢著祀宴前的嚴肅氣氛。大總理先在東階垂手而立，其他總理等則分列於後：就是「主祭者就位、陪祭者就邊位」。等大總理上香後，執令者（鄭世賢）即跪稟千歲，典禮開始，依例「升炮」，炮聲三響之後，高唱「起封條」、「啟府」、「大開中門」，府外的班頭就將封閉府門的封條取下，然後左右分別啟開中門；內司即在東階案前兩側貼上紅紙書寫的「風調雨順」、「國泰民安」，與黃紙書寫的「風雨免調（朝）諸神免參」、「奉旨代天巡狩欽加王爵五府千歲」，表示盛宴在即，此時風伯雨師及諸多神明可免朝見參拜，而準備安心進行其筵席之樂。此時依古例先要「瘞毛血」，將生而全的豬羊毛血取出瘞埋，以示以牲牷禮敬王爺的誠意請神驗明，至此即可請千歲正式升堂入席。

宴請之始，仍依例「請千歲盥洗」，再「請千歲升堂高座」，坐定之後即「擂鼓三通」，每擂一次，旗牌官即到座前「稟千歲，擂鼓一通」，連擂連稟三次；又「鳴鐘三聲」，旗牌官也要一一跪稟千歲，鐘鼓齊鳴之後，班頭也要依例「班進搖堂」，這些程序是「請王」、「敬王」也有的固定動作，只是「宴王」時班頭在連日的排班後，仍是抖擻精神表示特別鄭重。在主祭、陪祭者正式就位後，這一次主祭者特別「請進盥浴所盥手，進巾復位」，大總理洗手後，先戴上白手套。在神樂團「奏樂」之後，及進香、上鄉、行參跪九叩禮；然後執令官高唱禮「主祭者由東階至西階神座前行禮」，依例由旗牌官引領大總理由東階（前案前）徐步至西階（後案前）再次進香上香，三跪九叩；然後再次進香上香、三跪九叩，在「樂止」後「侑食」，這一段如「祀王」之儀，進獻茶、糕、四果、果品、水果、檳榔、水煙及煙筒等素齋，也就如同正式筵席前的開胃食品一般，清淡而有味。

在素齋之後就由「讀祝生就位，進祝文」，此時「主祭者、陪祭者俯伏」，由讀祝生代之「奉讀祝文」，傳統式的祝文中表明主祭者大總理、副總理、內總理、外總理暨士農工賈等善信，為了表示東港鎮鎮民恭迎代天巡狩王駕，地方代表謹以「剛鬣桌、毛蘊藻」及庶饈等，祝祭於敕封王爵代天巡狩余千歲王駕前。先頌讚王爺的「憚惡彰仁，禍淫福善」，為民眾的素行主持獎懲，所以讚美其公正無私，浩蕩洪庥。然後鄭重地禮謝在蒞境期間所行的一切恩澤，感謝為全鎮善信的平安，進行了一連串的驅除事務：

尊神俯念塵凡疾苦，拔諸蔽孽瘴癘，水潦旱乾，靜淨庶徯，蘇有待惠，拯困解厄，其時宜矣。聖德尊崇，威震寰宇，豐功偉烈，深澤廣被群生；穿窬匿跡，魍魎潛形，闔境寬以安覺；至誠而感召，萬民慶有賴，聽擊壤之歡聲。

這段文字保存了部份的送瘟遺跡：諸如瘴癘、魍魎等詞，都表明千歲的巡查繞境，是為了除祟驅邪，使得百姓萬民都能消解災厄。最後表示對王駕的巡查，全體「齋潔奉迎，士庶歡呼」；而以之禮讚神明的「聲赫靈濯」，莫則以「為我東里之帡幪」作結。祝文的宣讀、焚化即是與神溝通、崇奉的象徵行為，由於這一部份具有代表全鎮鎮民感謝、報告王爺的儀式意義，才在本科祝文的格式上明顯地加以口語化，內容大體相近，而只是比較淺白地表明三年一科的千歲前來，護佑東港子民；然後在表達歡送之意後，懇求余大千歲等能夠多所賜福，成為一篇比較現代的祈祝文。

宴王儀式在進獻素齋之後，由讀祝生「奉讀祝文」。

祝文讀畢之後，再重複一次三跪九叩，主祭者即由西階詣東階行禮，上香、三跪九叩後，就展開了正式的筵席，在東港送王大宴時所進獻的祭品，可說是民間公認的山珍海味，奇珍異饈，凡分三次進獻：首次初獻依次進燕窩、獻燕窩（中間初進酉、初獻酉），進五湖、獻五湖（再進酉、再獻酉），進四海、獻四海（三進酉、三獻酉），而後進山珍、獻山珍，進海味、獻海味。然後中間樂隊奏樂，主祭者再三跪九叩後，才又被旗牌官引領到西階神座前進香、三跪九叩；隨即再回東階進香、三跪九叩。等「樂止」後，又進行二獻：凡有進羹、獻羹，進飯、獻飯，進胙肉、獻胙肉；然後進甜湯、獻甜湯，進水果、獻水果，進紅龜、獻紅龜，進金

帛、獻金帛；最後在「奏樂」聲中三跪九叩，再從東階到西階神座前，行禮進香、三跪九叩。最後千歲爺即對大總理有所賞賜：先賜福酒、賜胙肉、賜燕窩，即為賜食賜福；然後分別由副總理、內外總理及內司等，依序跪拜。而後司祝者捧祝文、司帛者捧帛至外望燎焚化「班退」。等執令者再到神座前叩拜後，即由內司幫忙依序撤饌，以往是由大總理象徵性地切開陳列於桌案旁的全豬、全羊，然後再由專人分割分配，讓所有陪祭、與祭者攜歸，本科則由大總理全權處理，整個宴王結束時，已是晚上十二時三十分，宴請程序繁細，前後達一個多小時。

整個大饗宴的進行，由內司負責傳進、傳送祭品，而後交由大總理供獻，先進後獻，呈獻時舉案過頭，然後再由內司傳交供獻於神座前，再依序整齊排列，每一獻都有七樣，表示溫王送行，又讓中軍爺陪同五位千歲的飲饌。類此供神的飲食基本上與中國飲食文化中的習慣相同，先上素淡的開胃菜，再上山珍海味的主菜。由於東港為海港，所以特別在供獻五湖四海中獻上紅蟳、九孔等，五湖即用淡水魚、四海用鹹水魚；接下即為用飯、胙肉，最後才是甜湯、水果。這是採用清代帝王貴族式滿漢全席的模式，配合民間有能力備辦的方式，表明水陸雜陳，品目繁多；又有當地的土特產，作為饗神的禮儀。其中用以表現供奉王爺的食物又賜給人吃，讓神與人發生關聯的，就是儀式性地由千歲爺賜食，經由大總理象徵性地食饌、飲啜，就有與神共食的一體感，乃是與神感應，獲得賜福的作用。

宴王儀式在祝文奉讀完畢之後，及舉行三獻禮，由大總理主祭。

宴王儀式在饗宴祭獻完畢之後，將食物賜予致祭者食用，表現出與神共食的一體感。

根據祭祀的原則，為表示對神格較高者的尊崇，還依三獻禮安排有獻牲之禮，以生的、全的為尊。所以桌案左右兩旁有全豬、全羊，豬可分為烤熟乳豬以及生的全豬牲禮，都可作為進宴之用。奉獻生而全的豬羊乃是保存了牢禮的意義，在古禮及後來民間廟祭的習慣中，是為最誠敬的祭物。這些祭物在宴罷，按照分福原則是要將生而全的平均分配給所有的主祭、陪祭及與祭者攜歸煮食。東港所行的「宴王」其實與其他地區的祀宴相近，儘管所獻之物會因地方傳統而有差異，但基本的精神則是相互一致。在進獻宴饗時由班頭排班守衛，而並未以轅門間隔，仍能讓無法參與者多少能一窺府內的莊嚴場面，從而仍能保存祀宴王爺禮儀的神秘性。至今內司堅持這一點，將宗教的嚴肅良好維護，在看似行禮如儀的「表演」中。內司與總理是以參與者態度演出，遵守一種內定的遊戲規則，因而完全表現兼顧宗教性神秘與滿足好奇者窺秘的心理，大體而言仍是通達人情的。其實宴王時，廟前廣場早已擠滿神轎、陣頭及角頭善信等，大家所忙碌的是準備要恭送王駕的宴罷離境。

東港的祀宴王爺習俗，行之久遠，自然也就形成本地特有的習俗，與其他地區比較互有同異，其中蘊含有諸多意義值得今人深思：

(一)東港所舉行的各種祀宴，因在王府舉行，不管大小宴席大體多能遵守「儼恪」的準則，嚴肅行事，完全表現宗教儀式行為的嚴肅性，可說是神聖性嚴肅。但終究祀敬王爺乃是全體鎮民與有榮焉的大事，而格於形勢只有少數頭人能有資格代表。因而採用大開府門的方式由班頭看守，也讓人得以遠望，既能保持其神秘性，也能讓有心人略窺其秘。這較諸完全封閉府門或是以轅門區隔者已是比較開通之處，一般人則仍可經由錄影帶觀賞，多少也能讓不能進入者有些參與感。

(二)祀宴時一定會有演戲，與所有神誕、建醮時一樣，它既娛神又娛人，形成儀式與戲劇合為一體的功能。從前這是民眾看戲的好機會，目前的娛樂工具日漸增多，野臺戲、酬神戲多只有娛神意義而已較少人觀賞。這一科在新建牌樓的廣場前，增多一場明華園搬演的「劉全進瓜」，由於劇情動人、技藝純熟，觀者也聚集圍觀。類此將失去的觀眾吸引回到戲臺前，人神共賞、共樂，乃是民俗娛樂的至高境界。

(三)祀宴的程序與內涵，在行禮如儀中如實保存了不少古之禮意、禮儀。蔡木松先生說本地祀王的禮儀，曾經當地秀才的整理，而其中的主體實為一種古代、至少是明清以來的三獻儀。內司、班頭的禮儀行事，頭家的跪進酒食，都可作為古禮的遺存，所謂「禮失而求諸野」，它可作為一種文化財產，也是研究宗教、祭祀禮儀的珍貴材料。

⊙本篇作者/李豐楙

進行宴王時，進獻完西階後再到東階進獻。

[伍] 王醮醮典篇

在中國的傳統習俗中，道教內部傳承完整的送瘟科儀，而各地所留存的送瘟記事，也多記載由道士負責和瘟、送瘟的任務，只有少數是做佛事的；其中浙江、福建諸省傳承有明清的抄本，而臺灣移民所帶來的道教傳統，自然傳承同一系統。所以早期的方志除陳夢林的記事較為疏忽，說是「召巫設壇，名曰王醮」；其餘的都明白敘述主持醮事的，「必延道士設醮，或二日夜、三夜不等」（《臺灣縣志》），因為從事建醮拔禳祈福正是道士的專長。他們所傳承的對請王、送王的理解，也就代表道教千百年來的專業知識與職能，因此臺灣各地至今大體仍遺存醮典之名，也仍請道士作二、三日不等的醮事。

然則東港為何卻獨標明「平安祭典」？在進度表上也並不特別標明道士的職務，而內司在王府內所舉行的敬祀王爺，道士也絕不進入府內，至於臨時搭建於廟埕右方的棚架內的道壇，雖則按照道教正統的科儀進行一連的王醮事宜，卻只由大總理和少數組員前來隨拜。然則在整個祭典中，道士團所從事的王醮到底有何功能？它如何與千歲爺代天巡狩的任務聯結，共同為東港「境」內進行「合境平安」的儀式。目前所知祭船、和瘟等王醮科儀，事屬專門，非委由專業的道士行之不可。因此理解道士在東港王船祭中所扮演的角色，就可理解地方習俗與道士職能的配合問題，這對理解東港的宗教文化是極為重要的課題。

【一】道長主行，設壇演法

❖ 遴選道長，組團行科

臺灣民間為了舉行較盛大的醮儀時，例需選定足負重任的道壇，始能放心委託其主持關繫全宮、全鎮命運的醮事，絕不敢馬虎行事。然而在東港本地既無此類道壇，因而相鄰林邊鄉崎峰村集神壇的林德勝（法名大典）道長，即因地緣關係與本地地方人士夙有交陪，因而得以從戊辰年被聘請擔任東隆宮的水火祈安清醮，並接續至今主持丁丑科的王醮科事。不過除地緣、人緣諸關係外，更重要的是要有豐富的主持醮事的經驗，始能勝任愉快。以目前屏東縣境內較被圈內人所認定的道壇約有十個左右，林道長的道務經歷及掌壇經驗，以目前春秋正

富（年四十二）確足以擔當醮事，並因此表現出他獨特的道法風格。因其家世原本為祖傳九代閭山派紅頭法師，又曾拜枋寮陳金德為師，登過刀梯；後來又專修天師道法，拜過多位師父：凡有臺東蘇耀庭、小港蘇國顯、林園劉雅宏、柯通湖，而王醮科儀則特別師事臺南市道士世家曾椿壽（泛舟）道長，俱屬道教靈寶派道士的系統；此外又幸運得到溪洲張先助先生所有的經書，又因道務所需而從江西汪容駿博習易經、堪輿，此外並曾到各地參訪過正一派道壇。類此道法兼修的經驗，使其主持醮事既能以正統道法為主，也能酌量參用閭山派的紅頭法，形成道法兼用的風格。

平安祭典王醮醮典，由崎峰道壇林德勝道長主持醮事。

這次他為東隆宮所行的慶成清醮與王醮，所組成的道士團成員多為門下弟子，主要是以路竹以南的為主：包括高功朱文成、吳東旭、蔡志民、柯培欽及在慶成醮中升級的吳超儀和李恆約等；此外還有高雄大樹吳易龍、楠梓林琨傑、顏榮信、孫守延、小港黃清泰、余俊雄、大寮張基皇、梓官許瑞森、新園林石三等道眾，總共十餘人，構成前場的班底；而後場則有鼓鑼技藝優異的高雄市孫源宏、陳振平（陳金能之子），及負責嗩吶（吹仔）等樂器的黃春長、林忠義等。雖然此科嗩吶老手陳金能因病未能前來襄助，但整體的配合仍是中規中矩，表現出南部道教靈寶派路竹以南較為明快流暢的風格，與路竹以北以臺南縣市為主的舒徐高雅者有所不同，整體展現出另一種講究實質、效率的平實作風。

❖ 醮場演法，一依古例

臺灣中南部地區經錯綜複雜的歷史文化發展後，呈現出「泉籍近海」的分布形勢，剛好也是王爺信仰最密的分布區，所以能從事祭船、和瘟的多屬靈寶派；而目前主要分布在臺北地區盆地、桃竹苗客屬優佔區及臺中盆地的正一派，則未見有保存和瘟的科儀書並有從事和瘟的記錄；此外新竹市一帶至今仍保有和瘟科儀書的道壇，但因當地較少王爺信仰及送王船習俗，因此也較少實際從事和瘟科儀。所以目前全臺即以臺南及高屏地區王爺信仰區域內，靈寶派道士最嫻熟於王醮，所以陳夢林、陳文達以下方志學家所記載的延請道士建醮送王，也正是南臺近海區域的信仰習俗，醮儀正是他們的拿手專長。一般而言廟宇落成的慶成醮、迎送王爺的王醮，二或三日不等，甚或特別舉行五朝醮亦無不可，這是道士所常行的正統道教科儀（澎湖亦然）。

東港即是在靈寶派盛行的南臺區域內，但是在以往並不以王醮為主，其原因有二：一是當地強調溫王等千歲爺，非屬王船漂著而建廟的瘟神性格，而是代天巡狩的王爺；二是當地較少傑出的道士能夠主持道壇，而鎮內所盛行的鸞堂、善堂，則是由讀書人傳續宣講、善書傳統形式的勸善、行善堂，長久以來早已成為本地重要的信仰習俗。故祭典期間諸多內司及神轎、陣頭即是由不少鸞堂（或已擴大為寺廟）所訓練的，一般稱為「儒宗神教」，而與正統道教之間有微妙的關係。這也是本地只用「平安祭典」，而王府內司多有鸞生主持祭典事宜的緣故。但是這一科——丁丑科恰逢東隆宮新建金碧輝煌的牌樓落成，所以廟方所印的資料凡有三種：一為「東港東隆宮九朝慶成謝恩水火祈安清醮」（九月十六至二十四日）；另一為「平安祭典日期及祭典節目」；三則為「王醮法事程序」。前二者屬於慶成醮儀，雖然與王醮無關，因同樣是由林德勝道長所領導的道士團負責醮務，在慶成謝恩祈安清醮的科事中，林道長所排出豐富的醮儀：先有謝土（九月十六、十七日），及火醮（九月十八日）、水醮（十九日）、然後正式展開五朝清醮（二十至二十四日），祈安醮儀雖與平安祭典分開，但是對於地方的靖安作用則是一樣的，特別是這科的王醮擴增為二朝宿啟的規模，在祈安的意義上更能彰顯其延續「合境平安」的意義，林道長所開列的王醮科儀程序有如下表。

農曆十月初四（週一）

早：王醮起鼓，玉壇大發奏，祝聖，高上玉皇本行心印集經啟關、上卷一品、中卷二品，午供酌獻，請三十六官將，高上玉皇本行心印集經中品三卷、下品四、五卷，謝誥。

午：禳災滅火懺上中下三卷，祭禳龍王經，安奠福海祈求

漁船平安。

晚：鬧廳，分燈捲簾，宿啟。

農曆十月初五（週二）

早：報鼓，早朝祀王，登坪進表，午供酌獻。

午：玉樞寶經，三官妙經，北斗真經。

晚：鬧廳，祝祀天仙，王船三獻，和瘟酌獻，關祝五雷神燈，召營鎮守，祭船禳安五方，王醮正醮三獻，符令送船，官將送船，水邊辭王，送聖謝壇。

兩天的科儀都是經由經文的唱誦、疏表的呈奏以及訣咒的施行，不斷地透過儀式，向神明表達出溝通、虔奉的宗教行為。基於道教內部的秘傳傳統，道士擁有專業的職能，始能接受民眾的重託，在訓練有素的動作中完成任務，不負所託。而醮主人等則只要手持手爐，隨從跪拜，表達其敬奉神明的虔誠心意。因此其間可以相互理解而具有共識之處，即在醮典行事中的信仰意義，也就是雙方對於醮典儀式的舉行，乃是基於同一信仰文化的認知，在同一宇宙觀、神聖觀之下，始能一起完成敬事神明的神聖任務。整個科儀行事中主體結構的程序安排，主要的精神就是在首尾完具的架構內，每日都有重點行科。類此程序除能均勻分配外，就是按照科儀的意義，除舊布新，逐日分請諸天聖眾降臨幫助，以之重建新秩序。

❖ 內壇佈置，完成聖域

王醮醮壇設置於代天府廟埕右側

祭典期間所舉行的王醮，由於規模較小，而且需要銜接送王前的道教儀式，就選在遷船（十月初五）前後兩天內舉行；而結壇所在則選在廟埕的右方一旁，較不妨礙紛雜人潮的往來。所排出的內壇與清醮時東隆宮內的排法大體一致，乃是作為敬禮諸天的壇場，依據道門內部傳承的壇法，也構成宗教、神話學所說的神聖空間：主要分為三清壇與三界壇兩個部份：前面三清壇即是舉行醮儀最重要的地方，將玉清、上清、太清的聖像畫軸掛於前方，即為三清宮，供奉元始天尊、靈寶天尊及道德天尊，是整個內壇道場中地位最崇高的神明。左旁懸掛萬神之主玉皇上帝畫像，為玉皇宮；右邊懸掛萬星之主紫微大帝畫像，為紫微宮。這是諸天仙聖蒞臨，接受道眾及醮主人等敬拜之所。

在三清壇的左右兩旁則是四府尊神、四方天王、五斗星君和官將神位，在壇場的左右兩旁，分別懸掛著天京地府、水國陽間等四府神像，以及掛出溫康馬趙四大元帥畫像，即是諸元帥統兵備守壇場，避免不潔之物的侵擾，氣氛莊嚴肅穆；而五斗星君的神像，乃是諷誦五斗經時禮請星君之意。而在排出的眾多畫像中諸仙聖俱是乘雲駕霧地面朝三清宮作行進狀，象徵著各方仙聖三界眾神朝元謁聖，此即朝元圖的遺意，表示內壇即為諸神齊往三天彌羅界，朝覲至尊，面聖聞法。因而整個三清壇前就由這些神像掛軸分別包圍，形成一個神聖空間，在行科演法時，就形成一個聖潔的境域，道士主要的醮事科儀都在這裡舉行。

王醮醮壇於三界壇背面入口處，設普化天尊、司命帝君與保生大帝位。

與三清壇正相對的則是三界壇：壇中央懸掛三官大帝，左側為金甲神，右側為朱衣公，象徵三官

大帝及其衙門。再左邊掛天師畫像，為天師位（師壇）；再右邊則掛玄天上帝的畫像，為北帝位（聖壇）。而三界壇的背面向外，則中間懸掛九天雷聲普化天尊，左邊為司命真君，右邊為保生大帝神像，這一組尊神所擔任的神職，正是主管瘟疫、救護疾病以及督算善惡功過等，乃是與生存、生命有密切關係者。在桌岸上則安奉當境的三界眾神，在三官壇上設有諸多燈座，兩旁有兩根帶頭帶尾青的甘蔗，上繫篙（高）錢，是迎請三界眾神蒞降高座之意，因而供桌前可供奉菜碗及諸多供品，用以祭拜三界神明。

【二】王醮科儀，驅祟祈安

❖ 發表啟請，醮儀祈福

整個儀式即從「起鼓發表」開始，「發表」即呈奏表章，請功曹傳達，告聞三界，說明此次舉行祭典的用意；然後啟請各方仙聖眾神降臨醮場，以接受信眾的禮敬朝拜。發表、啟請是每場醮典必須安排在開頭部份的必行節目，發表時尚需選擇良辰吉時舉行，特別是起鼓的時間。起鼓就像是演戲開始的開場，由文武場先「鬧棚頭」，其功能即有藉著鼓聲清淨壇場，啟請通告三界神聖仙真，並通知道士團擔任演出者以及隨拜頭人就位，這是預告所有參與者，科儀即將進行。起鼓的時間通常要擇日卜時，這是因為要避免所謂的年、月、日、時四柱的「鼓輪殺」的煞氣沖犯，以祈求醮事能平安順利。

在聖域內主壇的高功林德勝道長，要統領其道士團受鎮民之託代為朝請神尊，祈求在祭典、醮典中能順利完成全體居民所託付的共同願望——「合境平安」。為使諸天聖眾不可思議的功德力能夠實現，所以發奏、啟聖時，高功道士需隆重地身著絳衣、佩珠插仰，並手持奏板（笏），按照教內秘傳的密念、誦咒，將「表文」上呈玉皇上帝，表中詳盡稟告醮事舉行的因由，祈請聖尊俯鑒，護佑生民，賜福境宇。為了讓醮事能夠圓滿，高功要遍啟諸真上聖，從三清至聖以下依尊卑次序遍請，直到本地境內社稷真宰，均要一一啟請。所以啟請時要面向三界壇，而且按規矩祭典組織內的頭人都要到齊，鄭重其事地持手爐、持香隨拜，恭請諸方神明齊降壇場，接受大家的誠意請求與供養。直到醮儀結束時入醮謝壇，才奉請諸天聖眾各還洞府，藉表謝意。

王醮中的啟請儀科，遍請諸真上聖降臨。

發表科儀由林道長帶領剛爬過刀梯、晉升道長的授男李恆約及弟子李超儀兩位高功和七位道士擔任，於三界壇前隆重地進行發表，醮主則由此科王醮的大總理隨拜。發表儀式的主體結構凡包括有：淨壇、啟師聖、召將、宣讀符命、獻酒、遣將和謝師聖七大程序。儀式一開始，林道長於紫微宮前一邊默咒，一邊依序戴烏網巾、著朝靴、海青、結朝裙、蔽膝、穿絳衣、結玉佩、戴金冠、佩珠插仰後，然後莊嚴地手執寶笏進入壇場；在醮主上香後，高功步罡、密念、點指，道眾們隨即步虛、淨壇，隨著「淨天地神咒」的優美曲調唱誦中交班繞壇。接著高功即跪下請神，此時左班擔任「主唱」和音樂指揮的都講，則以手鈸隨著高功的遍請諸神的速度，控制後場鑼鼓、嗩吶等樂器的節奏，表現出熟稔明快的風格。

儀式中有一段高功先以雙手持香由外向內轉動後，再以左手持香在左耳繞三次，右手持香於右耳繞七次，此一「繞耳」的動作即徵召出高功的三魂七魄，準備總召本壇官將兵馬出外呈文。高功做完繞耳動作後，將香插於香爐中，嚴肅又威武地拿起五雷令，在書符令、步罡、點指、放文等一連串的命令訊號下達後，道長就到達醮壇乾方，站在原先已準備的板凳上，於高桌前威嚴地唸誦「玉清總召萬靈符命」。此時高功早已借由太上老君不可思議的功德力脫離凡身，變身為具有宗教中介者的身分而有權發號施令，乃是一種如同「天地神師」般，所以站在高高的板凳上，於儀桌前讀誦符令，就像是元帥持符令昇上將臺點兵，其氣勢自是呈現出雄壯威武的氣概；林道長讀完符命後，點燃以兩支香夾持的黃紙墨書的符命，恭敬地看著符命完全燒完，再對著符命吹一口氣，表示符命的完整宣告與通達。符命的主要內容即以張天師之名「告盟三界，統攝萬靈」，奉請玉帝前唐、葛、周三元將軍的監

督下，所召諸神速現真形，如玉帝親行，符召速到，速列速行。而所召諸神，如上清天樞院天將天兵、北極驅邪院神將神兵、玉府五雷府雷將雷兵、及高功靖壇諸員官將吏兵、三界直符使者、四直玉文功曹使者、城隍里社土地等神，護衛表文隨著高功的三魂七魄關奏，呈奏三清七寶宮、昊天金闕宮及主管王醮禳災的九天應元府、無上洞淵宮及匡阜真人府等處。

王醮發表科儀中，高功讀誦「太上開天符命」。

在副講唸完「福疏」，說明舉辦二朝一大會的王醮地點、時間、事由、祈求和重要醮首名單後，接續而下的重要程序即是外出呈文，在呈文前林道長在內壇先步八卦罡後讀誦、燒化「太上開天符命」，然後在道眾引導下走到壇外，飛罡步斗後恭敬地焚燒七封呈奏和六封關文。黃紙黑字的太上開天符命文中以張天師的口吻表明：「右仰　符命中使者帥將天丁，齎捧奏啟請申表文狀　御，所遇罡風灝氣、九醜群凶午酉等眾，妄有遏截者，戮于道左，以明天憲，治罪施行。」開天符命和牒文都可算是一通行文憑，高功的三魂七魄隨著護衛的天兵天將諸儀駕浩蕩地踏著七星斗罡，象徵在天空中旋繞飛行，經過層層關卡前往天庭呈文，途中一關關的通行證件需經驗證，更恐怕遭到狂風妖氣阻攔。因此不僅要以一個個方函封存，有時還以黑布罩住，不僅強調其秘重性，也防污穢之氣入侵。放置方函表文的表盤四周也飾以三角旗子，如在天上飛舞的七彩雲霓般，更需賴左右將帥使者護持，保證表文能潔淨平安的抵達應送達之宮闕「收文處」。所有牒文、表文火燒轉化上呈後，高功即踏七星回斗，象徵從天上下到地面，然後在「小開天」的曲調中念號回壇，代表所有的仙真皆已接到邀請。所以緊接著就到三清壇前進行祝聖科儀，即是請神安座，道眾在高功的帶領下奉香安奉眾真，在「彌羅範」的大梵之音中從三清壇起，再及於左側仙聖、右側仙真，最後才緩步到三界壇前運香供養，啟請三界眾神下降瑤壇，主盟科儀，以求合境平安，證無上大道。

發表科儀中，所有牒文、表文上呈後，高功步罡踏斗，象徵返回人間。

❖ 分燈捲簾，元辰光彩

「分燈」所用的經典乃是依醮儀的原因和目的之差異而有所不同，所解釋的意義也隨著用途不同而豐富多樣，過去通常是齋醮通用。分燈即是請南方火垣宮火德星君進三昧真火到三清宮殿前照耀光明，使地方的陰暗邪魔無處躲藏，而得以獲致清淨平安；祭拜的醮主人等也隨著象徵一家生命共同體的斗燈點燃，而得以元辰光彩，常保康泰。一般慶成醮的分燈，由於是動土建設使得地脈破壞，乃使原有的秩序破壞，需得經過「安龍送虎」後，才能使廟宇神座所奠基的龍脈重新予以安頓，所有的邪煞妖氛送走。象徵宇宙秩序的重新恢復與正常運作。所以東隆宮第一階段的「謝土謝恩」所做的分燈醮儀，其重點又有「舊火換新火」的深一層意義。而王醮所行的分燈，林道長認為除了因三年一次王府需要象徵性地重新興建，可以包含以上「重構與潔淨」的意義之外，應可配合東港地區迎王、繞行主要街道後，進入王府皆已是入夜時分的這個地方性特徵再加以解釋，因此王醮的分燈又增添了為王府照明的實際意義。

分燈科儀中的重要程序是：在壇外南方（方位丙丁、屬火）兩位道士先行燃放鞭炮後，再點燃一根燭火，並小心翼翼地以上面貼著符令的八卦米篩，保護新火從東邊龍門進入內壇。此時內壇除了高功的「本命燈火」外早已熄滅所有的燈火，所以等道眾手持新火進入內壇，後場音樂也隨之高昂起來，緊接著高功即三進三清宮，分別依序點燃大羅元

始天尊、大聖靈寶天尊和大聖道德天尊壇前的燭火，然後其餘道眾再一一點燃內壇所有的燭火。在悠揚的道樂聲中，頓時內壇一片燈火通明，神光照耀，所有的妖魔鬼怪一時消逝。在象徵性地點燃王府內的燈光後，接著即是王爺捲簾接受各方覲見，由於王爺職司「代天巡狩」，乃是代替玉皇上帝巡視人間、獎懲善惡，在民間的認知中其權授特別大，如同人間世界中古早帝制時代配戴皇帝尚方寶劍的巡按大人一樣，擁有先斬後奏的權力，民眾基於敬畏之心，自是特別禮遇。因此在此一科儀中的「捲簾」，雖是與平時清醮的作法在形式上無多大差異，但是在內涵象徵上實可以王爺在此「非常」時期內，享受如玉帝「垂簾聽政」的禮節來加以理解。此一科儀中有捲簾一分、二分、三分的唱辭及動作配合，即是第一次捲簾後，高功先進玉清宮進香；第二次捲簾後，高功次進上清宮、玉皇位前進香；第三次捲簾後，則進太清宮、紫微位前進香，三次進香供養均由直（值）香道士前導，高功恭敬上香後即直接後退而並非轉身回到儀桌前，表現出面對三清時虔敬從容的態度，以求完成禳災祈安、保境植福的集體願望。

分燈捲簾科儀中，由南方引進新火進入內壇，一一點然壇內所有燭火。

分燈捲簾科儀中，捲起闕簾以便進入三清宮等進香。

❖ 宿啟收魔，延壽解冤

宿啟科儀凡分為啟師啟聖、收押命魔、安鎮五方真文和疏呈九天四大部份，是醮儀中特為隆重的科事。其目的在請天師收押命魔皈依正道，並請主管禳災除疫的九天雷聲應元普化天尊主持科醮，驅除內外邪魔煞氣，安鎮五方以求平安，並為醮主人等消愆滅罪，祈安謝過，請福延生。道官昇壇後，依例先在三界壇前步虛淨壇，啟師啟聖，然後在副講誦讀「入意」後，醮主隨後上香三獻酒；在啟師啟聖的程序時，若有時間完整呈現，則需再分別呈「啟師疏」和「啟聖疏」。接著道眾就進到三清宮儀桌前「入禁壇」：在「啟簾」後，引班持劍旋舞在前引導眾道士旋繞壇所唱念神咒淨壇，緊接著引班舞劍前引而導出高功，即向五方威風凜凜地書符、舞劍、噀水，以五龍真氣之水，來洗盡所有的妖氛污穢；高功在一陣步罡後，再接續以書符、噀水的一組動作以象徵下達命令，召請四靈、三官大帝及當地土地諸神前來守護壇界，預防收押命魔時妖邪趁亂來破壞壇場。在召請四靈之後，緊接著的才是全武行的「結界」：結界的意思即是請五方帝君、官將侍衛，協助布下天羅地網，以搜捕邪精，驅除鬼祟。林道長由於自幼習武，體型魁梧，又嫻熟法科，動作俐落，所以表現此段結界科儀時，便以類似「操五寶」的武術動作，分別操練雙刀、雙鐧、雙斧、雙槌和單劍等兵器，後場音樂也變成了激昂的紅頭法仔調，表現出了獨特的風格，這類科介動作是可以比較靈活變化的，完全依個人專長而適度調整表現。

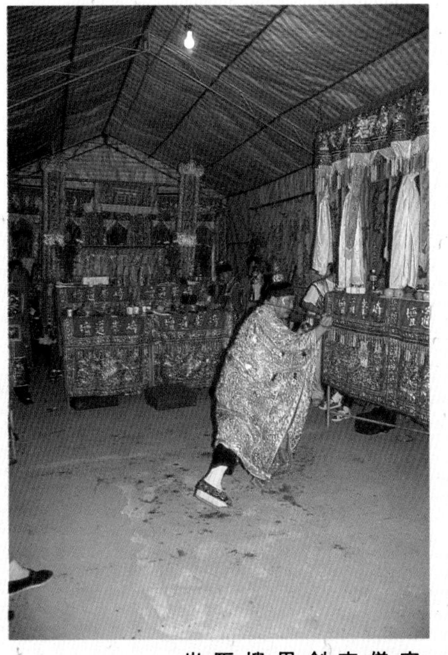

宿啟科儀中，高功舞劍「結界」以搜捕、驅除邪崇。

高功道長為了對付命魔天尊，除了請五方真氣浮空而來、降臨壇所助陣外，此時的高功實際上即是扮演除魔的張天師的身份。「出命魔」乃是此一儀式的最高潮，此時只見內壇燈光突然熄滅，後場音樂節奏漸趨高昂快速，艮方前閃耀著焰火，身穿五彩霓衣、滿頭紅髮、帶著鬼面的命魔快速衝出；

宿啟科儀中，收押命魔，使之皈依正道。

命魔右手持著代表散播瘟疫之氣的扇子，左手持著代表搶得的建醮功果的香火爐，邊搧風邊得意洋洋的吸著爐煙。此時一陣擂鼓，高功從乾方出場與之格鬥，命魔不敵逃進乾方，高功即刻書符、噀水，加強安鎮的力量；第二回合在點燃焰火後開始，命魔從乾方逃出，在地上翻滾，香爐也棄置於一旁，顯出已受傷的樣子，但經數次用力吸取爐煙後，又似乎恢復了體力；高功再從乾方追趕而出，經一番纏鬥後，命魔負傷再度潰逃，高功再次向空中書符、噀水後，在艮方地上化符，代表封住鬼門。最後在焰火施放後，命魔從乾方極度痛苦的爬出，燈光忽明忽暗，高功再衝入壇場後，即將命魔押於艮方，一旁道眾就協助解下命魔的面具，將它置放於玉皇壇位前的案桌上，高功最後即開金井、書符、插劍於玉皇位上的米斗中，代表已完成了鎖禁收押命魔，使之皈依正道，此時燈光也隨之亮起，象徵光明戰勝黑暗，這場神魔大戰終能由正義戰勝邪惡。

前述是平時一般的作法，而這一次為著配合王醮，林道長特別安排了不同的演出：另一組高功和命魔在第一回合於壇內稍微比劃後，命魔隨即衝出壇場欲進王府中擾亂，此時王府的門前正聚集了許多看熱鬧的民眾，眼見這一景多感到震驚又有趣，王府前值班的門禁人員快速以板杯阻攔，正當氣氛達到最高潮的時候，高功及時趕到阻止，命魔才又逃進內壇；此時適為林道長收押前一命魔，遂一併開金井封於玉皇斗中。此處林道長特別強調是「收押」

而不是收斬，因此收押的象徵動作即是解下擔任命魔演出者的面具，於艮方封鬼門、書符後以寶劍安鎮於玉皇斗中，不若臺南陳榮盛道長的演法，以血淋淋的命魔頭顱表示收斬命魔。

收押命魔之後，道士為首率眾醮主們一一跨過淨爐，以消解災厄。

在收押命魔後，林道長特別安排為醮主人等解厄消災，一個個男女醮首或攜帶家人衣物，隨著道眾、高功跨過代表建醮功果的香火淨爐，代表消除了所有逆厄，從此闔家合境平和亨順。林道長有時也會用其他的儀式為醮主改運祈福，安排於廟前「過青刀巷」算是比較複雜的方式：過青刀巷類似過橋，但橋面卻是以三十六把刀所構成的刀橋，刀的上面安鎮了三十六張閭山派官將符，刀座下墊著象徵河水的藍布，地面則放置著滾燙的油鍋和象徵北斗七星的油燈，以及清淨用的炭火。醮主從刀橋的一端，先赤足跨過油鍋後，才一步一步地走過刀橋，最後跨過淨爐而下，象徵厄慼全消，走向好運，完成「過限」的功能。

這場科事林道長依其拜師所學的道法，進行安鎮五方真文、真符的科儀，這是靈寶派獨特的作法，相關經文早見於魏晉時期的古靈寶經經典，臺灣中、北部的正一派並未有此一科儀，其目的乃在於鄭重安鎮五方使已經清淨的建醮境域不再受煞氣侵入。進行此一科儀時，高功先點指、放文，持誦衛靈咒，在副講讀疏文後，上啟眾神，禮敬十方天尊及得道諸仙聖眾，並投誠懺悔。然後即依五方位的順序：都講先念青紙黑字的東方安鎮真符後，再貼

於東方的米斗上，斗中放置文房四寶、尺、剪刀、鏡，依次由其他道眾誦念及貼出紅、白、黑的符命於南、西和北方的斗中，中方的黃紙黑字紅符的太上安鎮真符，則由高功讀頌後貼於三界壇前的斗中。真符的內容是請五方帝君符命風火驛傳，使五星與二十八宿，掃穢除氛，明度天輪，並輔助醮主五臟六腑安順，度厄消災，以之達到安鎮地方與信眾身心之功，這是大、小宇宙（境）同時安鎮的宗教功能。

儀式在「三啟頌」誦揚三清聖尊的不可思議功德中「三進茶」，然後是呈疏文上給九天應元雷聲普化天尊，因為應元府洞淵宮正是主管行瘟職務的，所以祈求主管之天尊能命令其所屬收回瘟病災害，使東港地區能合境平安。黃紙紅字的疏文本是安放於紅色方函中，在所有的道士跪下後，副講謹慎地打開方函取出給高功，高功默念前先哈一口氣，表示一心誠敬、全神貫注；讀畢後置於表盤中，表盤有兩層，上層墊著黃紙，四邊綴上四面藍色小旗，配合高功飛罡步斗，旋行於空中的情景。緊接著引班持劍，侍香拿著上綴金紙的木棒繞壇，代表出外呈疏，道眾一起來到了三界壇前，高功手捧表盤步罡後於乾方焚化，接著引班與高功書符、舞劍、噀水後，高功召四靈護衛，在醮主跪下為呈表仙官三奠酒：下馬酒、上馬盞和起馬盃後，副講於西北乾方宣讀關文並焚化，引班於東方站立在高椅上宣讀太上開天符命，並焚化吹出後，高功即踏罡回斗，伏跪於三清壇案桌前作「棹劍相待」，收回三魂七魄，然後才放下簾。儀式最後是回到三界壇前謝師聖，鄭重表示在天師、北帝的護佑下，已為「平安祭典」完成了驅逐瘟邪並安鎮地方的神聖任務，表現了道教在瘟醮傳統中所整備的一套驅逐與安奠的儀式功能。

❖ 登棚拜表，模擬昇天

在丁丑科進行進表科儀時，因為是王醮，所以林道長特別選擇在東隆宮的王府門前至天公爐之間的空地作為壇場，不同於其他地方利用戲臺或另行於廟前搭臺的方式。為了建構神聖的空間，除了利用自然的臺階區隔為人間凡界和神仙上界外，並在上界五方柱子上端貼上五方安鎮符，以之清淨壇域，防止外邪污穢入侵；另高掛的「闕」字中央也貼有唐、葛、周三將軍符，代表其把守帝闕入口，凡有呈文皆需經過彼等之轉進才能呈達至帝前。儀式一開始，先在臺下儀桌前啟詣師壇，道眾諷誦「彌羅範」，此時高功澄神靜默神咒，然後向教主張真君報告按照真科建醮行道，報德崇恩，將請此科代天巡狩的余大千歲帶回表文轉呈於玉帝御前，恭望師尊改正表文，遣使護送，不使表文有絲毫之污，更防邪氣之侵，若遇罡風攔阻，自有解除之法。

報告完畢之後，接著「登棚拜進硃表」的重頭戲開始了，此時兩旁圍觀的信眾和照相機錄影機等，開始湧現了高度的興趣，只見一個個道眾背後均安貼了護符，右手撐著黑傘不斷旋繞轉動，左手分持籙士燈，足登木屐步斗罡後，才跨過臺前的淨爐登上平臺。以之象徵由此界進入彼界，即由人間凡界跨過象徵神仙他界的門檻，而臺前的階梯就象徵登天之路，所有的動作都表現了昇天儀禮的象徵模擬，這是源自屈原〈離騷〉所描述的古巫昇天儀禮的遺風，再經由道教的精緻化之後成為一套完備的昇天科儀。所以護符在此「通過儀式」的階段中，不僅具備保護安全通過的功能，同時也兼具了通行證的符契證明，因為在登天之途是充滿危險與恐懼的。「籙士燈」就是向已上天奏職過的高功官職的泛稱，手提此燈就表示已有資格昇天，道眾手上的黑傘不停旋繞，就象徵其飛行於天上星斗之間迴旋而上，足登新的木屐便不染凡塵，所跨過的淨爐與其上的清淨符，則代表潔淨身心內外一如，始能跨入仙界得入淨域。因為在宗教的認知當中，人間的此界乃是污穢之地，神仙的他界始是潔淨之境，故道士以中介者獲准進入時，需要特別潔淨其身心以免褻瀆仙聖，這是一種宗教學上典型的「潔淨」儀式。

昇天的通過儀禮中要有盛壯的儀仗行伍，注意繁複的禮節，更要克服沿途危險侵阻的威脅。所以高功不僅穿上縟重的嚴裝顯服、金冠插仰，身佩寶珠，態度更是誡慎恐懼，金仰及笏版上更貼上護符。高功在前導道眾都陸續登臺後，才莊重從容地跨過淨爐，一邊默唸斗咒一邊踏出九皇斗罡上步到臺上。接著高功即執筆為表官、表馬開光，然後捧表、扣齒，以香薰於表上，接著點指、放文，通知值符使者，準備關奏天門。因此在鳴鼓二十四通之後，高功即「出宮」召出身中身神和三魂七魄，再存想天門前三將，然後手捧表文、口誦密咒、足步九鳳破穢斗罡，直趨至臺前左側的烘爐前焚化黃紙紅字的硃表，代表表文先行前行送達。接著動作矯健的引班乃舞動劍花，以之作為前往天門開路前導與清淨路途功能，高功接續演出召喚四靈的科介動作：左青龍、右白虎、前朱雀、後玄武，命之在前後

左右擔任儀駕與護衛，並讀誦昇天的關文，宣諭開天符命，希望能夠順利抵達天闕前。高功到達天門後，此時引班與值香道士即扮演仙官，站立於「闕」字（象徵金闕）兩旁高凳上，高唱禮請高功整冠整衣恭敬進朝。但高功只能到金闕門外，因此高功此時跪於闕前集中心神存想值日功曹，將所進表文呈入於金闕御前；然後高功默唸斗咒、踏回壇罡，準備「納官」，即將原先召出的身中功曹使者復還宮室，並收回昇天呈表的三魂七魄：高功伏爐跪於三清壇洞案前，手捏本命訣置於胸前，引班持寶劍與淨水盂，侍香端小香火爐，先入三清壇跪拜後，再同時快步到高功背後，前者在左以劍沾淨水後由上向下畫三下，後者同時以香火爐由下而上點高功絳衣的七層寶塔，兩者最後停止於高功背後的中心位置：此一連串的動作前後凡重複三次，使陰陽二氣交集於中心，此即「棹劍相待」，象徵收回高功的三魂七魄。最後下闕，道士重複登棚之動作，依序從臺上下到平地，高功最後再踏九皇回斗，回到臺下的儀桌前結束進表科儀。這一科儀乃是深具儀式性象徵的動作，表演了道士如何昇天以呈進表文，將王醮、平安祭典的信眾心意具體上呈，乃是一種溝通、虔奉的象徵儀式。

登棚拜表科儀中，道眾左手持籙士燈、右手持黑傘、足登木屐步罡，象徵登天。

登棚拜表科儀中，高功手持淨水盂、寶劍，連續演出召喚四靈的科介動作，命其擔任護衛。

❖ 供獻分福，經懺功德

道教乃是一種有經典有科教的正統宗教，在醮儀中比較隆重的常會安排有早、午、晚三朝，由高功代為進表於大天尊前（視朝禮對象而定），呈報有關醮事的祈求諸事，在林道長進行祈安慶成醮時，頭家爐主及四大柱俱要到場隨拜。王醮時因科事規模較小，只需行比較簡略的早朝進茶及五朝妙供，連隨拜的情況也較不熱烈，這自是與東港本地祭典委員會的認知有關，屏東地區的地方風俗確有不同於臺南一帶之處。在宗教式祈與報的交換原則中，道教乃是自成一種供獻系統，也同樣是基於「將至善至美之物奉獻給至高至尊」的祈謝原則，因而齋醮科儀中逢午獻供的通常是最隆重豐富的午供儀，凡有五供、七獻及九陳諸名目，祭儀中曲調最動聽，而奉獻之物也一再在詠唱中被美好地讚詠。其中九陳所獻的為香、花、燈、果、茶、酒、食、水、寶，乃採取先問後答的提問法，再詠唱讚美所獻之物，其中與飲食有關的諸獻，凡有果、茶、酒、食四種，都運用道教的典故以表示其珍奇。類此供獻諸物雖然只是時鮮之物，不過即經供獻於神之後，醮主人等就以為是諸天仙聖所享饌過的，拜神後「服食」即可增添福祥。就如同最後一獻的供獻珠寶一樣，例由高功親自供獻後，再傳給醮主人等親自供獻，因此大家都爭相以身上所戴或家中常戴的珠寶金玉諸物放至於禮盤內，認為獻神之後「服佩」於身就可以分享神的賜福。在道教建醮時的內壇又常被視為福氣所聚所繫的聖域，只有福德雙全的才能獲准進入，在儀式中及親持手爐隨拜，此乃基於服食、服佩的交感巫術的感應、屬性傳達原理：「凡神享用過的也能傳達神所賜的福氣」，此即是「分福」所傳達的神聖意義。

一般在朝科和其他比較熱鬧的科儀中，也會安排有相關的經、懺的轉誦，其主要的精神凡三：一是祈福求壽：其中諸多五斗經，乃是古來拜斗以求消災解厄、祈祥賜福之意；二是懺悔：凡是平日之所為，所已犯所未犯的均需借此機會面對諸仙聖表示懺悔之意，題名為「懺」，本身就有「悔過」的深意，這是道教的罪感文化，誦唸懺文即是一種解罪，由道士代之解罪以求身免。三則是祝頌：由於本地居民以漁業為主，故特別誦美掌管水域的諸仙聖眾，以表達全體信眾的心意。經懺雖只是轉經課誦，不過卻是飽含了道教的諸多深刻教義，也是建醮的主要精神。道教中人傳承有強烈的「寶經」觀念，《道藏》中絕大多數道經的「出世」，在其造

構行世的模式中都一直強調：是諸天的聖尊為了解救世劫乃傳下經訣。這些仙聖因大慈悲心而講經授道，從神聖而又神秘的大梵隱韻、雲篆天書中示現，也需要經由負有神聖任務的三天法師「譯出」，好讓傳授經法者使用俗世的書體寫出，也可以說道經本身基本上即是一種使用宗教語言、神秘語言書寫的宗教文體、神話文體。因此在祈請祝禱的儀式中，對於這些「救劫」真文的誦唸，道教中人都深信正是修道者在身心高度和諧的狀態下，反覆地發出那些內心的聲波，由內而及於外，讓它超越此界的時空之維而「傳譯」向另一他界的時空，將訊息傳送回到原本發出的神尊之前。「天書」中的大梵隱韻讓神尊感應到當時「救劫」之念，凡在歷劫中經撿選的就能得救，而那些尚可救度的也應有緣得被度脫。那種超越此界的誦唸聲波，在誦唸之中重新發揮了無窮的經德之力，特別是集體的誦唸所形成的澎湃而持續的頻率，不僅人神得以交感互振，就是那些有緣得聞此種靈音者也得以當下了悟。這就是為何道教諸派多一致地強調誦經、頌誥的願力，這些集體共振共鳴的「希望」、「和諧」之音是天音，是一種諸天所傳而又可以回復感應於天地的神秘之音。所以誦經念誥的神聖場所通常都能成為一種高度凝聚靈力的磁場，道教之所以特別重視「內壇」——相對於「外壇」，就在於這是神聖中的神聖、中心的中心。

此次王醮所轉誦的重要經典，《玉皇經》即在度死濟生，《玉樞寶經》用於收煞禳災，《滅火經》和《龍王經》乃在祈求無災，《三官妙經》和《北斗真經》則用於解厄延生。其中《玉樞寶經》乃是九天雷聲應元普化天尊在玉清天中，為雷師皓翁等諸神宣說其見賜於大羅元始天尊的《玉樞寶經》。其重點是說九天應元府有九天雷公將軍、雷門使者，以及四司大夫等，執掌土家神煞、天地瘟蠱、水火妖氛等災害。凡能擁有並持誦此經，當地土地司命隨所守護，雷部按臨，使之禍亂不萌，吉福來萃。而《玉皇經》則分別為神通品、大神咒品、功德品、天真護持品和神驗品等三卷五品，共一萬二千三十六字，是玉皇大天尊演教妙法，放十七種大光明、三十種功德，以拔度生死，運古化今。因此強調轉誦此經的功德，則使「劫運」將終，保國寧家，濟生度死。一般道士轉誦此一部重要經典時，又將序言部份作為「啟闕」，最後一部份作為「謝誥」，而分裝為七本經書以黃布包紮供於上墊紅巾的表盤中，放置於玉皇壇前的案桌上。儀式一開始，引班和值香道士先將珠簾高捲，代表玉皇大天尊臨壇證盟，在唱步虛詞、淨壇咒後，高功即在道眾吟唱「彌羅範」的唱念歌聲中，恭敬地到玉皇壇位前「請經」，雙手高捧起放經書的表盤，虔誠行禮退行而出後，再轉身慢步走至闕前的儀桌上，謹慎地打開包紮著象徵萬神之主的黃色布巾，拿出經書開始轉誦，表現出「請經若飢渴」的恭謹態度。而每次轉誦經誥完周後，重新再仔細恢復原來神聖又神秘的秘重封裝形式，在悠揚的「小開天」聲中諷誦玉皇寶號音韻，鄭重地送回玉皇壇位前。

【三】和瘟祭船，水道送船

❖ 和瘟押煞，祭船送歌

在請王的活動中不管是否標舉王醮醮典或只是平安祭典，但在送王船時一定會請道士作辟除瘟疫、送走王船的儀式，這是專門、專業的科儀，而且是整個送王、送王船中不可或缺的一部份。林道長在程序上是先作祝祀天仙和王船三獻，然後是進行《金籙和瘟五雷神燈科儀》，接下再作《和瘟正醮科》，最後要送出王船時，再作《官將送船醮科》。送王船當晚是整個活動的高潮，偌大的廟前在燈火的照耀下，一切活動如火如荼地加緊進行：王船的添載工作在繼續唱名點收，而王府戲臺上也熱烈演出歌仔戲，讓神、人共賞。就在廟埕正中圍觀的人潮中，林道長一開始先行作「調五營」，在後場

王醮和瘟祭船科儀中的「調五營」儀式，調請五營兵馬護壇。

法仔調的音樂中，以五營（綠、紅、白、黑、黃）旗，分別向五方（東、南、西、北、中）調請五營軍，他唸動調五營咒法，以旗指揮，先調請東營九夷軍九千九萬兵，接下依次調請南營八蠻軍八千八萬兵及西營六戎軍六千六萬兵、北營五狄軍五千五萬兵、中營三秦軍三千三萬兵，分別在溫、康、馬、趙或張、蕭、劉、連和李元帥的統領下，調遣五營兵馬人人頭戴草茅盔，身穿硃鑼金戰甲，手持金槍前來，護守法壇。接著進行「五方結界」，由張、蕭、劉、連、李五位聖者鎮守五方，不准外邪侵界，違令者斬。在民間常由於道士本人在道、法方面的學習及傳承過程的不同，類此插入紅頭法的方式就具有複合儀禮的特色。一般民眾自是無法完全理解整個儀式中道法交相運用的情況，而林道長本人則自有其運用之妙，讓送王船之夜就先有一段吸引大眾的序奏。

在這次祈安醮的火醮、水醮中也曾排出兩次「關祝五雷神燈」，它是安排在漁會旁的空曠道路上；和瘟時則在王府前的廟前搭起五張相疊的桌案，上面有用香蕉欉斜插的油燈，其燈盞數目是依東南西北中：九、三、七、五、一的五行神秘數字呈現，桌案也是按五方位排列的。林道長在謹稱法位、具法職後，就要先禮請神霄宮大神，如長生大帝、

和瘟祭船科儀中的「關祝五雷神燈」儀式，目的要以祝燈功德順遂五行，並使合境吉康。

雷祖大帝，但主要的是請五位神君：東方尾火虎朱神君、南方翼火蛇王神君、西方觜火猴方神君、北方室火豬高神君及中央雷火追鬼薛大將，這是按照二十八宿及星君形象而列出的。從高功所吟唱的經文中，有「總轄東西南北中，提攜夷狄蠻戎秦，排五陣而列五營之兵，行五炁而列五部之象（一般作五瘟之部）」，則先調五營也是符合五雷燈法。然後依次向五方誦咒，並焚化五張五方色的符命，即以五瘟部的雷炁，分別施行春夏秋冬等正令，解除民瘟而能長養青陽九炁、炎帝三炁、秋帝七炁、玄冥五炁、中央一炁，以期能使四時炁得正則瘟疫消除，民人得安。符命中就表明其目的是為了「禳送瘟疫，特境人等，前生今世，一切罪愆，並行赦宥。」所以關祝五雷神燈的作用，是要以祝燈功德，順遂五行，使合境迪吉，人物阜康。

「和瘟」為送王船的關鍵儀式，使用《元始天尊說洞淵辟瘟妙經》，高功必依例奏啟至高的神尊，其中最值得注意的正是無上洞淵伏魔三昧天尊，為洞淵宮大神；接下即有勸解瘟神遠離的諸位真人：諸如統瘟靜明真人、和瘟教主匡阜真人、解瘟明覺大師、和瘟勸善大師等，均屬道教內瘟部經典中常見的一批真人；而所要勸請的則先有五方五瘟行病使者、五方五瘟行病鬼王；十二值年瘟王、十二月行瘟神將，以至各類行毒的大小疾疫使者等，一一請上神船。然後再一一唱名感謝各種押船大使、梢工大神等。臺灣南部特別強調「和」瘟，以和為貴，而不使用驅、逐或送等字眼，表現得較為謙卑客氣，因而接下的三獻，都先有段謙恭的念白，再行上香獻茶獻酒。一方面禮謝押送、和解的尊神；一方面也善待討好各種各類瘟神疫鬼。其實類此不嫌繁複的一再誦唸瘟神的名字，完全是承續六朝道經《女青鬼律》、《洞淵神咒經》等所傳承的一種古老的咒術性思考原則，即是「知名則其鬼自去」的名字法術，表示我已知汝等的真實身份，不必隱藏，不可作惡，可以遠離，不究汝罪。接下有的是持誦《禳災度厄經》，而泉州系統的習慣則是先誦《辟瘟妙經》後再行三獻。獻畢即唸天赦和瘟符命及焚化符命，同樣是請瘟司聖眾赦宥一切大小罪愆。最後再請和瘟大使匡阜先生「軟語慈容，善加訓告」，期望所有的「降布毒藥使者，一切威靈，各各收藏毒炁，斂伏威芒。」也就是整個和瘟的精神是由原先的行瘟行毒的降行瘟疫，而經一再祈求之後，終能收瘟收毒，使我境我土又得以恢復清淨平安。

和瘟祭船科儀中，「和瘟」儀式則要一一勸請諸方瘟神、疫使等登上神船。

最後進行的儀式有稱「打船」、「拍船」的，各道壇所用的科儀書不盡相同，但基本上都同樣屬於使用歌詞送別的意義：也是依先前的知名唱名原則一一遍請，不可遺漏，凡經三獻，虔恭設拜，三唱酒詩都有殷勤勸飲的意思。進行時先念後唱，備極誠敬，諸如初獻，即先念白：

慇懃初獻送天仙，主攝瘟癀盡赴船。
奉勸兒郎並水手，醉飲靰船去輕便。

然後高唱：

上謝天仙享醮筵，回凶作吉永綿綿。
誠心更勸一杯酒，流恩賜祿福自然。

乃是由洞淵伏魔三昧天尊、匡阜真人等天仙押送瘟癀等盡赴華船（龍舟），然後催促遠遠離去。等盡上龍船，宣讀疏文後，就吹龍角，搖帝鐘，唸起送船辭令，凡經三送，如第一送：

一送神仙離鄉中，龍舟到水遊如龍。
鳴鑼擊鼓喧天去，直到蓬萊不老宮。
神兵火急如律令。

反覆唸送「諸神」遠離家鄉，既是「受此筵席歡喜去」（二送），不然「也有神兵風火送」（三送），有餽賂也有威迫，採用催促急去的律令語調，確實符合對瘟神的送行原則。有的接下就配合「添載」的程序，將所有的水手船公一一點名呼上船去，等待時辰一到就要發令起駕。

和瘟祭船科儀中，武場的「押煞」儀式吸引眾多信眾圍觀。

林道長為了增添和瘟的效果，也為了表現其紅頭法的專長，就舉行了一場「押煞」的法術，在二十日夜晚信眾群集的廟埕上，法場早已佈置妥當，中央處擺放兩張板凳，下有烘爐燃燒熾熱的炭火，爐上則置一只大新鍋子，旁邊置放一鉛桶的清水。板凳上放著一個印有八卦圖形的米篩，剛好覆壓在鍋上。板凳前則有另一個烘爐，上置油鼎，鼎內翻滾著滾燙的熱油。儀式開始時，林道長身著黑色道袍，頭繫紅布，而腳下則著草鞋穿紅襪，為紅頭法中的法師、法官的裝扮。他一手持中央黃色的和瘟旗，另一手持龍角，其餘四位道眾則著黑色法服（通稱海青），也一律繫紅布，著草履、紅襪，分別手持綠、紅、白、青（黑）色的和瘟旗，又拿著法器：凡有劍、水瓢、牛角、草席及掃帚之類，均為法場常見的轉用自日常器物的法器，其上均貼有符令，故每一種法物也都各具有其象徵驅除瘟煞、消除不祥的法術意義。

由於採用法場的作法，所以後場的音樂也是高亢而富於變化的法場曲調，林道長先領法眾到壇前禮請法界諸神並稟告事由後，即執旗按五方八卦布陣，揚旗驅押地頭上還不聽令上船、逗留不去的行瘟行毒的瘟部使者。他們先在地上布陣驅逐一巡後

和瘟祭船科儀中，高功將板凳、爐、鍋等推倒，並棄置法器，象徵「押煞」儀式大功告成。

，又魚貫快跑登上板凳，由於行法故站到長板凳上，即象徵翱翔空中，從半空中加以壓打的動作，也仍是表示押走瘟煞疫鬼，布下天羅地網，不讓其遁逃走脫的意義；尤其以水瓢取水倒進空鍋中，霎時冒出白氣時，即使用諸般法器或掃或撲，或壓或打，聲勢威猛而有力。類此撲打米篩的動作，在法場中是一種典型的咒術性象徵行為，白氣即表示瘟疫之氣。林道長又口含烈酒噴在熾熱火油的鼎上，頓時火光上衝，這種借火之勢驅瘟也有清淨之意。他們邊跑邊跳上板凳，同時也一路唸著三界使者的咒語，前後來回凡跑過五次，表示將五方各界尚未驅上法船的瘟疫煞神一律驅趕上去，最後一次才將板凳、烘爐及鍋、鼎等一起推倒，並將所持的法器棄置，象徵押煞儀式大功告成。

從道士團所行的儀式中，其中的過程確實寓有深刻的微意，就是對於諸多瘟神疫鬼以及魍魎邪煞等，都採取「先禮後兵」的懷柔、威嚴兼具的立場：故說是「和瘟」，和表示溫和勸說，以示和好，即是和解、和和氣氣，從《道藏》中所用的早就出現和瘟或中性的「送瘟」，也有部份使用遣瘟、斷瘟的強烈字眼。在臺灣是先用「和」的手段，如果不聽，或仍未奏效；接下去就毫不客氣，而要用「法」——法術、法力，乃是逼迫性的押煞，押之壓之，使之就範。林道長既是道法雙修，先用道教的溫雅語氣和之送之，再用法派的逼壓手法押之迫之，既有懷柔也有嚴威，而旁觀的群眾則在嚴肅的送瘟儀式中，也能夠深刻感受到一種殺氣騰騰的氣氛

，其中確能表現出樸素的野性（原始）思維的民俗情趣。

❖祭獻送行、開道遊河

道士在平安祭典中一定會被請求進行的儀式，就是「開水路」或「開河」。在林道長未被委託擔任王醮前，東隆宮祭典組仍會請道士（如萬丹張景春）前來，至少要作一段「開河」以開水路，它是出現在恭送王爺的最後階段。王船班役將中桅及前後兩隻船桅分別矗好，並且張開三面龐大的巨帆，整艘王船就展開張帆待發的寶艦雄姿。這時道士就會在船尾空地上的桌案前，桌上擺好香花素碗及三牲酒醴，由林道長率領道眾進行祭船的三獻科儀：祝告千歲爺此次任務圓滿完成，將率同兵將、水手及押送的一干瘟神煞鬼離境遠去，整個儀式乃屬於例行的小三獻科儀。作完三獻之後，林道長就會依慣例以鋤頭再作一次「開水路」：在沙灘上劃開一條深深的壕溝，再灑上一些水，象徵水路開通——這乃是一種基於「象徵律」的咒術性思維，好讓王船能順利地開動出發。而王船之「遊河」凡分為兩種：一種是出海隨波航駛，稱為「遊地河」；另一種則是開水路後即於海（水）邊擇時火化，稱之為「遊天河」。在臺灣史志中多有王船自大陸沿海漂遊至臺灣港口的記載，即是「遊地河」之形式，目前南部送王船區域多採用火化的「遊天河」方式。這種形式改變自清領已然，特別是日領時期強制實施，其原因除不使瘟疫散布至他境的考量外，亦合乎道教的教義，即王爺「代天巡狩」後返歸述職的神聖職責，民眾則是表達恭送王爺帶走本境之所有祈願，而回返天上繳奉玉旨，其意義既是道經所有也是民之所欲。

恭送王駕啟航之前，道長率道眾在船尾再作例行性的「小三獻」科儀，祝告千歲爺任務圓滿達成。

古時人們為了生存要與大自然的各類惡劣環境

搏鬥，其中諸多不可抗拒的災害，如風災、水災、蟲災及瘟疫，都會造成生命的嚴重威脅，其中尤以瘟疫最為典型。東港在開發初期，就如其他臺灣早期較繁榮的港口一樣，據史書記載都是特多瘟疫。類此疹疫、魍魎等怖懼之物，正是嚴重危及人類的生存與秩序的「歹物」，它包括了所有人間、陰界所有不守法的破壞秩序者，故應加以祭禳解除。在民間古來相傳的理念裏，天上既是公正的裁判，也是嚴格的執法者，威嚴的代天巡狩的王爺正是實際涖境執行任務者。所以東港三年一科的迎送王爺，也就兼具有對境內生民日常的行為嚴加檢核，獎善懲惡，使人自動行善；同時也是為那些改過遷善者驅除魍魎、疫鬼及一切疫毒、邪惡，故迎送之間千歲爺就遂行其雙重任務。

在中國人一貫以氣化論來解說此種現象時，疫氣即是一種陰邪不正之氣所作用，是代表破壞秩序的「非常」壞的力量；而瘟疫的形成在道教所建構的有關瘟疫懲罰論中，乃是由於人類道德的失序，以致造成社會秩序和宇宙秩序的失序狀態，使得正氣、陽氣消滅，邪氣、陰氣得以增長。用神學觀解說就是天帝鑒察人心、人倫的失序，乃派遣天魔鬼王統領各種疫鬼、瘟鬼在人間「行瘟布毒」；在此「末世」的劫運威脅中，凡信道修善之人始可得救；而不信道法、作惡多端的就會感染罹疾而病苦死亡。因此需得透過個人的懺悔與集體的救度，始能脫離此種危機。從中國各地乃至臺灣地區，凡送瘟必請道士、法師等專業者行之，主要的原因就在道士是作為人與神間的中介者，千餘年來的悠久傳統，使道團內部秘傳一套嚴密的神學架構，也有獨特的通天達地的秘傳法門。特別是自古道經秘傳中詳載三清至尊及玉皇上帝對於生民的恩威並濟之情，既能獎勵善良，助其昇轉；也能嚴施懲罰，除去不法。道士即是傳續遠古巫祝溝通神人的職責，而成為「天地神師」（簡稱天師）的傳承者，就需以其修行透過儀式來通神達聖，與道合真，以使轉致下民之意，終能由玉帝降旨讓代天巡狩的王爺遵行旨意，甚至敕使瘟神押解疫鬼速速離境。

從宗教學的神譜言，道壇所請的諸天仙聖，均為階位較高的諸仙聖眾，乃是大家所應熱烈祈求的對象；但由於東港在地的地方習俗之故，大家都較習慣於在王府內服侍大千歲等以求獲福。其實真正透過神聖、神秘又莊嚴的道教儀式，不僅能向諸天仙聖祈求賜予不可思議的功德，藉由仙尊「非常好」的超越力量剋制了瘟疫所代表的「非常壞」的破

壞，使得原先遭到破壞的秩序得以重新恢復，地方因之得以再度「風調雨順、合境平安」。也由於每三年一科的王醮科儀，使得東港地區的民眾和來自外地的信眾，都能藉由儀式的重複演出，重新齋戒身心、沐浴神恩。類此較長時段地放下日常工作，而作宗教性的休閒，才能深刻體會古人「一張一弛，文武之道」的哲理，並由此獲致了「一國之人皆若狂」的「一日之澤」的嘉年華式節慶歡樂。透過儀式的整合凝聚，使東港各界人士聚集於溫王爺的庇佑下齊心為鄉梓造福；又透過儀式的「通過」不斷地舉行，使虔誠信眾更加強其對王爺的信仰，終能獲致消災解厄、祈福延生。

在臺灣民間信仰的習俗中，王醮委由經驗豐富的道長主團行科，按照傳承久遠的道教科儀演法是整個過程中的重要關鍵，它不僅是王醮中不可或缺的行事，更應該是迎王祭典中的主角地位。此科安排的道教科儀部份，較諸以往已提昇至二朝宿啟較為豐富的層次，誠是符合「王醮」的古老傳統。根據林道長手邊所存有清道光年間的王醮抄本，其中就記載屏東新園鄉曾舉行盛大的五朝王醮道教科儀，而且每朝都得由道官率領道眾於早、午、晚吉時，恭敬地進入王府覲謁代天巡狩的王爺以完成其程序。顯然在南臺灣的屏東地區舊時確曾存在較完備的道教王醮傳統，道壇內也曾傳承周備的科事傳統，其規模、儀軌絕不稍遜於臺南府城，只是中間歷經日治時期的壓抑，久而久之舉行五朝王醮的習俗及道士行法的能力，乃逐漸簡略甚或殘缺，從臺灣南部民俗的傳承言，這是一種有待重新整備的地方傳統。

⊙本篇作者／李豐林　謝聰輝

王醮醮典由大總理任主醮首

〔陸〕遷船送王篇

在中國各地早期即以「船」做為送瘟逐疫的工具，乃是漢民族在各地域所傳承的悠久的傳統，台灣西南沿海一帶由於海流、風向等因素，自古即常成為閩、浙瘟船漂著之地。台灣早期的送王習俗中，正如《諸羅縣志》中所載的：「祭畢，乃送船入水，順流揚帆以去，或泊其岸，則其鄉多厲，必更禳之。」送王船的方式乃是以「遊地河」為多。但王船漂著之地因為依傳統習俗必須加以醮祭，往往造成一些較為窮苦的濱海村落之困擾；且「或泊其岸，則其鄉多厲」的情況，乃源於由疫區放流的王船也容易給地方帶來瘟疫的傳染，並不合乎衛生的要求。故日據之後，台灣各地乃被要求改以另一種「遊天河」的方式──「擇日焚之一炬」來送王船，故東港自日治以來也採用這種遊天河的焚化方法送王。

【一】法會遷船，驅瘟逐疫

東港王船自民國六十二年改以木造方式製作以來，王船本身即逐漸成為平安祭典的焦點所在，在歷年來造船師傅的摸索改良之下，王船的尺寸之大、用材之精、型制與裝飾之美，亦成為本省王船祭典中相當出色者。由於王船是代天巡狩千歲爺所乘之神船，也是千歲爺為鎮民押送疫鬼邪祟的法船，故王船與迎王、送王等重要儀式是密不可分的，自有平安祭典以來即是如此。故王船從起造、完成開光、遷船以至於遊天河，皆在東港信眾的心目中佔有十分重要的地位。因此耗費巨資以建造王船早已成為東港三年一度的重大慣例，而精緻出色的王船更是東港民眾一向引以為傲的事。

王船開光之後，即開放供陳列於王船寮中供信眾參拜、敬獻。

東港王船在開光點眼、舉行過三獻祭禮之後，即開放陳列於王船寮中供信眾自由參拜、參觀。祭拜時除了以線香、天庫、金紙等祭獻之外，更供獻以小包裝的實物米包、豆包等以供添載，除所燒的香之外所有奉獻的祭品都逐日累積，直到末日在水邊辭王之前才載至海邊與王船一起焚化。此期間也不斷接受信眾的捐獻寄付，而由於各方的踴躍捐獻配合造船師傅的義務參與，方使東港王船能每科耗費巨資加以建造。

在整個迎王平安祭典中，倒數第二天的王船繞境（遷船）是東港王船祭在送王之前最重要的活動，也是全程活動中最具有「實質」宗教功能者。在送王之前東隆宮祭典委員會即安排了一場道教科儀的「王船法會」，王船法會的目的主要在恭建王醮、上稟玉帝，以及和瘟押煞、祭船拍船等，其中送船之前夜晚的押煞拍船等儀式與王船添載同時舉行，全場為武場的科儀，故廣受信眾的矚目。王船法會亦由崎峰道壇的林德勝道長主持，近三、四科的「王船法會」，由於諸多因緣而逐漸將規模擴大，原本都只是行「開水路」，但是在民國七十七年（歲次戊辰）東隆宮的醮典之後，乃接受了林道長的建議與典務組配合，才由一朝宿啟到二朝宿啟的王船法會，規模比較盛大。丁丑科依例舉行二朝宿啟的王船法會，但實際上為時兩天的王船法會中，則有半天則因為舉行王船繞境而使法會暫停。

由於「王船繞境」具有重要的押煞逐疫意義，故傳統上都必須將王船先繞行於街鎮內的重要街道，等繞境後再入廟舉行添載。身軀龐大的王船船身在多數不算寬闊的東港街道中繞行，也構成了一副壯觀的陸上行舟的景象，這是東港王船祭典在王船「遊天河」之前最引人矚目者，多年來已成為東港「王船祭」的主要特色之一，而歷年來遷船時所吸引的觀光客數量也是僅次於送王時的遊天河。

遷船之前王船出廠暫泊於代天府廟埕中，並以黃色布幔圍護，以保持船身之聖潔。

在還船之前的當日早上辰時光景，王船即由暫泊了一年多之久的王船寮中「出廠」，王船組工作人員將王船船身以及船桅、船帆以及船上攜帶設施等移出，陳列於東隆宮前的廣場，並由王船組細心加以清潔整理，然後以黃色布幔將船身及附屬物品圍起，以防閒雜人等的碰觸而保持王船的聖潔。等一切安排妥當之後即由各角頭總理代表舉行一場三獻儀式，並由道士團主持簡要的「開水路」儀式，之後即準備在正午舉行動員人數眾多的還船繞境活動。

王船出廠之後，即舉行三獻儀式，由各角頭總理代表祭獻。

中午十二時左右，眾多分別穿著各色制服的七角頭轎班人員即由各爐主率領紛紛向東隆宮廣場集合，準備還船繞境。還船時七角頭轎班亦如前面四天「王駕出巡」時一般，分別負責王船船身以及船桅、船錨等重要附屬配備（神器），至於各類牲畜舍與家具設施等則直接載於船上。繞境時仍由指揮車、神樂隊、東隆宮班頭警蹕等為前導，隨後則依序排列：首先是溫府千歲神轎為主的溫王隊，其後為中軍府、五千歲、四千歲、三千歲、二千歲、大千歲，各隊伍除溫王隊之外皆以數頂涼傘為前導，以之代表神駕而不再抬出神轎，各神駕之後即為各角頭所負責的王船神器。還船的隊伍之中以大千歲及負責王船船身的隊伍最為壯觀，除身穿黃衣負責以黃布繩拖行船身的「下頭角」轎班人員之外，眾多的內司、王船組成員也在王船之前參加遊行，王船組則必須負責王船的安全穩固，而在「請王」以及四天「王駕出巡」時參加繞境的眾多陣頭依慣例則不參加還船。整個隊伍中主要可見者除了巨大的王船之外，衣服顏色分明的七角頭轎班成員是最為醒目的，在偌大的東港街上迤邐達數里之長，但各隊伍之間又區隔分明而顯得井然有序，不似一般神明出巡時隊伍的容易顯得雜亂，構成一副壯觀、儼然的景象。

東港東隆宮丁丑正科平安祭典各角頭負責神轎、王船神器與服色

尊稱	角頭別	服色	王船神器	備註
大千歲	下頭角	黃色	王船身	
二千歲	安海街	淺紅色	中桅中帆	
三千歲	頂頭角	深藍色	前桅前帆	祭典手冊上爲黑色衣服
四千歲	埔仔角	綠色	後桅後帆	祭典手冊上爲淺綠色衣服
五千歲	下中街	藕色	前錠二付	祭典手冊上爲紫花色衣服
中軍府	頂中街	白色	後錠二付	
溫府千歲	崙仔頂	藍色	溫府千歲神轎	

在王船出廠及繞境時船體的移動方式，昔時由於王船多為紙竹所製，即便是以木造在型體上也不若現代王船之巨大，故在重量不重之情況下一般都以繩索藉人力來移動；而近九科以來木造王船由於船大體重，故目前皆以鋼架輪車來移動王船。東港在王船出廠時即將船身穩架於滑車之上，以便利王船的拖行，但要將偌大船身架於滑車之上仍須依靠眾人的齊心協力，再者也為了象徵舊時由全體船班協力一同挽拉的意義，直至今日東港遷船時仍於船身前後各以左右一條黃布長繩繫住以使讓負責船身的轎班成員象徵性地牽挽，亦使遷船隊伍更形整齊壯觀。

王船繞境時辰已到，船身由大千歲轎班（下頭角）負責，眾人合力拉挽船身前行。

王船繞境出發，在代天府牌樓前眾人合力將船身轉向。

二千歲轎班負責扛抬中桅中帆

三千歲轎班負責扛抬前桅前帆

四千歲轎班負責扛抬後桅後帆

五千歲轎班負責扛抬前錠二付

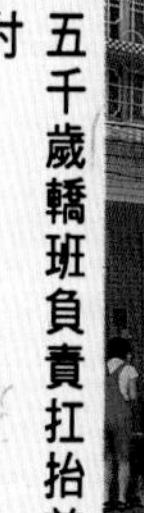

王船繞境時，中軍府轎班負責扛抬後錠二付。

王船在東港主要街道中繞行，構成一副陸上行舟的壯觀場面。

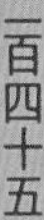

丁丑正科王船繞境特別繞行下頭角汕尾、後壚仔一帶。

東港王船繞境依傳統必須繞行鎮內七角頭的街道（參後附還船路線圖），但由於近代王船的型體有日漸加大之趨勢，再加上在累次柏油的鋪面之下使得馬路有日益抬高的情形，多少都會造成王船繞行的不便，故還船所行的路線比王駕出巡的路線要簡短許多，也較利於王船準時回廟安座添載。丁丑科王船繞境時大總理許茂男為了凸顯對其出身地下頭角的重視，特地要求祭典委員會在路線安排上增加了繞行下頭角往汕尾、後壚仔的主要道路，只見王船在這些兩側少有住家的道路上前行，空曠的田野背景中襯托著壯麗的王船，顯得特別壯觀，而在前進速度上也稍能加快，都是以往少有的奇特景觀。由於街道路面的增高，常使高大的船身遭遇電線的阻礙，因此在還船的過程中，指揮科人員必須來回不斷地勘察路況，而電器科人員則或手持長竿以拖高電線，或在王船之前乘坐向台電商借的工程車沿路將無法拖高的電線剪斷，俟王船經過後再加以連接；因此還船時最為忙碌者即為指揮科與電器科成員。

在一般觀光客與攝影者的感覺來說，王船繞境或許較明顯地只是王船的綵街活動，但對於傳統東港人而言，還船除了場面熱鬧之外其實具有實質宗教上的解厄、逐疫功能。因此在王船所經的路線，街道兩旁的商店、住家都早已排起供品特別豐盛的香案，以迎接千歲爺與王船的到來，供品凡有十二道菜碗、三牲酒禮、金紙、及供王馬食用的草粱、馬水等，並點燃長串鞭炮迎接。而最能表現本地習俗的則是除供桌之外另置下桌或小案，其上以竹簞或拖盤擺設簡單菜、飯及數種金銀紙、人形「替身」等，除了祭拜好兄弟之外也為家中成員祭解。「替身」數目依戶中的丁口數而定，各有男女之別，有買自金紙店，也有各戶自行剪裁繪製者，替身和一柱線香繫於金銀紙之上。紙錢種類主要有九金、白錢、中銀、改年經等，在王船到來之前先將香點燃，王船經過之時家長即持替身在家人（或其衣服）前後依照年齡數上下劃動，藉以替代自身而消解厄運；而舊俗在劃替身之前尚需將盤中之飯菜象徵性的餵食替身，但現在則多已省略此項動作。這些替身最後都由各家戶自行送至東隆宮前的替身收集處，統一集中後再載運到海邊的送王地點，等待翌日凌晨才與王船一起燒化，讓千歲爺一起將厄運帶走，因此王船繞境就具有祈求載走一切厄運的象徵意義。

王船繞境所經路線，信眾家戶紛紛擺設香案恭迎王駕，並依家中人口數準備「替身」，祈求千歲爺能將厄運一併帶走。

【二】添載祭船，百物齊備

王船繞境約於傍晚六時左右結束，等王船回到廟前安座之後，接下就準備進行夜間的和瘟、拍船儀式與添載。王船的「添載」於晚上七時過後就開始舉行，這時王船前方的廟埕中也由道士團進行武場的和瘟押煞儀式，吸引著眾多民眾的參觀。添載工作是由典務科、內司以及王船組共同負責，持續時間相當冗長，要將王船上所需要的物品一一裝載在船艙內，這也是南台灣各地送王活動必備的項目，在大陸各地所載的送瘟習俗中也都特別載有此事。因為這是轉化自古代巡按大臣離境時地方人士要

致贈「行儀」的風俗，猶如一般民間在餞別時需致贈禮物用品的人之常情。因此當代天巡狩的千歲爺要離境或返天述職之前，地方信眾為了表示感謝，基於報恩心理自是例應有所表現，故除了王府中的盛大「宴王」祭典之外，豐盛的添載也是信眾虔誠的表現。就添載的內容而言，則是補充船上各種器用所需，以利千歲爺及其部屬在繼續巡狩的行程或返回天庭之回程的需要，所以要在恭送王駕之前完成添載，乃是合情合理的儀式行為（李豐楙 1993b:133）。

一般來說，添載所需的物品，各地皆將其詳列於所傳承的簿冊之中，西港慶安宮所用的稱為「王船艙口簿」，東港東隆宮則為「添載用品手冊」，一向都由「內司」所保管而不輕易示人，在祭典之前及期間就開單交由總務科採辦人員，使之事先訂作或依經驗一一採購，等添載時辰一到才取出排列於桌案上下，再由相關人員按照手冊以之核對諸般用品。當前隨時代的變遷，舊有手冊中所載的許多項目已與目前所能購置的稍有出入，故只能因應情況盡量購妥並適度調整物品內容，但大體未有大變動，一切依古例為準。添載物品主要的凡有「王船用諸品」與「公案常用」兩大項目，而依物品用途又可概略歸為十類：

(一)航行必備物：

凡啟航、航行標幟、防備及停航所用，諸如五王旗五支、前碇二付、後碇二付、船帆三付、碇繩大小四付（前兩付廿八丈、後兩付十八丈）；水手三十六身；開花大砲六門、小銃六門、短輕銃四門等。

(二)儀仗所需物：

王爺出巡警蹕及乘坐之物：凡有涼傘六支、集士牌四支（其中一對上書「代天府代天巡狩」；另一對則分別上書「風調雨順」、「國泰民安」）、虎頭牌四支、龍旗牌四支，大鑼二付、大鼓一個；有車仔貢（槓）四，及神轎五抬，馬紅色五匹、白色一匹；並有滿天光（圓燈）二，個更鑼、更鼓各一。

(三)文案必須用品：

王爺日常及辦案所需要的文具，凡有朱硯、墨硯、朱筆、墨筆、黑墨、印盒、墨盒各一；羅庚、算盤各一，筆架全付；並有籤筒二、火籤二、雷籤二、風籤二、火筒一、案簿一及諸般辦案用品。

(四)日常穿著用品：

王爺服飾用的物件，凡有帽盒六、箱六、靴六雙、文魚靴一雙；紙箱一、金花三對及小鏡十四個。

(五)日用工具類：

在船上經常使用的工具，凡有鋸子大小各二把、鑿子四、斧頭一、小剪刀一，以及竹篙四支。

(六)煮食用具類：

灶、鼎、鼎蓋、水櫃、水缸、水開各一件；菜廚一、烘爐二個、菜魚刀二把、柴刀一；菜籃一、砧板一付、柴十捆，另有火鉗、飯匙、煎匙、火櫃、柴砧各一，火炭二，為煮飯做菜的用具；又有大碗、小碗、湯匙、酒鐘碙、豆油皿，及小碙、茶碙各十、朱箸二把、酒瓶一、茶盤一、金銀盤一，為飲宴食用的用具。

(七)食物調味品類：

明確記載的有雞、犬、羊、豬各四隻，均為木製；其餘添載時還有許多真實的蔬菜、水果、鮮肉、魚類等；調味品有香油、五印醋、貂醋、鹽瓜、鹽薑、豆脯鼓、豆油、土豆油、味素各一瓶，順朱半兩、黑糖七斤、白糖一金、鹽四包、糖龜四十二個等。

(八)消遣用品類：

四色牌一付、骰子二付；水菸吹六把、菸盤全付、菸絲及厚菸各一包、茶心葉一包；另有樂器一組。

(九)起居用品類：

有頂下桌一件、和式椅一組及椅子、茶桌六；以及棉被六床、草席六張；另有紅西（絲）一個、洋針一包、麒麟踏四寶及朧條（紅色）二包。

(十)梳洗用品類：

有朱馬尾一個、黑綢線一個、粽花四煤、髮施、髮梳、蝨鬢各七支，剃頭刀一把，都是較古老的梳洗用品；另有洗面盆二個、白綁一個、目藥一錢。

凡船上所需皆鉅細靡遺地一一載於手冊內，工作人員即是按照規矩多人合作，邊傳送、擺放邊核對，依次序排放後驗明送出，最後即傳交艙口再交船艙中的內司、典務科及王船組代表，按照固定的位置放妥。由於王船組成員中多有經驗豐富的老船長來擔任添載的重要工作，都能按照在船上長期累積的物品擺放的經驗，也遵循古代漂著王船添載的情形，將各類物品放置於固定的船堵（艙）中，故物品雖繁多卻仍能有條不紊、從容地按時完成添載。東港王船添載手冊所載的物品概略而言以糧食、

煮食物品為多數，並有日常器物與文案用品，而在實際添載時尚有許多生鮮菜肴之類，也盡其所能的備辦齊全，以供應一艘官船在航行過程中的需求為準；其中有許多用具如桌椅、炊具等，則多以縮小的模型為主，間也有採用真實用品者。這些物品最終都是經由焚化的方式轉化為神靈世界所需，讓千歲爺及其部屬使用。故添載的儀式與物品皆是適用於出航之前的準備工作，基本上是一種由此界轉化到彼界的象徵行為。

王船繞境結束回到代天府廟埕安座之後，工作人員即開始進行添載。

添載物品依照「手冊」所載，分門別類，一一傳遞到船上放置於船艙固定位置之內。

王船添載完畢之後，工作人員隨即在船首兩側掛上一對「代天巡狩」燈，船身兩側則各掛一只「班頭」燈，並分別將原本自請水日起即懸掛於王府戲臺簷下，上書有清代中國三十六行省名稱的各「省份」燈取下，一一懸掛於王船兩側。燈上正中寫「代天巡狩」四字，兩旁則小字寫「丁丑正科」、「合境平安」；另一面即是省分名。三十六省份燈也是象徵千歲爺具有奉玉旨「代天巡狩」的欽差神職司，以及其所擁有的「遊府吃府、遊縣吃縣」的特別禮遇。

王船添載告一段落之後，工作人員將三十六省分燈一一懸掛於船身兩側，象徵千歲爺代天巡狩的欽差神職司。

【三】恭送王駕，速遊天河

王船添載工作完成之後，即靜待隔日凌晨出發送王，這時（約子時時分）王府之內也開始舉行宴王儀式，所有各角頭大總理、副總理以及內外總理齊聚獻祭，而王府內外門禁森嚴，連攝影組成員也僅有兩、三位被允許進入拍攝，整個儀式過程亦相當冗長，足見東港信眾對代天巡狩千歲爺的虔敬。宴王儀式進行約一個多時辰之久，隨後便請出千歲爺令放置於各角頭神轎內，準備時辰一到即出發送王，而道士此時也特別再舉行簡單的「謝神」儀式，將王船寮內的中軍府神位撤下，至此執行近一年多監督各項祭典籌備工作的中軍爺也終於完成其任務，將隨千歲爺王駕而離去。

整個東港平安祭典活動就在末日凌晨的水邊辭王歡送王駕儀式中達到高潮並進入尾聲。子時一過，送王的時辰已到，原本在王府內進行宴王儀式的各角頭總理在內司的引導之下，依序分別將王府內代表五位千歲的王令請出，以及中軍府內的中軍爺令牌及木雕的十三尊班頭像均一一請出，在班頭的戒護以及各神轎頭筆的帶領之下安置於六頂神轎之上，準備向送王地點的崙仔頂海邊出發；又宣佈將各省份燈、東西轅燈、旗杆上的燈旗及代天巡狩燈一對，全部收齊掛好，或送到海邊，準備與王船一起火化。而原先請王及繞境時參與的各陣頭亦依照慣例並不參與，神轎之後只有手持大香的各角頭信眾隨行。早年東港在地人並不讓較為年幼者、女孩、體弱以及運道不佳者參加送王行列，近年來已比

較開通，但仍以年長者佔大多數，皆各自跟隨在自己所屬的角頭神轎之後緩緩前行。約凌晨二時光景，送王行列即由道士團分持五色和瘟旗在前引導王船。早期隊伍的順序，先頭隊中軍府，其後為五、四、三、二千歲，末為大千歲；王船即在其後，再次為王爺，而各總理及執事人員則隨在王爺之後。

平安祭典末日凌晨，各角頭神轎齊集在代天府前，準備歡送千歲爺王駕。

丁丑科其順序依次為內司、大千歲以至五千歲、中軍府、大總理、副總理、內外總理、執事人員、溫王等，其他隊伍則同遶境時的次序進行，而王船及其所屬的神器也依照遷船時的分配分別由各轎班人員扛抬、拉挽前進。

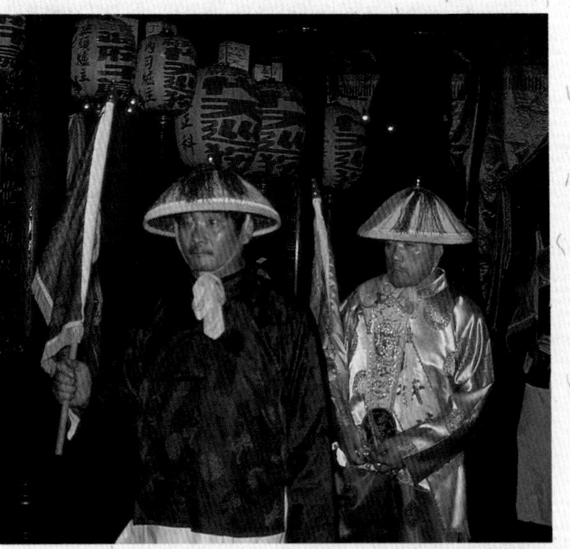

送王時辰已到，各角頭總理紛紛將千歲爺令牌請出，準備出發恭送王駕。

由於王船經過添載之後重量大增，雖有滑車藉以拖動，但眾人仍小心翼翼地將其轉向後，緩緩地推移過壯麗而閃亮的山門，在背後代天府牌樓的襯托之下，那是壯觀的王船圖像。此時南邊的街坊多緊閉門戶，王船及送行的隊伍在黑夜中前行，所幸由東隆宮直接到海邊的路途並不遠，不到一個小時王船即已到達海邊。在行進時七頂神轎上所裝飾的霓虹燈十分耀眼地在暗夜中閃爍著，與神轎之後隨行的眾多信眾的手中所持大香的火點相互輝映，形成一副特殊的對照景象。一路行來，除了各神轎之後發電機馬達的聲音以及眾人腳步聲之外，並沒有太多的人聲吵雜；與迎王時人聲鼎沸、鑼鼓喧天的情形成相當大的對比。這種送王時宜速、宜近，不動鑼鼓並嚴禁喧嘩的情形，都是為了讓千歲爺能安全地押走邪祟、疫鬼的考量，頗能符合古例送王押瘟的嚴肅意義（李豐楙 1993b:136），而五位千歲爺與中軍爺乘轎到達送王地點之後在請上王船的方式，也是東港送王較為特殊的作法。

送王隊伍及各神轎在眾多信徒的簇擁之下依次到達海邊，這時鎮海公園的海灘上早已聚集了數以千計想要參觀「遊天河」景象與獵取鏡頭的群眾，最後到達的正是身軀龐大的王船，在眾人合力推動之下才被推到海灘上，工作人員馬上將傍晚之前運來，堆積如山的天庫、金紙固定船身後撤去滑車，再用信眾連月來所奉獻成袋的金紙、天庫、米包、豆包、稟王爺疏文以及「替身」等堆填在王船四周，不消時便使王船成為矗立在金紙堆之上的雄偉態勢。王船船身在固定之後，王船組成員隨即將原本由各角頭扛抬的神器一一裝組起來，最主要的是三根桅杆及風帆；花了一些工夫之後，三枝船桅即按

王船到達鎮海里海灘送王地點之後，工作人員即迅速地以天庫、金紙等將船身加以固定。

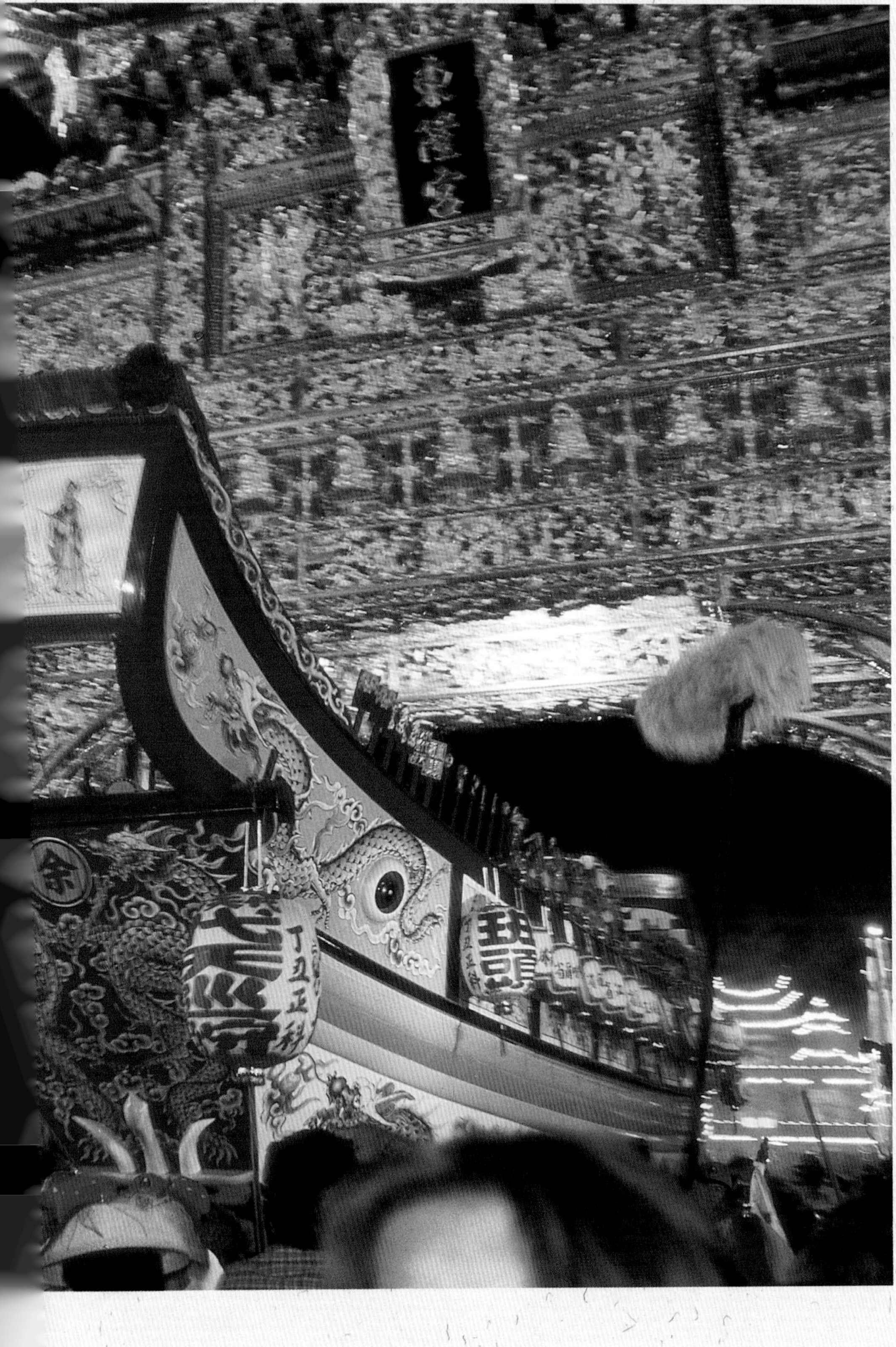

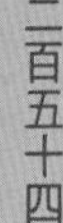

東港迎王

二百五十四

恭送王駕時王船先行，通過東隆宮新落成的山門。

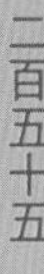

王船身固定之後，隨即開始裝組船桅。

中、前、後的秩序被裝組在船上，隨即依序分別升起三面風帆。在夜色中，白色的風帆隨著海風微微搖動，正是鼓風待發的姿勢，滿滿呈現在所有信眾及觀眾之前，煞是壯觀，乃是所有攝影者攝取的風帆美影。典務科成員此時即在船身四周所堆的紙錢之上遍灑金紙、粉香等物，並安置一長串鞭炮。王船既已組裝完成，送王時刻已到，這時道士就在置於船尾的案桌上，擺設香花、素碗及三牲酒醴，由林道長率等道眾進行祭船的「三獻」科儀，祝告各千歲爺任務完成，將率同兵將、水手以及押送一干邪祟、疫鬼等離去。三獻之後林道長仍依慣例以鋤頭在船頭再作一次開河以開水路，在沙灘上劃開一條深深的溝渠以象徵水道，並灑上水以象徵水路的開通。一切準備工作完成之後，各角頭神轎轎籤即開始不停地來回穿梭在王船與神轎之間以維持秩序，這時代表中軍爺及五位千歲的令牌，即由溫王爺歡送並在涼傘前導以及神轎頭筆護送之下，由各角頭副總理與大總理捧奉著一一恭迎上船，並依序安置於甲板中央的五王室之內，象徵蒞境的五位千歲爺已被溫府千歲歡送上船。

三枝桅杆立起之後，工作人員將船帆升起，王船即呈現出待發的壯觀姿態。

一切就緒之後天色已近卯時光景，王船組人員隨即將原本垂於地面以示王船停泊的前後船錨拉起，並將之分別置於船頭、船尾，於是「王船即將啟航了！」時辰約在農曆十月初六的凌晨四時四十二分，突然間長串鞭炮乍響，隨即由船頭處開始點燃，並迅速地沿著金紙堆像兩邊竄燒過去，原本聚集在船頭前方的圍觀群眾頓時回頭、蹲下躲避，再回過頭來之時王船已為熊熊大火所包圍。雖然送王當夜氣溫略低，但在不堪火勢高溫侵人之下，原本將

王船裝組就緒之後，各角頭總理一一將千歲爺、中軍府令牌請上王船，準備恭送王駕。

丁丑年十月初六凌晨四時四十二分，工作人員點燃王船船身周圍鞭炮，正式歡送千歲爺王駕出航。

王船圍得緊緊的群眾一下之間也迅速往外退去不少，這時唯有一些等候多時的攝影愛好者仍不顧高溫拼命地獵取鏡頭，一時之間在熊熊烈火聲中仍隱約可聞相機的快門聲音在周圍中不斷響起；也有少數年輕人為了與火化中的王船合影，甚至竄入人牆之內而引起拍照者的抗議。

在王船燒起之後，當地隨各角頭神轎前來與千歲爺送行的信眾，在大火燃起之時紛紛將手中大香插在海灘上隨即轉身與各自的神轎一起靜靜地離去，相當忠實地遵守古來「偃旗息鼓、就地解散」的習俗慣例；而停留在現場者幾乎都是外地前來參觀或拍照者，以及依附這些群眾而存在的流動攤販。這兩類人群在行動表現及場景圖象上，自然形成了明顯的對照：在地／外來、參與／旁觀及嚴肅／嬉戲，本地隨各角頭來送駕的年輕一輩信眾，雖然並不一定仍有送走千歲爺之後必須要悄然返回，為的是不讓送走的瘟神邪祟尋聲覓跡跟回的禁忌心理，但仍尚普遍保有送瘟與千歲爺為信眾送走瘟疫邪祟的認知，故多能遵守傳統慣例不再逗留。但外來者則本就是專程來看「燒王船」，乃是「看熱鬧」的好奇心情；或因為並未居住在當地，而沒有瘟神會隨從返家的心理顧忌，因此就未必能體會在地人那種禁忌的精神，並遵守「就地解散」的傳統習俗。就在逐漸減弱的火焰之中，王船的三根桅杆終於前後傾倒，等到最後主桅倒下之時已是清晨六點十分，這時天色已大明，圍觀與拍照的眾人方帶著一夜的興奮與惺忪的睡眼紛紛離去。

王船燒化送走王駕之後，東港信眾咸信余大千歲已將一切邪煞、疫鬼及鎮民的替身等一起帶走，工作人員在逐漸完成最後的收拾工作之後也紛紛返家休息，結束了將近一個月來的緊湊忙碌。原本做為王府的東隆宮正殿也迅速在送出王令後，由內司及典務科人員恢復舊觀，並將暫奉於水仙尊王殿的溫王爺神像請回正殿，在平安祭典之前即移至水仙尊王殿而將虎邊偏殿讓與中軍府的境主尊神的神像亦同時請回原位。一等天明之後各方善信們又開始頻繁地出入於東隆宮的前殿大門，依例上香膜拜，一切又迅速恢復了「日常生活」中的秩序；只是在送王之後，依照慣例所有的漁船仍必須遵守三天之內不出海的習俗，或謂是怕在海上遇到王船而必須依習俗給王船添載，其實仍是延續傳統一貫的怕瘟神邪祟跟隨而回的禁忌心理使然。也好讓連續為迎王、送王而忙碌近半月的鎮內子弟，在家中好好休息，準備三天後再盛大舉行「平安宴」，並熱切期盼選出下一科的諸總理。

在人類學者與社會學者的眼中，宗教可視為一個群體對其社會的共同意識和情感的表現，共同的宗教活動可以強化一個群體的社會凝聚力。而不論個人或群體，往往藉由各種不同的宗教團體和組織，達成一些實質上的目的或心理上的需求；或透過宗教活動中的諸般儀式與信仰行為，表達其信仰心理與內心的各種情感。因此宗教儀式或行為，不但是一個社群的集體意識的表徵，具有整合社會的功能，而且也是個人對社群的一種溝通與聯繫。諸如此時透過宗教活動的參與，往往使一個人從孩童時期開始，便能從活動中的各種儀式地重複參與獲得對信仰和社會的共同認知；並藉由此方面的種種認知概念，自然與其所處的社群達成溝通與整合，這種社會化的過程即是宗教習俗所「教育」熏習的功能。

在台灣傳統的漢人社會中，民間信仰雖然沒有嚴謹的教義和經典，但其信仰理念卻擴散、滲透在民間生活各層面。因此在民間的節慶和祭儀活動中，縱使是一些表面上是娛樂性、世俗性的表演，當中仍舊潛藏有信仰的規範和約束力量，使之不致流於毫無節度的現象產生。而人們往往也透過複雜的儀式和表演活動，從「日常生活」通過進入非日常性的「節慶生活」，在這種從前中介狀態進入中介性的非常狀態，所有參與者自願地或被要求適度轉變其身分地位，地方頭人自是仍想在另類舞臺上露面表演，不過更多的民眾則是穿著非日常性的制服同時隸屬於一個群體：內司、班頭、輪班及陣頭，甚至是信眾，都可在「非常服」之下暫泯其原本的身分角色，重新扮演一個新角色，暫時在非比非此中「表演」好新形象，如此的中介時間足以表達其信仰理念及各種內心情感，藉此滿足一些實質的目的與心理需求。東港東隆宮平安祭典活動，融合了民間信仰儀式與街頭陣頭繞境活動的形式並具體表現其宗教精神；透過這些共同的信仰儀式與民俗活動的推展與進行，不但十分鮮明的表達了東港地區民眾的信仰心理與社群情感，也比較自然地將境內「七角頭」的社群緊密的結合在一起，十足發揮了宗教信仰強化一個群體社會凝聚力的功能。尤其是在三年一科的平安祭典遶境活動中，足以讓人深刻體會：根植在台灣社會底層那股民間信仰文化的生命力，確是韌性長存而飽含變動的創造潛力。

⊙本篇作者／謝宗榮

王船開始火化，恭送千歲爺王駕遊天河，繼續下一個代天巡狩的神聖任務。

王船在熊熊大火燃燒之下，正式結束了三年一科的平安祭典活動。

東港東隆宮丁丑正科平安祭典王船繞境路線圖

財團法人東港東隆宮
丁丑正科平安祭典
遷王船路線
中華民國86年　國曆十一月四日
農曆十月初五日（星期二）

《卷尾》結語

戰後五十年來，臺灣在脫離了日本的殖民統治之後，在接下國民政府統治期間，由於社會的政經型態丕變，各地都面臨劇烈的社會變遷，使得民間的生活習俗、常民文化也隨之發生劇烈的變化，「東港迎王」的平安祭典固然已成為東港一地傳統的民間信仰習俗。惟在整個社會文化生態環境有所變化的情況下，自是也有變與不變，有關東港祭典的變化，主要是緣於社會變遷之下，政治派系的重組、經濟勢力的消長以及社群間的勢力重新分配，而價值觀念、生活方式等也隨之生變，其中較明顯的凡有三項：

一、溫王及蒞境巡狩千歲的神格與職司：在移民社會初期，由於漢人對於「福爾摩沙」的水土比較不能適應，當時的醫療也比較不發達。故東港人心目中代天巡狩的王爺就具有比較明顯的驅逐瘟疫、邪祟等不祥之物的神格；其後隨著生活環境的逐漸改善、衛生水準的逐漸提高，因而王爺所職司的驅瘟逐疫的性格雖則仍舊存在，卻比較凸顯其中倫理道德的獎善懲惡，成為道德行為的裁判者、守護者，表現王爺剛正不阿的威嚴氣勢。加以東港本地宣講的鸞堂、善堂頗為普遍，其任務本就從事「神道設教」式的社會教化，因而在參與祭典時就有意彰顯巡狩王爺具有獎善懲惡的形象，也傳承有相關的神話與儀式。在面對現代社會中價值觀念急遽變動之際，確仍能堅持千歲爺所職司的道德性、倫理性的神格。

東港鄰近農村曾退出迎王活動，近數科才又加入。

在出巡繞境時，大千歲王駕位於各神轎隊伍之後押陣，給予信眾等候接駕的期待情緒。

二、千歲爺出巡繞境的境域大小與分合：在光復前後整個大東港區是個完整的生活、生產上互補、自足的生態環境，農漁工商，供需自然，所以相鄰的村鎮也較易成為生活上的共同體。其具體的表徵在迎王活動中表現出來，就是所迎請的王爺既是東港一地的巡境神明，連相鄰的村莊如內關帝、三西河、下廍等也包括在巡繞的境域內；就是毗鄰的南州、小琉球或來請王令，或參與盛典，充分表現出純樸的交陪關係。然而隨著後來現實因素的考慮、地方自主意識的提高以及客觀環境的改變，祭典區域乃一再生變，較早期的是小琉球和南州各自獨立迎王，而近數科以來，下廍等農村地區也經歷了分而又合的變化。凡此都顯示千歲爺奉旨來巡的境域，多少是會隨著聚落之間的關係迭生變化，這種祭祀區域的改變確是複雜的社群關係的具體反映，而不完全只是千歲爺代天巡狩的巡繞境域的宗教意義而已。

三、迎王請王的神轎行列的變化：民間所保存的信仰習俗中常保存有早期的文化遺跡，即是「禮失而求諸野」。原本東港的王爺信仰習俗中，由於參與遊行的隊伍較少，秩序也較容易控制，故在迎王、繞境時，被迎請的王駕都押鎮在後，在遊行秩序上有千歲爺的鎮押，故參與的陣頭也就有序地前進，而信眾也有一種等候接駕的期待情緒，既符傳統古儀，也有較佳的效果。其後由於考慮及隊伍多、繞境的街道長，因而一度改變其前後順序，讓溫府王爺引領代天巡狩的千歲爺在前，而其他的神轎、陣頭在後，較方便按時入府安座及祀宴。丁丑科又有新的改變，就是將神轎集中在前，而陣頭則排在後，好讓藝陣能夠有較多的時間表演，又不影響神轎的前進速度。這是由於近數科登記參加的隊數超過百隊，人數遽增，才再度調整其隊伍的排列次序。類此調整都可見廟方和信眾的思想觀念、生活習慣在明顯改變中，使得原本保存的固有質素會隨之生變。

然而信仰習俗自是仍會有其保守的性格，在變中仍能保有諸多不變的特質，使得東港的迎王活動至今仍蘊含有豐富的地方文化，凡可歸納出三項：

一、保有信仰性、祈願性的宗教本質：迎請王爺的動機與目的，就是為了維護個人尤其集體的生存與秩序，活動中各種繞境遊行的陣頭、儼恪奉侍王爺的儀節，無非都是為了祈求「合境平安」。在這一次長達八天的平安祭典中，余大千歲及其他王爺共同執行玉帝所賦予的巡察任務；既是對於鎮民品德的良善與罪惡有所獎懲，在其嚴厲而又無所不知的顯聖中，大家都能平安無事，私德無虧，自是值得額手稱慶，執杯以祝。而另一層意義則是王威所至，魑魅魍魎，盡皆驅除；瘟毒疫鬼，全遭押送。就是家家戶戶、大大小小的衰運也隨著祭改、消災改厄，厄運去佳兆來。從個人的命運到集體的命運，從一家的小境到一鎮的大境，在潔淨之後「合境」都已獲得一種平安、和諧的新境，自是值得合境之民歡會狂樂。所以在祭典繞境時，分區請客「呷拜拜」；或在祭典完成後，安排一場熱烈的「平安宴」，全體共同進行集體性的共食，乃是神聖地為「平安」而歡宴慶賀，這是古社祭所遺存的「眾樂樂」情境。

二、兼具娛樂性、教育性的休閒本質：在農業社會中廣土眾民的工作與休閒，就是孔子所說的「一張一弛，文武之道」，在緊張忙碌的工作之餘，也設計安排出不必工作的宗教性休閒，讓民眾集體地鬆弛情緒以迎接新工作，從社祭到迎神賽會就是這種自然調整出來的生活節奏。東港在祭典期間，漁民不必出海工作，而全心全力投入祭典活動，雖則也忙碌異常，卻因遵守戒規，奉獻於神明，因而可以獲得精神上的滿足。而且在人神交通中，為生活、為生命共同體盡其本分，在神聖時間內捐棄平常的成見，因而激發生活共同體的新希望，使個人與集體的生命都能再度獲得重生。所以整個祭典中寓教於樂，是工作也是休閒。在當前社會逐漸趨向個人化、靜態化的休閒觀念及生活方式中，只有這類宗教性餘暇仍能維續集體化、動態化的性質，如果能適度加以轉化與充實，應該仍是一種深具創造性、前瞻性的現代休閒觀。

三、保有週期性定期性的優點：張弛的生活哲學是理性而合理的，而作為地方性的信仰文化也必須與比較強調理性的現代生活結合，才能持久地保有其影響力。所以週期性定期性的三年一科，這種大休閒不至於有過度浪費之嫌。平常年例的節慶是小型休閒，而固定的三年一循環，大家共同為一種神聖任務進行一次集體的娛樂，的確能夠滿足期待和預期的心理。而從社會功能言，以各角頭凝聚力量，參與公廟的集體性競爭，既可相拼也可交陪，對內能以之整合族群，對外則能刺激人（集體人）際網絡的重建。類此週期定期的整合都是透過祭典中反覆進行的儀式重覆演出，使人在進入集體的中介狀態下，從渾沌中重建其新秩序，此中嚴肅與遊戲重疊，在虛擬的情境中各自演出各自的角色：長袍馬掛的內司、差役打扮的班頭、轎班，都在神聖時內各自稱職地表演。這種非常期間的「遊戲」具有正面而積極的意義，較諸平常時間內政治性派系的定期凝聚、官方式有目的的週期集會，仍是比較

具有無目的性、無自主性，這乃是民間社會在祭祀活動中所保存的自發特質，在現代的工商社會中仍是有值得繼續維持其純樸面貌之處。

總而言之，在當前社會文化的發展、衍變中，由於交通發達、傳播快速，使得城、鄉之間逐漸成為一種「世界村」的通性文化的現象。因而激發各地區尋找有地方特色的文化資源，借以彰顯本地特有的社區文化。在這一個目標之下，「東港平安祭典」確是深具特色的地方性常民文化，在漁港、漁村的生活環境裏，迎送王爺以護佑海上安全，祈求地方安寧。因此製造一艘壯麗巨大的「王船」，就不只是造船技藝的表現，也不只是信仰習俗的遺存，而是東港生活、東港生命共同體的表徵，為一個漁港市鎮精神的象徵物。因此在「東港王船祭」的旗幟下，大家都能一秉奉獻的心，共同凝聚智慧與力量，必定可創發出一個極具意義的信仰文化。

平安祭典活動除了信仰性之外亦兼具娛樂性，尤其陣頭展演更是引起信眾圍觀，圖為大潭保安堂八家將。

王船繞境的盛大場面

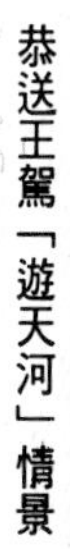

恭送王駕「遊天河」情景

[參考書目]

王瑛曾

1764[1962] 重修鳳山縣志，文獻第 146 種；台北：臺灣銀行經濟研究室。

石萬壽

1986 乾隆以前臺灣南部客家人的墾殖；臺灣文獻 37(4):69-90。

1984 家將團——天人合一的巡捕組織；史聯雜誌 4：1-9。

平木康平

1989 臺灣における王爺信仰：東港東隆宮の燒王船そやぐって；秋月觀瑛編《道教と宗教文化》，東京：平河出版社。

田仲一成

1989 中國鄉村祭祀研究；東京：東洋文化研究所。

朱仕玠

1765[1957] 小琉球漫誌，文獻第 3 種；台北：臺灣銀行經濟研究室。

朱景英

1773[1958] 海東札記，文獻第 19 種；台北：臺灣銀行經濟研究室。

全國寺廟整編委員會（編）

1995 東港東隆宮沿革誌；屏東：東港東隆宮。

伍政祈

1994 價值空間的透視——以東港迎神活動與五營景觀為例；師大地理研究所碩士論文。

宋增璋

1980 臺灣撫墾志（上冊）；臺灣省文獻委員會。

何鋯（編）
1997　臺灣——墾殖時代臺灣攝影紀事；臺北：武陵出版公司。

李芳廉
1982　東港墾拓誌略；東港國中印製。

李豐楙
1986　鍾馗與儺禮及其戲劇；民俗曲藝 39。
1988　宋元道教神霄派的形成與發展；東方宗教研究 2。
1993a　《道藏》所收早期道書的瘟疫觀——以《女青鬼律》及《洞淵神咒經》系為主；中國文哲研究所集刊 3:417-454。
1993b　東港王船祭；屏東：屏東縣政府。
1993c　由常入非常——中國節日慶典中的狂文化；中外文學 22(3):116-154。
1993d　臺灣東港平安祭典的王爺繞境與合境平安；民俗曲藝 85:273-323（附：溫王爺傳，頁 321-323）。
1993e　東港王船和瘟與送王習俗之研究；東方宗教研究新 3:229-265。
1997　台灣民俗信仰與生活；當代台灣人文現象與精神生活:19-55。

李約瑟(Joseph Needham)原著，金隆靈、楊傳琪譯
1980　中國之科學與文明(11)航海工藝（上）；台北：台灣商務印書館。

李約瑟(Joseph Needham)原著，胡菊人譯
1979　中國科學對世界的影響；李約瑟與中國科學（胡菊人譯著）:187-262；台北：時報文化公司。

吳朝進
1979　東港沿革與東隆宮溫王爺傳奇（手抄本，未刊本）。

吳水津
1988　屏東縣東港鎮簡介；屏東：東港鎮公所。

林恭平

1958　臺灣省通志（卷四經濟志商業篇）；臺灣省文獻委員會。

周元文

1710[1960]　重修臺灣府志，文獻第 66 種；台北：臺灣銀行經濟研究室。

周鍾瑄

1719[1962]　諸羅縣志，文獻第 141 種；台北：臺灣銀行經濟研究室。

東福殿管理委員會（編）

1996　東港東福殿沿革簡介；屏東：東港東福殿管理委員會。

郁永河

1701　裨海紀遊，文獻第 44 種；台北：臺灣銀行經濟研究室。

前島信次

1938　台灣の瘟疫神，王爺の送瘟と風習に就いて；民族學研究 4。

施添福

1987　清代在臺漢人的祖籍分布和原鄉生活方式；臺北：師大地理系。

高拱乾

1694　臺灣府志，文獻第 65 種；台北：臺灣銀行經濟研究室。

秦子晉

1988　新編連相搜神廣記；元刊本，中國民間信仰叢編，臺北：學生書局。

翁淑芬

1997　東港街市的形成與發展；師大地理研究所碩士論文。

財團法人台灣省屏東縣東港東隆宮祭典委員會編印

1997　財團法人台灣省屏東縣東港東隆宮丁丑正科平安祭典專輯；屏東：東港東隆宮。

凌純聲

1970　中國帆船和舢板的起源；中國遠古與太平印度兩洋的帆筏戈船方舟和樓船的研究:201-220，中央研究院民族學研究所專刊之十六。

陳文達
1961[1721]　鳳山縣志，文獻第 124 種；台北：臺灣銀行經濟研究室。

陳正之
1995　樂韻泥香——臺灣的傳統藝陣；臺中：臺灣省政府新聞處。

郭立誠
1992　中國人的鬼神觀；臺北：臺視文化出版公司。

莊芳榮
1987　臺灣地區寺廟發展之研究；台北：文化大學史研所。

莊維璣、莊景輝
1987　泉州宋船結構的歷史分析；泉州宋代海船發掘與研究:81-88，北京：海洋出版社。

許在全
1991　泉州港與"海上絲綢之路"；海交史研究 1991.1:64-73，福建：泉州海交史博物館。

雄師美術編輯部（編）
1979　攝影臺灣；臺北：雄師圖書公司。

曾景來
1939　臺灣宗教と迷信陋習；臺北臺灣宗教研究會。

曾明得
不詳　東港墾拓之研究；作者自印。

馮寶勝（譯）金在瑾（著）
1989　中國古船；海交史研究紀念刊:88-93，福建：泉州海交史博物館。

楊慶堃
1989　中國社會——從不變到巨變；劉創處編，香港：中文大學出版社。

葉大兵

1991　溫元帥信仰和東嶽廟會：民俗曲藝 72。

廖訓志

1978　東港小誌：臺北文獻 45/46。

蔡相煇

1989　臺灣的王爺與媽祖：臺北：臺原出版社。

蘇海涵

1975　莊林續道藏：臺北：成文出版社。

康豹（Katz, Paul）

1990　屏東縣東港鎮的迎王祭典：台灣瘟神與王爺信仰之分析：民族學研究所集刊 70:95-210。

1990　東隆宮迎王平安祭典中的和瘟儀式及其科儀本：見民族所資料彙編，中研院民族所。

黃文博

1991　當鑼鼓響起——台灣藝陣傳奇：台北：臺原出版社。

廖立宇

1987　東港古今談：史聯雜誌 10:63-72。

蔣毓英

1685[1985]　臺灣府志：北京：中華書局。

盧德嘉

1895[1960]　鳳山縣采訪冊，文獻第 73 種：台北：臺灣銀行經濟研究室。

劉枝萬

1983　台灣民間信仰論集：台北：聯經出版公司。

王船陳列於代天府廟埕，準備遷船。

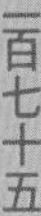

《跋》

自民國八十年完成辛未科的迎王祭典之後，迄今已經六年三科，當時之所以接受委託，乃是屏東縣政府民政部門，針對東港「王船祭」的文化資源，進行一項較詳盡的紀錄，並試作「規劃」。由於先前有些學者已作過紀錄，如康豹（Paul Katz）教授，因此在研究重點上也就互有詳略，而在相關意見上自是也有同異，這是學界常有的事。不過由於當時催稿孔急，有部份活動未及深入敘述或遺漏，其間雖曾撰為數文以補其闕，總覺遺憾。

民國八十五年即丁丑科的前一年，東隆宮年輕有為的總幹事林文誠相約來訪，表

明八十六年科年再作一次較完整的紀錄，以之作一種標準版。當即應允，由於近三年正進行臺灣道壇與聚落的調查，屏東自是需親往訪察。因此即針對《東港王船祭》之所不足，進行人員編組以便深入調查。首先即是藝陣與王船，由於近年來李秀娥與謝宗榮夫婦曾擔任助理，深知其能，即請其分別專訪藝陣團體、造船師匠，終能有較詳盡的紀錄。

這一次針對祭典與醮典部份，由於丁丑科又逢新牌樓慶成建醮，就決定將其重點放在《醮志》，在此則只作扼要敘述，此類醮事活動即帶著學棣謝聰輝一起進行採錄，使其能比較深入理解瘟醮與民俗的相互關聯，理解道壇道士對於王醮自有其詮釋的觀點。而在王府祭典部分，由於府內秘重，不便多人進出，則全歸自己敬謹出入，以紀其事。此外就是有關祭改解罪部份，雖則在發表論文時間曾敘及，總是不足，這一次蒙文誠兄幫忙已多予以補足，使祭典行事大體周備。

從辛未科紀錄之後，針對東港地區這種時間長，活動大的信仰習俗，思索該如何進行較全面而深入的報導與研究？這一問題經由再一次的實地考察後，終於有一個答案逐漸浮現：就是臺灣的節慶與迎神賽會是否仍停留在「報導」或「歷史考證」階段？近十年來基於實地調查之所需，開始發展中國式的「常與非常」理論試圖解釋，近兩年來社會學出身的邱炫元先生來任助理，他喜讀理論，就由他負責西方節慶與慶典的相關論述，剛好可與自己多年來所注意的日常生活社會學、休閒社會學可以相互配合。所以這次即是將這一理論架構與實地調查嘗試進行檢驗。

在下半年將計畫以「東港迎王」完成一篇臺灣節慶與慶典廟會的專論，針對臺灣節慶與迎神賽會的「非常性」，從工作與節慶分析儒家的「張弛哲學」；再從「嚴肅與遊戲」仔細解讀整個祭典的豐富意象。這一次由於受限於委託單位的需求，自是不宜大加申論；不過這一理論架構則仍是整個報導與論述的間架，明眼人應可看出。在這次紀錄的過程中，東隆宮方面給予諸多方便，林文誠先生幫忙收集資料，而諸位工作夥伴，

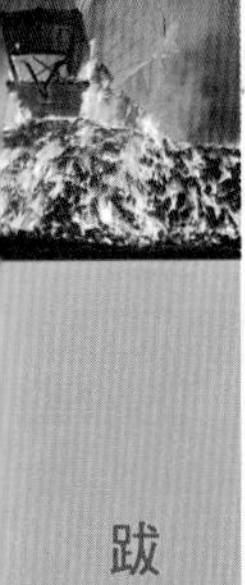

任勞任怨，始終其事：凡有謝宗榮、李秀娥、謝聰輝與攝影工作者李燦郎（有木）、以及蕭昭文等一批年輕攝影者。由於他們的高度配合才能完成如此完美的組合，較諸辛未科之兩人組確是方便有效多了。

這一次在文稿撰述、圖像創意上，基於比較豐富的經驗，多有較大的改變，諸如根據性質類別而調整為三卷：上卷歷史文化、中卷祭典準備、下卷祭典行事，在每卷之下再依其性質分篇敘述，特別是在下卷部份並不採取流水帳式的日日報導，而依祭典主題作分類，使之綱舉目張。在圖像上則是集三人（謝宗榮、李燦郎、蕭昭文）之力，事前事後、府內府外，凡祭典相關的均錄而存之，圖片內容因此大為完備；而最後的繕打則是完全委由李秀娥、謝宗榮夫婦親自下手，還需一再改稿；特別是美編設計完全由謝宗榮先生一人勝任，因他既是在祭典前既已展開，又全程參與，且又專攻美術、民俗工藝，乃能綜合完成其全部作業。由於書將付梓，爰誌此合作因緣，以為臺灣田野工作誌之一段佳話。

中央研究院中國文哲研究所研究員

李豐楙

八十七年歲次戊寅荔月上澣

圖片來源

謝宗榮（攝影）／封面 封底 8 二 四 六 八 廿 卅 卅一 卅四 四二 五一 六四 六六 七九 八五 八七 一〇三上欄 一〇九上 一一〇 一一二上欄 一二〇 一二二下 一二三 一二八 一三一上 一三二 一三四 一三七 一三九 一四一 一四二 一四三下 一四九 一五〇 一五二 一五三 一五四 一五五 一五六 一五七 一五八 一六〇 一六一 一六二 一六三 一六四上 一六七 一六八 一六九 一七一上 一七二上 一七三 一七五 一八〇 一八一 一八三 一八四上欄 一八五上欄下 一八五下欄 一八九 一九六上欄上 一九八上欄 二〇一 二〇二 二一六 二一七 二一九 二二〇 二二一 二二三 二二五 二二八左 二三二 二三四 二三五 二三六 二三九 二四〇 二四一 二四二 二四三 二四四 二四五 二四六 二四七 二五〇 二五一 二五二上 二五四 二五五 二五六 二五七上 二六〇 二六一 二六六 二六九 二七五

李燦郎（攝影）／七三 七五 七七 八六右三 一二一上 一三二下 一三三 一三六 一四二 一六四下 一七二下 一八二 一八四下欄 一八五上欄上 一八七 一九一 一九二 一九六上欄下 一九六下欄 一九八下欄 二〇三 二〇五 二〇六 二〇九 二一〇 二一一 二一四 二二三 二二四 二二八右 二三三 二三七 二五二下 二五七下 二六五 二六九 跋

蕭昭文（攝影）／序 十八 六〇 一〇二 一〇三下欄 一〇四 一〇五 一〇六 一〇八 一〇九下 一一一下欄 一一二 一一六 一一九 二一二

林文誠（提供）／七五 九七 九九 一〇六 一三六

國家圖書館出版品預行編目資料

東港迎王：東港東隆宮丁丑正科平安祭典

李豐楙等撰文.—初版.—臺北市：臺灣學生，1998[民 87]

面； 公分

參考書目： 面

ISBN 957-15-0903-5（精裝）・ISBN 957-15-0904-3（平裝）

1.民間信仰—臺灣 2.風俗習慣—臺灣

272 87012958

東港迎王—東港東隆宮丁丑正科平安祭典

總編纂／李豐楙

撰文者／李豐楙 李秀娥 謝宗榮 謝聰輝

攝影者／謝宗榮 李燦郎 蕭昭文

美術設計／謝宗榮

出版者／財團法人東港東隆宮・臺灣學生書局

發行人／孫善治

發行所／臺灣學生書局
地址：臺北市和平東路一段一九八號
郵政劃撥帳號：〇〇〇二四六六八號
電話：(〇二)二三六三—四一五六
傳真：(〇二)二三六三—六三三四

本書局登記證字號／行政院新聞局版北市業字第玖捌壹號

印製者／日盛印製廠股份有限公司
地址：臺北市內湖區內湖路一段九一巷廿三弄八號
電話：(〇二)二七九九—五六六七

定價／精裝本：新台幣七〇〇元
平裝本：新台幣六〇〇元

出版日期／中華民國八十七（一九九八）年十月初版

23011

ISBN 957-15-0903-5（精裝）・ISBN 957-15-0904-3（平裝）